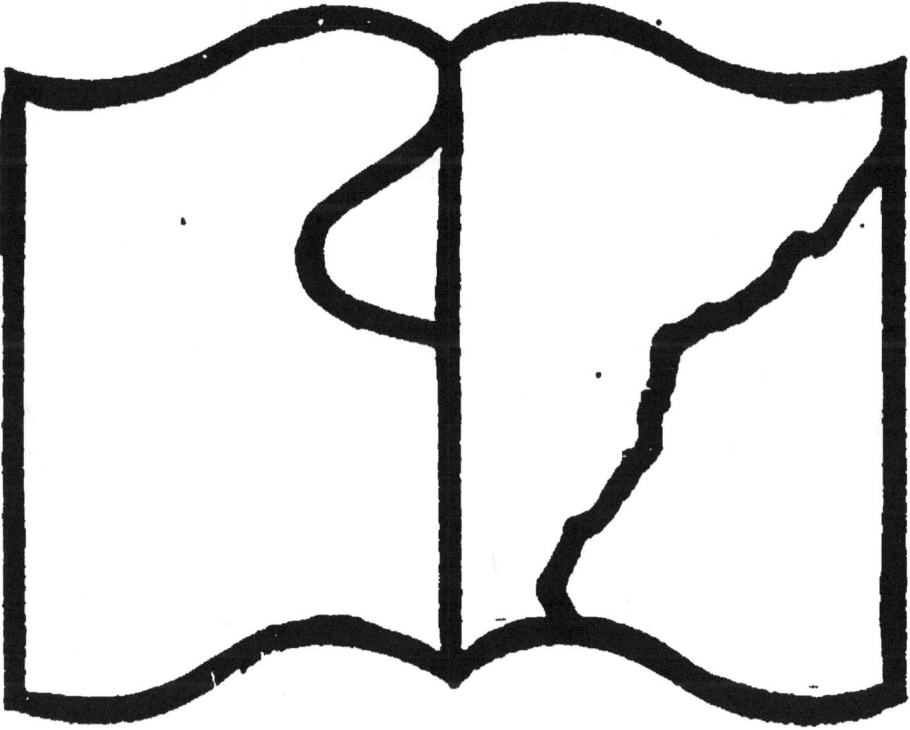

J. LEROY

Conserver la Couverture)

Les Droits de l'Enfant

PARIS

MONTGREDIEN ET Cie, LIBRAIRIE ILLUSTRÉE

8, RUE SAINT-JOSEPH, 8

LES DROITS DE L'ENFANT

ÉMILE COLIN, IMPRIMERIE DE LAGNY (S.-A-M.)

J. LEROY

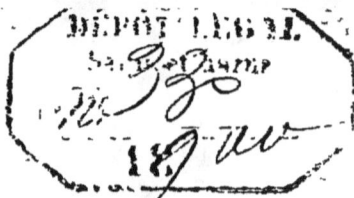

Les Droits de l'Enfant

PARIS

MONTGREDIEN ET Cⁱᵉ, LIBRAIRIE ILLUSTRÉE

8, RUE SAINT-JOSEPH, 8

Je dédie ce livre aux hommes savants et généreux que j'ai entendus à la SOCIÉTÉ INTERNATIONALE POUR L'ÉTUDE DES QUESTIONS D'ASSISTANCE *ou lus dans la* REVUE PHILANTHROPIQUE, *parce que leurs paroles et leurs écrits ont précisé en moi des idées qui y germaient depuis longtemps...*

à ceux qui ont bien voulu me conseiller directement : MM. *Marbeau, Paul Strauss, Louis Rivière, les Drs Pinard et Maurice de Fleury, entre autres...*

*aux présidents et présidentes d'*ŒUVRES *qui, avec tant de bonne grâce, ont mis à ma disposition les renseignements dont j'avais besoin : mesdames Costa de Beauregard,*

Béquet de Vienne, Charpentier, Marguerite Cremnitz; MM. Félix Voisin, Henri Rollet, Albanel, beaucoup d'autres encore que j'aimerais nommer si la liste n'en devait être si longue.

Mais je le dédie tout particulièrement à M. GEORGES DECAUX, qui m'a conseillé de réunir et d'enchaîner les différents articles que j'avais consacrés, ici et là, à l'enfance malheureuse, et qui m'a encouragée dans une tâche que je trouvais très au-dessus de mes forces et surtout de mes capacités.

Si cet ouvrage, tout d'observation directe, peut faire quelque bien, tarir quelques larmes d'enfant, c'est à eux tous qu'il faudra rendre grâces : je n'ai été que leur très modeste interprète.

J. LEROY.

LES DROITS DE L'ENFANT

INTRODUCTION

LA CHARITÉ ACTUELLE

Je me suis souvent demandé pourquoi la charité occupe une place toute spéciale et très glorieuse dans la hiérarchie des vertus humaines. C'est une chose si simple, si naturelle, et, en même temps, une obligation tellement impérieuse qu'on ne voit pas bien en quoi elle mériterait plus d'éloges que la sobriété, la justice, la bravoure et tant d'autres qualités éminentes. La charité est plus précieuse dans ses résultats qu'admirable dans son essence; et rien n'explique les ailes de chérubin et l'auréole avec lesquelles on la représente en général et qui lui donnent une allure quasi céleste.

Il en résulte qu'elle apparaît à beaucoup, comme un devoir trop difficile qui les décourage, alors qu'il n'en est pas de plus aisé à remplir.

D'où vient encore cette convention tacite d'envelopper la bienfaisance de voiles impénétrables ? La théorie de la *main gauche ignorant ce que fait la droite* est sans doute commode pour ceux dont la main droite ne fait pas grand' chose ; mais peut-être comporte-t-elle encore plus d'orgueil, et un orgueil plus détestable, que la théorie opposée qui, du moins, a le mérite de la franchise.

Ce sont là des coutumes surannées avec lesquelles il faut rompre. Il n'y a certes pas lieu de se vanter des actes charitables que l'on est à même d'accomplir ; mais il ne faut pas non plus les dissimuler, comme si l'on redoutait à l'avance des éloges pompeux, attendu que, à part quelques exceptions éclatantes, il n'y a rien là de très méritoire.

Il faut en parler comme il convient, simplement, tranquillement, sans vanité, ni confusion ; mais il faut en parler, ne fût-ce que pour vulgariser les idées d'assistance, éclairer les ignorants, entraîner les irrésolus.

Encore une fois — on ne saurait trop le redire — la charité est bien moins une vertu que la négation d'un vice, de ce vice révoltant et préjudiciable à tous qu'est l'égoïsme. Elle est un devoir strict avec lequel il ne faut point marchander, et dont l'accomplissement ne donne pas droit au piédestal.

C'est là une vérité tellement manifeste que l'on s'étonne de ne pas la voir établie encore d'une manière définitive. En aucun temps, les enseignements, ni même les injonctions n'ont manqué aux riches. Les doctrines des Pères de l'Église étaient autrement hardies que les nôtres ; et, si elles étaient de nouveau proférées en chaire, beaucoup de pieux fidèles les écouteraient avec effarement.

Lactance dit sans ambages : « Celui qui pouvant secourir son prochain en danger de succomber, ne le fait pas, est responsable de sa mort. »

Saint Ambroise : « Nourris celui qui meurt de faim ; si tu ne le nourris pas, tu le tues. »

Saint Augustin : « Posséder le superflu, c'est posséder ce qui appartient à autrui. »

Saint Basile est plus catégorique encore : « Qu'est-ce qui est à toi et de qui l'as-tu reçu ? Ainsi, les riches, ayant occupé les premiers ce qui appartient à tous, se l'approprieraient comme étant à eux... ! Le pain que tu gardes est à celui qui a faim ; le manteau que tu conserves, à celui qui est nu ; à l'indigent, l'or que tu enfouis. »

Saint Thomas d'Aquin, précédant ainsi un magistrat moderne, écrit dans la *Somme théologique* : « En cas d'extrême nécessité, tous les biens sont communs, et il est permis à l'homme de prendre du bien d'autrui ce qu'il faut pour faire face à cette nécessité. Les biens temporels appartiennent à l'homme quant à la *propriété*; mais quant à l'*usage*, ils sont non seulement à lui, mais encore à ceux qui peuvent en être sustentés dans la mesure du superflu; car le superflu du riche revient de *droit naturel* à ceux qui sont dans l'indigence. »

Il serait peut-être imprudent de répandre ces théories qui sont loin d'être un encouragement au respect de la propriété ; mais en restant sur le terrain de l'absolu, on ne peut nier qu'elles sont d'une logique parfaite.

Le jurisconsulte genevois J.-J. Burlamaqui écrit dans son ouvrage : *La législation primitive* : « Chacun souhaite que les autres lui procurent dans l'occasion le bien qui dépend d'eux; il doit donc, par un juste retour, être dans les mêmes dispositions à leur égard. C'est ce que l'*égalité naturelle* demande de nous. »

Barère, dans son rapport du 22 floréal, dit, au milieu d'une phraséologie un peu déclamatoire, des choses très justes sur l'obligation de l'assistance : « La mendicité est incompatible avec le gouvernement populaire. Ce mot honteux de *mendiant* ne fut jamais écrit dans le dictionnaire du républicain ; et le tableau de la mendicité n'a été jusqu'à présent sur la terre que comme l'histoire de la conspiration des propriétaires contre les non-propriétaires. Il faut faire disparaître du sol de la République la servilité des premiers besoins, l'esclavage de la misère, et cette honteuse inégalité parmi les hommes, qui fait que l'un a toute l'intempérance de la fortune, l'autre toutes les angoisses du besoin. »

Cette similitude d'opinion entre des Pères de l'Église catholique, un jurisconsulte protestant et un politicien libre-penseur est édifiante à constater.

Du moment où la terre produit suffisamment de quoi vêtir et alimenter tous ceux qui l'habitent, il est intolérable de penser que des hommes meurent de faim et de froid, que des familles entières succombent aux privations lentement accumulées, que des pères et des mères se tuent avec leurs enfants parce qu'ils n'ont pas de quoi manger.

Est-ce à dire qu'il faille proclamer d'une manière absolue, le droit à l'assistance? Oh non ! Car autant vaudrait décréter du même coup le droit à l'incurie et à la paresse; et il serait vraiment injuste que de braves gens peinassent toute leur vie pour nourrir une armée de fainéants. Mais il faut faire une distinction entre le pauvre et le mendiant professionnel; il faut sortir du bloc de la misère ceux qui veulent réellement travailler et ne le peuvent pas, soit qu'ils s'en trouvent empêchés par la vieillesse ou la maladie; soit que l'ouvrage leur fasse momentanément défaut. On doit, en un mot, empêcher, par tous les moyens possibles, que le nécessiteux devienne un mendiant.

C'est seulement en s'appuyant sur ce principe que l'on établira une assistance équitable et fructueuse. Les philanthropes de toute catégorie l'ont compris et s'en préoccupent vivement, et il faut rendre hommage aux hommes éminents comme MM. Cruppi et Magnaud qui en font une si éclatante application.

Par malheur, la charité est en général, une affaire de sentiment, de nerfs, plutôt qu'une affaire de raisonnement. En face d'une détresse plus particulièrement criante, nous sommes pris d'une émotion qui se traduit par un secours immédiat, irraisonné, et partant quelquefois exagéré. Puis, cet effort accompli, nous retombons dans notre apathie d'où un nouveau coup de gong pourra seul nous faire sortir.

Et des malheureux se débattent à l'extrême limite de l'enlizement sans que nous y prenions garde. « Il y en a tant! disons-nous pour excuser notre indifférence; et après tout, c'est peut-être leur faute. » Pourtant, si l'on assiste les gens en les retirant du gouffre où ils sont tombés, on les assiste encore bien mieux en les empêchant d'y tomber. A quel degré de la glissade faut-il qu'ils en soient pour qu'on leur tende une perche secourable...? Quand leur chair sera déchirée par les épines et meurtrie par les pierres..., quand ils seront réduits à l'état d'épaves... C'est alors qu'on jugera à propos de s'occuper d'eux, et qu'on leur prodiguera tous les soins nécessaires pour entretenir une existence misérable, inutile à eux et aux autres. Il sera bien temps !

Du reste, pour soulager efficacement la misère, ce n'est pas seulement, ce n'est pas *surtout* de l'argent qu'il faut : c'est le don de nous-mêmes, les lumières plus grandes dont nous disposons, notre expérience personnelle ou l'expérience acquise par nos ascendants pour nous la transmettre ; c'est notre temps, c'est notre cœur.

Il semble banal de dire qu'avant d'appliquer le remède, il faut bien connaître le mal ; et pourtant, si jusqu'ici beaucoup de tentatives sont demeurées sans résultat, c'est qu'on a travaillé un peu à tâtons.

En dehors de son monde, l'ouvrier est mal connu, même par ceux qui s'occupent de lui. Le patron qui l'emploie, le philanthrope qui l'assiste dans ses moments de détresse, l'homme politique qui se fait l'intermédiaire de ses réclamations et de ses plaintes ne le voient que sous un côté, celui qui les intéresse, et il est bien difficile de juger des gens dont on ignore l'ensemble.

On n'apportera une aide réelle aux travailleurs que si l'on est au courant, non seulement de leur manière de vivre, mais encore de leur manière de penser; et, pour arriver à ce but, il n'y a pas deux façons de s'y prendre, il faut devenir leur ami.

Je dis bien *leur ami;* non pas un conseiller entendu, un protecteur zélé... *un ami*. Est-ce donc si extraordinaire, si difficile? Non!

Le principal obstacle semble venir de la différence d'éducation, mais cette différence est toute superficielle. En allant au fond des âmes, on y retrouve les mêmes appétits, les mêmes souffrances. Je laisse de côté, bien entendu, l'écart de fortune dont ne font nul cas les gens qui ont le cœur haut placé.

Je ne dis pas que la sympathie sera fatale ; mais tous, nous sommes contraints de fréquenter des gens qui ne nous plaisent point et auxquels pourtant nous faisons bonne figure. Pourquoi serait-il plus malaisé de remplir un devoir social que des obligations mondaines ?

C'est aux femmes presque exclusivement

qu'appartient ce genre d'apostolat. Les hommes
sont pris par la lutte pour la vie sous toutes
ses formes ; très peu sont libres de leur temps ;
les femmes du monde, au contraire, ont des
heures de reste qui seront utilement employées
au bien de leurs semblables.

Mais comme il faudra qu'elles aient la main
légère ! comme il faudra qu'elles soient simples
et amicales ! Il ne faut point venir aux pauvres
avec des airs de protection hautaine, ou une
affectation de condescendance plus blessante
encore. Il ne faut pas, non plus, leur rebattre
les oreilles d'austères prédications, — la vie
leur est assez dure, pauvres gens ! pour qu'on
évite de les ennuyer, — ni réprimer leur joie,
même si elle prend une allure qui n'est pas
tout à fait de notre goût, parce que la bonne
humeur est une forme de vaillance, bien préférable à la stérile résignation.

Sans doute, on doit mettre tout en œuvre
pour les maintenir dans une saine morale, ou
les y ramener s'ils s'en sont écartés ; mais il
faut leur parler sans indignation, sans aigreur,
avec une infinie patience. Il n'y a pas lieu de
s'étonner de défauts, de vices même, qui s'ex-
pliquent par une absence totale d'éducation, le
mauvais exemple de tous les jours et un découragement, hélas ! trop justifié.

En dehors de quelques grands principes qui
sont les mêmes pour tous, il faut se défendre

d'imposer à ceux que l'on oblige des idées qui
ne sont pas les leurs. L'assistance, si précieuse
soit-elle, ne donne point le droit de tyranniser
les consciences ni d'asservir les âmes.

Il faudrait encore ne pas agir uniquement
par esprit de devoir, ne pas affecter d'aimer les
pauvres *parce qu*'ils sont des pauvres, mais les
aimer réellement *quoiqu*'ils soient des pauvres ;
et bien se dire que s'ils nous sont inférieurs
sur quelque point, c'est par suite d'une injustice du sort que chacun doit chercher à réparer.

Au reste, une fréquentation assidue de la
classe nécessiteuse aura vite raison de préjugés qui persistent dans certains cœurs même
très charitables. En voyant de près ceux que la
destinée accable, en se mêlant un peu à leur vie,
on les jugera avec plus d'équité ; et à cette
question loyalement posée à soi-même : « Au-
rais-je mieux fait, si j'avais été à leur place ? »
la réponse restera pleine d'un doute inquiétant.

Je demande à Mme la marquise Costa de
Beauregard qui, par l'*Œuvre sociale de Popincourt*, se trouve en contact direct et permanent avec les ouvriers, quelle impression elle
en éprouve.

— Excellente, me répond-elle sans hésitation. Ils sont intelligents, spirituels pour la
plupart, et pleins de sentiments généreux dont
eux-mêmes ne soupçonnent pas l'étendue.

C'est aussi mon avis. Des quatre classes laborieuses que je connais pour les avoir fréquentées : le marin, l'ouvrier de Paris, le paysan, le domestique, je place le marin en tête, non à cause de la culture intellectuelle, peu développée chez lui, et que compense imparfaitement l'enseignement des voyages, mais parce que l'habitude de l'immensité, le danger toujours prochain lui donne une certaine ampleur de sentiments que n'ont point les autres ; — toutefois, je n'oserais affirmer qu'une sympathie personnelle ne m'incite pas à un peu d'indulgence dans le classement ; — l'ouvrier des villes marche aussitôt après, bien supérieur au paysan et au domestique, malgré ses coups de tête et son irrespect légendaire pour les autorités les mieux établies.

Même dans ses grandes colères, le peuple de Paris n'est pas à craindre pour qui a su gagner son affection.

La sœur Rosalie qui, pendant de longues années, promena sa cornette blanche d'Ivry à la Glacière, dans un quartier où la population est loin d'être paisible, en est la preuve la plus frappante. En 1848, comme on parlait de renforcer un corps de garde aux Gobelins :

— Aux Gobelins ! fit un membre du gouvernement, ce n'est pas la peine ; la sœur Rosalie suffira à les faire tenir tranquilles.

Mais comment s'y prendre pour réaliser ce

tour de force de vivre deux vies dont la direction est tellement opposée...? pour se mêler à
l'existence du peuple, sans pour cela sacrifier
ses relations mondaines...? Rien de plus aisé ;
il y a temps pour tout. En rognant un peu sur
les obligations que le monde nous impose et
qui ne font que nous ennuyer, nous en trou-
verons de reste,

Demandez donc à Mme Costa de Beauregard
comment elle fait pour rester une femme du
monde et passer de longues heures à Popincourt au milieu des ménages ouvriers... Demandez aux femmes intelligentes et dévouées
qui l'assistent, à Mme la marquise de Ville-
neuve, entre autres, dont l'autorité s'exerce
surtout sur les garçons — qu'elle fait marcher
« en vraie Bonaparte », dit-on là-bas — comment elles s'y prennent pour faire le charme
de leurs salons, et, en même temps, s'occuper
des enfants du plus terrible de nos faubourgs...?
Interrogez Mme Béquet de Vienne dont le
principal souci est l'*allaitement maternel* dans
la classe ouvrière et l'*Œuvre de l'avenue du
Maine*, ce qui ne l'empêche pas d'être une très
excellente et très spirituelle maîtresse de maison... Demandez aux dames patronnesses de
certaines crèches qui, prenant leur titre au sérieux, se rendent à tour de rôle sur le *terrain
de manœuvres*, et là, emmaillotent les poupons, mouchent de petits nez, font manger la

soupe et préparent les biberons... : elles ne se croient pas, pour cela, obligées de revêtir la bure ni de prendre une mine austère... Soyez sûrs que les jeunes filles qui, aux services de chirurgie des hôpitaux d'enfants, arrivent les mains pleines et le visage souriant, ne sont dans le monde, ni les moins joyeuses, ni les moins charmantes... Si ces choses-là constituent un tour de force, il faut convenir que, toutes, elles l'accomplissent de la meilleure grâce qui soit possible.

Je cite ici, de préférence, l'*Œuvre de Popincourt*, non que ce soit là un fait isolé, Dieu merci ! mais c'est que — à part quelques critiques de détail — il me semble que c'est le mode d'assistance préventive qui répond le mieux aux besoins actuels.

Le temps n'est plus aux charités solitaires, aux paquets mystérieusement déposés dans les mansardes, ni aux pauvres dits *honteux*. Si les pauvres sont honteux, c'est que nous leur faisons la reconnaissance trop lourde. Il n'y a aucune honte à être pauvre, il y en a parfois une bien plus grande à être riche.

Il faut des *Œuvres* qui travaillent au grand jour, des *Œuvres* où s'affirme la solidarité humaine, où le nécessiteux viennent la tête droite, puisque, en somme, il ne cherche que le moyen de continuer honnêtement sa tâche, et d'être encore utile à tous.

Le riche n'éprouve aucune confusion à jouir de promenades, de jardins, de théâtres pour lesquels l'ouvrier paye sa part d'impôts, et dont il ne profite guère ; pourquoi le travailleur, dans ses moments de détresse, rougirait-il d'user des institutions mises à sa portée ? Quel droit a-t-on de le malmener dans les services administratifs créés à son usage, à l'entretien desquels il contribue dans de larges proportions, et qui sont, ainsi que l'a fort bien dit M. Henri Monod : « les ateliers de réparation de l'outillage national » ?

Donc, il faudrait installer au cœur même des quartiers industriels une « permanence charitable » où les femmes de la classe supérieure se mettraient à la disposition des ouvriers pour les renseigner, les conseiller, les aider de quelque manière que ce soit ; où chacun se sentirait l'égal des autres, qu'ils soient ceux qui obligent ou ceux que l'on oblige ; où surtout la sympathie mutuelle rétablirait un niveau dont l'absence forme la plus exécrable des injustices.

Cette garde volante en plein centre ouvrier, au milieu du labeur et de la souffrance dont est faite la prospérité du pays, ne vaut-elle pas la faction du soldat, et l'adoration perpétuelle des fervents auprès de la sainte Hostie ? Pour moi, je la considère non comme une charge, mais comme un honneur.

Toutes les *ligues*, toutes les *sociétés* ne vau-
dront jamais l'intervention directe des philanthropes, et c'est avec des actes, beaucoup plus
qu'avec des théories, que l'on porte remède au
mal.

Des institutions semblables, multipliées autant que l'exigeraient les besoins, donneraient
des résultats excellents. D'abord, tout en restant autonomes, elles pourraient être reliées
entre elles par un service de renseignements et
de surveillance, qui permettrait de couper les
vivres aux professionnels de la mendicité. Par
une aide préventive sagement ménagée, elles
supprimeraient en grande partie l'aumône, l'aumône sordide qui humilie d'abord, et dégrade si
vite..., l'aumône à laquelle la lâcheté humaine
s'accoutume trop aisément et qui détend le ressort de l'énergie et de la dignité.

La présence habituelle de femmes bien élevées, délicates et en même temps compatis-
santes, au milieu des gens du peuple, atténuerait
à la longue la brutalité de leurs manières et de
leurs paroles ; l'attente d'une visite ferait soigner le modeste logis ; il y aurait émulation
dans le mieux et c'est à qui s'amenderait le plus
vite.

Je veux citer, à ce propos, un exemple très
typique.

A l'hôpital, dans une salle de chirurgie, on
est en pleine animation : les convalescents,

enveloppés de la houppelande et coiffés du bonnet de coton réglementaires, vont d'un lit à l'autre ou sont installés à jouer aux dominos. Parmi les plus éclopés, les uns geignent, les autres bavardent avec leurs voisins, et il serait téméraire d'affirmer que les propos sont tout ce qu'il y a de plus édifiant.

De l'autre côté de la porte vitrée, paraît une femme étrangère au service. A dessein, elle s'arrête un moment et cause avec la surveillante. Mais l'alarme a été donnée ; et immédiatement les conversations changent d'objet et de ton, les attitudes se rectifient, chacun tient à faire un bout de toilette à son pauvre « home ». Quand la visiteuse croit ces préparatifs terminés, elle entre, et on lui présente un papier : « Le 3, le 11, le 17, le 22, désirent parler à Madame ». Car, si elle offre ses services, elle ne les impose pas, et ne va que vers ceux qui l'appellent.

Le premier la prie d'écrire une lettre à sa vieille mère qui habite la province ; le second, — un veuf — lui demande d'aller voir ses enfants mis en garde pendant son séjour à l'hôpital ; le troisième lui confie qu'il est bien soucieux pour le prochain terme, et elle lui promet d'intervenir ; le dernier raconte que sa femme est sur le point d'accoucher, qu'elle et les mioches ne mangent pas toujours à leur faim depuis qu'il est malade : on fera entrer la mère dans un *refuge-ouvroir*, les enfants à *l'asile temporaire...* A chaque lit, la visiteuse laisse un peu d'espérance.

Une heure se passe ainsi; pendant cette heure, la tenue générale a été absolument correcte; on n'a pas prononcé une parole malsonnante; et, à son départ, la « dame » est saluée par tous avec le plus profond respect.

Pourtant, les malades savent bien qu'elle ne leur adressera aucune observation, qu'elle est censé ne rien voir et ne rien entendre, autre que ce qui lui est confié directement, et que, par conséquent, elle ne rapportera rien, ni au personnel de la salle, ni à l'administration. Sa présence seule a donc suffi pour épurer l'atmosphère morale de tous ces malheureux.

Et il ne faut pas croire qu'ils souffrent de cette contrainte momentanée. Même ceux qui n'ont pas recours à elle ont pris la douce habitude du regard sympathique dont elle les enveloppe tous, de la note élégante et gaie qu'elle met dans la salle, du parfum discret qu'elle apporte avec elle, du bruissement soyeux de sa toilette; et quand, par hasard, elle manque au devoir qu'elle s'est imposé si volontiers, les malades se demandent avec ennui « comment il se fait que la *dame* ne vienne pas ».

Multipliez ce cas par centaines, rendez-le journalier, et les conséquences au point de vue moral doivent être incalculables.

Si, du général, nous passons aux questions de détail, en voici une qui a son importance et que j'ai souvent entendu régler d'une manière qui ne me semble pas juste. « Il faut, dit-on, prendre bien soin de ne point offusquer les indigents par des marques extérieures de luxe, et les femmes qui les assistent doivent *exagérer* la simplicité, l'austérité même de leur costume. » Ce n'est pas mon avis.

D'abord, la jalousie s'exerce d'égal à égal, bien plutôt que d'inférieur à supérieur; et la révolte des humbles contre les puissants est causée par l'insolence et la dureté des derniers, non par leur richesse. Ensuite, les pauvres ne sauraient ignorer le luxe, puisque, — ne fût-ce que par la nécessité de leur travail — ils le frôlent à chaque pas. Ce qui les froisse, j'en ai eu maintes preuves par leur attitude et leurs discours — c'est précisément que la femme riche dépouille, pour venir à eux, sa coquetterie habituelle. Je ne viens pas dire qu'il faille arborer les plus beaux atours, parce que, tout de même, il y a une mesure à garder; mais que l'on ne se croie pas obligé à une austérité exagérée; les braves gens, au contraire, sont très flattés d'une amitié dont l'apparence leur fait honneur.

Il y a encore une chose — et ceci s'adresse surtout aux néophytes — dont on doit se garder avec soin ; c'est l'excès de zèle. Si nous avons des obligations envers les malheureux, nous en avons aussi envers notre famille, envers nos amis, envers nous-mêmes. Les devoirs de l'épouse et de la mère priment tous les autres, et l'on n'accomplira les devoirs d'assistance qu'autant qu'ils seront compatibles avec les premiers.

Mais les femmes qui sont affranchies du mariage, qu'elles soient célibataires ou veuves, celles dont les enfants sont élevés, celles dont le ménage bien assis n'exige pas une présence continuelle, doivent mettre au profit des autres l'expérience qu'elles ont acquise. A elles donc d'affronter le champ de bataille, de panser les plaies, d'essuyer les larmes, de remettre debout ceux qui sont tombés.

Toutefois, qu'elles ne s'imaginent pas qu'il suffit de *vouloir* pour *savoir;* la bienfaisance s'apprend comme le reste; qu'elles écoutent et regardent avant d'agir. Puis, quand elles seront suffisamment renseignées, elles marcheront avec prudence, méthode, et surtout se défieront de l'emballement. De cette manière, elles iront plus longtemps et feront de meilleure besogne.

Si l'on pouvait généraliser un tel mode d'assistance, peut-être verrions-nous disparaître ces cartes forcées : billets de tombola, lettres de quête, ventes de charité, qui constituent de lourdes charges auxquelles on ne peut pas toujours se soustraire, et qui rendent la bienfaisance odieuse et suspecte.

Si chacun devait payer de sa personne, peut-être la charité cesserait-elle d'être une espèce de *sport* dont on tire honneurs, distinctions, notoriété, je n'ose pas dire profit... et pourtant!

Dieu me garde de mettre en doute les admirables dévoûments qui sont au service de la misère. Il y a des gens qui y dépensent leur temps, leur fortune, leur vie ; aussi n'est-ce pas *contre* ceux-là que je parle, mais bien *pour* eux. Ils ne me démentiront pas si j'affirme qu'ils ont quelquefois honte des moyens qu'il leur faut employer pour émouvoir le grand public. Et ce qui est vrai des moyens, est vrai aussi des intermédiaires.

Encore, quand il s'agit de l'établissement ou de l'entretien d'une œuvre, la chose s'explique à la rigueur ; mais que dire de ces « fêtes de charité » données à l'occasion d'une catastrophe : incendie, naufrage, explosion de grisou ?... Comment des gens peuvent-ils s'amuser sans que l'évocation de membres calcinés, de pauvres corps verdis, se dresse en face de leur joie...? Comment n'entendent-ils pas la voix courroucée des victimes leur lancer cette apostrophe : « Donnez votre argent sans tant d'histoires, ou gardez-le pour vous ! »

Il est purement honteux que l'on ne consente à soulager la misère qu'en retour d'un peu de plaisir.

Maintenant, pour finir, je dirai que je ne comprends guère ceux qui s'évertuent à mettre en opposition les différents modes d'assistance : la charité religieuse et la charité laïque, la bienfaisance privée et l'assistance administrative. Malheureusement, il y a de la besogne pour tout le monde. L'émulation ne fait point peur aux gens de bonne volonté ; et si l'on pouvait organiser une entente sympathique entre tous les groupes charitables, on arriverait à de meilleurs résultats avec moins d'argent et d'efforts.

Si je donne sans hésitation la préférence à la bienfaisance privée, c'est qu'elle est forcément plus active, plus ingénieuse, plus libre, plus facile à organiser, plus souple pour se prêter aux modifications exigées par l'évolution ininterrompue de notre état social. C'est qu'aussi elle me semble plus juste et plus noble. Les collectivités vraiment fortes et généreuses font leur assistance elles-mêmes. Ce n'est pas un devoir qu'on leur impose, c'est un droit qu'elles réclament.

Je ne m'adresse point ici aux professionnels de la charité — ils n'ont besoin ni d'encouragéments ni de conseils — mais bien à la masse indécise et flottante qui, pour aiguiller vers le bien, n'attend qu'une faible poussée..., à ceux qui ne connaissent de la misère que celle qui pleurniche et s'étale, et c'est la moins intéressante..., à ceux qui s'imaginent acquitter leur dette de solidarité avec quelques cotisations données au hasard..., à ceux qui ouvrent assez volontiers leur bourse et jamais leur cœur.

Quant aux égoïstes qui se bouchent résolument les yeux et les oreilles, il n'y a pas lieu de s'en occuper. On ne fertilise pas la pierre, mais le premier châtiment de la pierre est de ne produire ni fleurs ni fruits.

PREMIÈRE PARTIE

LE NOURRISSON

I

L'ALLAITEMENT MATERNEL

Dans un des plus beaux livres qu'ait écrits Dickens — ce peintre si informé, si attendri de l'enfance malheureuse — dans *Olivier Twist*, l'auteur, après avoir raconté la naissance de son héros dans un *work-house*, ajoute cette réflexion ou plutôt ce cri de révolte contre une société qui ne sait point protéger dans leur faiblesse et leur dénûment, ceux dont, plus tard, elle se croira en droit de tout exiger :

« Enveloppé dans la couverture qui jusqu'alors était son seul vêtement, il pouvait être le fils d'un grand seigneur ou d'un mendiant;

il eût été difficile pour l'étranger le plus présomptueux de lui assigner un rang dans la société. Mais quand il fut couvert de la vieille robe de calicot jaunie à cet usage, il fut marqué, étiqueté, et se trouva tout d'un coup à sa place : l'enfant de la paroisse, l'orphelin de l'hospice, le souffre-douleur destiné aux coups et aux mauvais traitements, au mépris de tout le monde, à la pitié de personne... Olivier criait de toute sa force... S'il avait pu savoir, peut-être eût-il crié davantage. »

Hélas ! ce n'est pas seulement au Dépôt de mendicité que le nouveau-né est victime de terribles injustices...; injustices causées par un hasard cruel, soit ! mais entretenues, aggravées par notre état social et l'égoïsme du plus grand nombre.

De ces deux enfants nés à la même minute, l'un voit le jour dans une famille riche où les soins éclairés, l'affection, le bien-être, la joie lui seront dispensés avec prodigalité, où les risques de souffrance seront pour lui réduits à leur minimum, où il sera accueilli, fêté comme un petit roi... Le second naît chez des malheureux pour lesquels sa venue est un surcroît de charges ; celui-là, moins par mauvaise volonté peut-être, que par ignorance ou par misère, sera insuffisamment soigné ; on le laissera pleurer tout seul dans son berceau, parce que la vie est là, avec des exigences qui ne laissent point place au sentiment; il sera mal vêtu, mal nourri et jamais caressé... Pour faire contre-poids à toutes ces mauvaises chances, il n'a, pauvre petit! que le lait de sa mère, et on le lui prend.

On le lui prend pour cet autre déjà comblé d'avantages et auquel, après tout, le sein maternel ne fait point défaut. Est-ce juste?

Nous sommes tellement accoutumés à l'allaitement mercenaire que nous ne prenons pas garde à tout ce qu'il comporte d'injustice et d'immoralité, ni aux conséquences désastreuses qu'il entraîne après lui. Il faut poser la question dans toute sa brutalité; elle vaut la peine qu'on s'y arrête, pour un pays où il naît moins d'enfants que partout ailleurs.

Dans l'échelle de la mortalité infantile, les enfants allaités par leur mère occupent le degré le plus bas; puis viennent ceux qui sont allaités par une nourrice sur lieu. Au troisième rang, avec un sérieux écart, les nouveau-nés nourris au biberon chez leurs parents. Ensuite ceux qui sont élevés au sein par une nourrice de la campagne; enfin la catégorie sacrifiée des enfants élevés au biberon hors du domicile de leurs parents, dont la proportion de mortalité est trois fois plus considérable que pour ceux de la première.

Il convient de faire remarquer que le groupe le plus favorisé contient les enfants que leur mère nourrit tout en continuant à travailler parce qu'elle est trop pauvre pour pratiquer un autre système, ce qui n'annonce pas des conditions physiologiques et hygiéniques bien favorables. C'est du reste sur ceux-là que porte presque exclusivement la mortalité.

D'autre part, dans les enfants élevés hors du domicile de leurs parents et qui paient un si lourd tribut à la mort prématurée, figurent ceux des robustes paysannes choisies pour faire des nourrices sur lieu. Il est manifeste pourtant, que ces derniers ont toutes les chances possibles d'être des poupons vigoureux et sains, de ceux dont on dit qu'ils « s'élèvent tout seuls. »

Cela est tellement vrai qu'en 70, alors que Paris était bloqué, et par conséquent fermé aux *nounous*, dans le canton de Montsauche (Nièvre), où fleurit l'industrie nourricière, la mortalité des jeunes enfants tomba de 33 à 17 pour 100, exactement la moitié.

Les mères qui, par mollesse, par coquetterie ou par snobisme, se dérobent à l'allaitement, doivent donc bien se dire que, dans la moitié des cas, ce refus est payé d'une vie humaine ; et que, à chaque *nounou* enrubannée, correspond un enfant dont les chances de mort sont augmentées dans des proportions considérables.

De plus, n'est-il pas profondément immoral d'encourager la cupidité de ces femmes qui abandonnent avec tant de désinvolture leurs enfants, leur mari, leur ménage, et cela, autant pour vivre d'une manière confortable, que pour venir en aide à la famille? Et n'est-il pas plus inique encore de spéculer sur la misère absolue des autres pour acheter leur lait, c'est-à-dire la *vie* qui appartient en propre au petit être qu'elles ont mis au monde?

Le docteur Léon Petit, dans une conférence sur « le droit de l'enfant à sa mère », a dit avec autant d'éloquence que de justice :

« Entre ces deux femmes, l'une qui, par caprice ou par force, fait faillite à la maternité, et l'autre qui vend son lait, il y a autre chose qu'un marché, il y a la plus monstrueuse des iniquités sociales. La mère n'allaite pas son enfant, c'est peut être son droit, ce n'est sûrement pas son devoir. La nourrice, en se vendant, sacrifie des intérêts qui ne sont pas siens, et ce n'est ni son droit, ni son devoir. »

Henri Estienne, celui qu'on a surnommé le *Grand Estienne,* « le premier imprimeur de tous les pays et de tous les âges », l'un des hommes les plus érudits de son siècle, disait, sans barguigner leur fait aux mères de son temps qui se refusaient à l'allaitement.

« Je suis maintenant en doubte, si je me doy

taire des femmes qui abandonnent leurs enfans aux premières nourrisses qu'elles rencontrent. Si je n'ose dire que telles mères sont meurdrières (et principalement quand ceci se fait par celles qui n'ont point excuse légitime les dispensant de faire elles-mêmes office de mères), je ne feray point difficulté de dire jusque-là (et s'en scandalise celle qui voudra, car il me suffit de n'offenser point les femmes de bien) qu'elles font pire que les payens et payennes qui exposoyent leurs enfans. Car, si elles allèguent que tous les enfans qui tombent ainsi ès-mains des nourrisses ne meurrent point, je leur répondray qu'aussi ne mourroyent pas tous les enfans qui étoyent exposez ».

On objectera sans doute que l'enfant élevé par une nourrice sur lieu reste sous la surveillance immédiate de sa famille. Est-ce bien sûr! Elles sont rares, les mères qui, ayant trouvé commode de se décharger des soucis de l'allaitement, s'astreignent à surveiller le bébé dans toutes les circonstances de sa petite vie : promenades, alimentation, sommeil, etc. Et puis, on craint de froisser la *nounou* dont l'aménité est généralement en raison inverse de l'importance de ses fonctions, et qu'une soi-disant lettre du mari rappelle toujours au bon moment. On capitule pour ménager son lait, et surtout pour éviter des scènes; si bien que, dans la majorité des cas, l'enfant est entièrement livré aux soins d'une paysanne ignorante et entêtée.

Or, J.-J. Rousseau dit cette chose juste : « Celle qui nourrit l'enfant d'une autre au lieu du sien est une mauvaise mère, comment serait-elle une bonne nourrice ? »

Et le docteur Léon Petit : « La tendresse et les soins maternels qui veillent auprès d'un berceau ne sont point une marchandise qui s'achète au bureau des nourrices. »

Il ne suffit donc pas que les femmes se résignent à l'allaitement, il faut qu'elles soient tout à fait mères.

Après la publication d'*Emile*, les grandes dames, touchées par ce reproche sanglant : « Les femmes ont cessé d'être mères, elles ne le seront plus, elles ne veulent plus l'être », mirent à la mode l'allaitement maternel. Ce fut un emballement général... et si peu mesuré que les nourrissons en pâtirent. Les mondaines consentaient bien à donner leur lait, mais non à sacrifier leur indépendance, ni leurs plaisirs ; et les enfants, tout aussi mal soignés que par le passé, eurent en surplus un lait que la vie agitée de leur mère rendait malsain : ils n'avaient rien gagné au change.

Les femmes n'avaient point suivi jusqu'au bout la pensée du grand philosophe, car il a ajouté :

« L'enfant a-t-il moins besoin des soins d'une

mère que de sa mamelle? D'autres femmes,
des bêtes même pourront lui donner le lait
qu'elle lui refuse, mais la sollicitude maternelle ne se supplée point. »

Quand on veut bien aller au fond des causes
qui poussent ces demi-mères à se dérober à
leur devoir, on est étonné de leur peu d'importance : crainte — purement chimérique,
d'ailleurs — de nuire à la splendeur de leur
poitrine..., désir de reprendre la vie mondaine
qu'il a bien fallu sacrifier pendant quelques
mois et qui, pour cette raison, apparaît pleine
de charmes..., petite lâcheté devant la perspec-
tive de nuits à passer, d'un régime sévère à
suivre..., besoin de faire étalage d'une *nounou*
plantureuse et mirifiquement enrubannée :
telles sont les raisons les plus fréquentes et
les plus réelles.

Certaines femmes encore se rendent sans
combat au vœu d'un mari que les cris des enfants importunent. C'est là une répugnance
dont triomphent celles qui le veulent bien, et
qui savent s'y prendre; et plus tard les pères,
d'abord récalcitrants, sont les premiers à leur
dire *merci*, pour cette victoire très douce et
très pacifique.

Ces raisons ne sont point nouvelles, elles
étaient déjà invoquées par les dames du seizième siècle, auxquelles répondaient vertement
les médecins et les moralistes.

Laurent Joubert, un savant accoucheur appelé
en consultation à la cour de Henri III, dit aux
mères qui placent le souci de leur beauté au-
dessus de l'intérêt de leurs enfants.

« Pensez-vous que la nature ait donné aux
femmes des mamelles pour adorner leur poitrine, et non pour nourrir leurs enfans? Ne
sont-ce pas femmes prodigieuses celles qui travaillent à tarir cette très sacrée fontaine du
corps, nourrice du genre humain ; et mesme-
ment avec danger pour leur personne, à cause
du retour et de la corruption du lait. »

Après un tableau absolument exquis des gen-
tillesses d'un petit enfant et de la joie qu'il
donne, le docte médecin ajoute :

« Si les femmes savoyent quel plaisir il y a
de nourrir ses enfans, duquel jouyssent les nourrisses, elles se loueroyent plus-tôt à nourrir les
enfans des autres que de quitter les leurs. »

Puis il s'adresse à celles qui tirent leurs arguments de la soumission conjugale :

« D'aucunes femmes s'excusent sur leurs
marys auxquels elles sont (comme doibvent être)
subjectes, car il y a plusieurs marys qui ne
veulent pas ouyr ou endurer le bruit et la
tintamarre que donnent souvent les enfans.
Les voilà bien délicats... ! »

Déjà, un austère franciscain du quinzième
siècle, dans un ouvrage resté manuscrit, « Le
jardin de Nobles », établissait résolument la

prédominance des droits de l'enfant sur ceux du mari (1).

Nous ne parlerons pas des mères qu'une raison physiologique empêche réellement de nourrir; il y a là un cas de force majeure devant lequel il faut s'incliner; et puis elles sont si peu nombreuses que leur catégorie ne constitue pas un danger.

Je demande au professeur Pinard s'il est exact que presque toutes les femmes peuvent nourrir sans risque pour elles ou pour l'enfant; il me répond avec une ferme assurance :

— Toutes !

Et comme j'insiste, avec un peu d'effarement pour une décision si radicale, il ajoute :

— Mettez que l'impossibilité existe dans un cas sur cent; c'est encore là une proportion très indulgente.

Il est donc avéré que toutes les femmes qui le peuvent — et c'est la majorité — doivent allaiter. Par là, non seulement elles rempliront leurs devoirs envers leurs propres enfants, mais encore elles se déchargeront de l'effroyable responsabilité qu'elles encourent, en privant un pauvre petit du lait de sa mère, privation qui, une fois sur trois, équivaut à une sentence de mort.

(1) Franklin, *La Vie privée d'autrefois.*

Mais, si la bonne volonté des femmes peut beaucoup dans cette révolution dont la portée est essentielle; il ne faut pas oublier que les pouvoirs publics sont suffisamment armés pour la hâter et la rendre décisive.

La loi Roussel, qui date de 1874, exige, en effet, que *toute femme avant de se placer nourrice sur lieu, ou d'accepter un autre nourrisson, donne à son propre enfant, d'une manière exclusive, 210 jours de lait, à moins qu'elle ne puisse prouver que le nouveau-né est élevé au sein par une autre femme.*

Le législateur a pensé que, après ces sept mois, outre que l'enfant serait assez fort pour supporter le sevrage, la mère aurait eu le temps de s'attacher à lui, que peut-être, elle ne voudrait plus le quitter, et Dieu merci ! cela arrive encore quelquefois.

Mais aux yeux de certaines gens, les lois sont faites pour être violées, ou tout au moins tournées. On modifie l'état-civil de l'enfant, le maire de la commune donne des certificats de complaisance, et tout est dit. Il ne faut pas oublier que les maris et les pères des nourrices sont électeurs, et qu'il convient de les ménager.

D'autre part, les nourrissons placés dans leur famille : grand'mère, tante, etc., ne sont pas soumis à l'inspection, de sorte que cette loi admirable, qui tout de même a sauvé un grand nombre de jeunes vies, ne donne pas des résultats aussi complets qu'on serait en droit de l'attendre. Déjà, dans sa séance du 5 mai 1891, l'Académie de Médecine prenait des décisions très importantes pour la réorganisation de la surveillance des enfants du premier âge, et notamment celle-ci : ... *il ne faut pas que l'élevage mercenaire échappe désormais au contrôle, sous le couvert de la parenté. Il importe que l'inspection médicale soit organisée partout, et que la loi soit obligatoire pour tous les départements.* » Ce vœu, comme tant d'autres, n'a pas eu de sanction ; mais l'Assemblée Générale du Concours Médical de 1898 s'est vivement préoccupée d'un projet de révision à la loi Roussel. On a nommé une commission à laquelle, le 19 octobre dernier, M. le Dr Gassot, rapporteur, a lu le texte nouveau qui a été adopté après une très intéressante discussion.

Le jour où la loi Roussel, avec les modifications qu'elle comporte, sera rigoureusement appliquée, l'industrie nourricière, qui est une plaie et une honte pour notre civilisation, sera singulièrement réduite.

Voici dans quels termes le professeur Pinard parle de cette éventualité :

« Les femmes qui ne veulent pas allaiter seront bien forcées de le faire le jour où la loi Roussel ne sera plus comme aujourd'hui impunément violée. Quand on ne permettra plus aux nourrices de venir se placer qu'après les sept mois révolus de leur enfant, alors les bureaux ne seront plus encombrés ; et la nourrice mercenaire, cet être immoral qui, le plus souvent, tue son enfant en le privant de son lait pour en faire trafic, aura disparu. J'espère que, avec nos efforts à tous, les mères comprendront leur devoir, et que les droits sacrés de l'enfant seront enfin respectés. »

Là situation étant ainsi établie pour la classe aisée et pour la classe qui fournit la majorité des nourrices sur lieu, passons aux familles qui se croient obligées d'envoyer leurs enfants à la campagne.

C'est surtout pour ces petits malheureux, ces presque condamnés à mort, que les âmes généreuses se sont émues, que les médecins et les moralistes ont rompu des lances, que les législateurs ont édicté des lois sévères. De tout temps ils ont fourni d'effroyables hécatombes.

Montaigne pouvait écrire de ses enfants : « Ils me meurent tous en nourrice » ; et Mme Rolland : « Mon père et ma mère ont eu sept enfants ; je suis le second : les autres sont morts en nourrice. »

Si, depuis la loi Roussel, le taux de mortalité des enfants envoyés à la campagne s'est abaissé, il n'en reste pas moins notablement supérieur à celui des autres catégories de nourrissons. Le remède pour ceux-là est plus difficile à appliquer ; il dépend beaucoup des intéressés.

Parmi les mères que leur position sociale met dans la nécessité presque absolue de se séparer de leurs enfants, se trouvent les femmes de petits commerçants, les employées des administrations et des magasins, les institutrices, etc. Que celles-ci pèsent, examinent avec soin si, malgré tout, elles n'auraient pas avantage à s'accommoder des appointements, même médiocres, du mari ; qu'elles calculent si leur gain compense non-seulement les mois de nourrice, les voyages indispensables, les frais imprévus, les cadeaux obligatoires, mais encore la dépense plus grande et le gâchis inévitable qui accompagne cette situation anormale : la femme hors du logis.

Toutefois les mères dans cette position sont en mesure de choisir et de diriger celles à qui elles confient leur nouveau-né. Par des visites fréquentes, elles entretiennent le zèle des nourrices, auxquelles, d'ailleurs, une aisance relative et de bons gages permettent de donner à l'enfant des soins plus assidus. De ce côté le mal existe, certes, mais il n'est pas un fléau.

C'est pour la classe ouvrière où les ressources sont si limitées, les chômages si fréquents et si durs, que la situation est déplorable. Avec quarante francs, on peut choisir sa nourrice ; avec vingt ou vingt-cinq francs, on la subit. Elle est bien sûre que les parents, attelés à une besogne d'où dépend le pain quotidien, ne viendront pas la relancer; son apathie et sa négligence ont donc beau jeu. D'autre part, cette nourrice au rabais est généralement elle-même une besoigneuse, de sorte que, fût-elle animée des meilleures dispositions du monde, elle se trouve dans l'impossibilité matérielle de soigner l'enfant comme il devrait l'être. Si l'on ajoute à cela la quasi-complicité des maires qui se soucient des suffrages de leurs électeurs beaucoup plus que de la vie des « petits Parisiens », ce qui rend les inspections laborieuses et trop souvent illusoires, on conviendra qu'il y a beaucoup à faire pour améliorer le sort de ces pauvres poupons, dont la plupart, suivant une pittoresque expression du peuple, « auraient mieux fait de rester où ils étaient », car les paroles d'Henri Estienne, vraies au seizième siècle, le sont encore aujourd'hui.

« Ces enfants qui sont à la charge de telles vilaines, s'ils ne meurent pas bientôt après, pour le moins en rapportent des maux et des maladies qui les rendent malheureux pour tout le temps de leur vie. »

Les ouvrières qui ne gardent pas leur enfant auprès d'elles invoquent pour cela deux raisons : l'exiguïté et l'insalubrité des logements, la dépréciation du travail à domicile.

Pour le premier point, des Sociétés en voie de formation, d'autres déjà organisées ont trouvé la réalisation du problème. La *Société Philanthropique* notamment a déjà fait construire des maisons, avenue de Saint-Mandé, rue d'Hautpoul, Boulevard de Grenelle, rue Jeanne d'Arc, où les ménages ouvriers peuvent élever plusieurs enfants d'une manière saine, hygiénique et *morale*. J'appuie avec intention sur le mot *morale*, car la promiscuité étroite des logements à pièce unique est une des causes les plus puissantes de dépravation dans la classe malheureuse. Lyon, Le Havre, Lille, Marseille, Rouen, Orléans se préoccupent de cette obligation si importante du logement convenable à bon marché, et il faut souhaiter que des efforts si louables soient puissamment encouragés.

Pour le travail à domicile, nous verrons plus tard que, en supprimant presque totalement la couture dans les Communautés — et cela sans la moindre révolution — on arriverait très vite à un relèvement de salaires. Mais, en attendant, on peut aider les femmes pauvres à accomplir leur tâche, sans que, pour cela, elles soient exposées à mourir de faim. La *Crèche de Saint-Séverin* a imaginé un mode d'assistance très pratique et très ingénieux.

On dit à la mère :

— Avant d'avoir votre enfant, combien gagniez-vous?

— Tant.

— Si vous le nourrissez, à combien sera réduit votre salaire?

— A tant.

— C'est bon, gardez l'enfant; nous vous fournirons l'appoint.

De cette façon, la mère, tout en restant au logis, ne perd point l'excellente habitude du travail, de l'effort journalier, et l'enfant est conservé à sa famille.

Mais c'est surtout par les *œuvres de prévoyance et de mutualité* que l'on obtiendra des résultats appréciables. Il faut que le jeune ménage en s'établissant, compte sur la venue probable d'enfants, qu'il soit bien convaincu que la femme a, pendant les semaines qui précèdent et qui suivent l'accouchement, un besoin absolu de repos, que l'intérêt du nouveau-né exige l'allaitement maternel, que tout cela n'ira pas sans une augmentation de dépenses, une diminution de bénéfices, et qu'il faut y pourvoir d'avance.

La *Mutualité Maternelle*, fondée en 1891, administrée et largement subventionnée par les trois chambres syndicales de la *couture,* des *dentelles,* de la *passementerie,* a donné un exemple qui devrait être suivi. Moyennant une très modeste cotisation de la part des sociétaires, elle leur assure une allocation hebdomadaire de dix-huit francs pendant un mois, et de plus *une prime de vingt francs à la mère qui nourrit son enfant.*

C'est à cause de cette prime que je signale ici la *Mutualité Maternelle* fondée surtout pour secourir les femmes. Il est à souhaiter que d'autres OEuvres analogues s'établissent avec le but principal d'encourager et de faciliter l'allaitement maternel dans la classe ouvrière.

Entre cette indemnité fournie par une Société à laquelle chaque membre apporte sa participation — indemnité qui, jusqu'à un certain point peut être considérée comme l'intérêt d'un capital commun, — et le secours donné par les OEuvres de Bienfaisance, l'écart moral est très grand. Dans le premier cas la femme conserve sa dignité, son indépendance ; elle sait que la quote-part à laquelle *elle a droit* est strictement limitée, et que pour le surplus elle devra compter sur elle-même. Le soulagement qu'elle éprouve à être aidée dans des circonstances difficiles développe en elle le sens de la prévoyance dont le résultat est un effort personnel plus considérable, plus intelligent, plus suivi.

Les prévoyants et les mutualistes forment une élite dans le monde des travailleurs ; c'est pour cela que l'avenir est à eux.

Mais il y a de pauvres créatures si accablées

vraiment, qu'on ne saurait exiger d'elles la col-
laboration la plus rudimentaire. Faut-il pour
cela que leur enfant soit condamné à mort ?
faut-il qu'elles-mêmes soient complètement
privées de ce devoir maternel qui est en même
temps la plus douce des joies ? Non, n'est-ce pas.

Cette dernière catégorie si lamentable est
formée par les épouses légitimes chargées de
famille, celles dont le mari est infirme ou malade, les veuves, les filles-mères. Que l'on ne
s'étonne point de voir figurer ici ces irrégu-
lières qui, trop longtemps, et principalement
les récidivistes, ont été écartées de toute assistance. Nos idées se sont élevées, élargies ; on
considère que le fait seul d'accepter bravement
la maternité avec les conséquences très dures
qui en résultent pour les abandonnées, les absout de leur faute... en admettant que la faute
ait existé.

Ce n'est point d'aujourd'hui que cette question
capitale des secours d'*allaitement* préoccupe
les esprits clairvoyants. Quand médecins et
moralistes eurent bien gourmandé les femmes
riches qui se refusaient à nourrir leurs enfants,
les âmes généreuses poussées par la pitié —
ou plutôt par l'esprit de justice — s'occupèrent
de mettre les mères pauvres en état d'accomplir, elles aussi, leur devoir maternel.

La *Compagnie des Dames de la Charité de*

la Paroisse de Saint-Louis en l'Ile, dont les statuts datent de 1714, s'occupe « d'assurer la portion aux femmes en couches, quinze jours durant, et, s'il leur arrive quelque accident, jusqu'à ce qu'elles soient guéries; sous condition toutefois que l'accouchée ait reçu le sacrement du mariage, qu'elle se confesse dans les trois jours et que l'enfant soit baptisé. »

Il ne faut pas oublier qu'il s'agit là d'une œuvre paroissiale ; et il est peut-être à propos de remarquer que si l'Eglise catholique enserrait la charité dans des limites un peu étroites, c'est elle, du moins, qui en a donné le premier exemple.

Le règlement stipule encore que « les mères pauvres chargées de famille recevront une layette, plus une mesure de lait et un litron de farine par jour. Il est en outre ajouté *que le médecin et la sage-femme doivent autoriser le placement en nourrice du nouveau-né seulement en cas d'incapacité notoire de la mère, étant juste et selon l'ordre de la nature que les mères allaitent elles-mêmes leurs enfants* (1) »

En 1784, madame de Fougeret, veuve d'un administrateur des hôpitaux de Paris, fonda une *Société de Charité Maternelle* successivement patronnée par Marie-Antoinette, Marie-

---

(1) Paul Strauss. — *L'Enfance malheureuse.*

Louise, seconde femme de Napoléon 1er, la duchesse d'Angoulême, Marie-Amélie, l'impératrice Eugénie, la duchesse de Mouchy. Cette société, qui existe toujours, avait pour but d'assister les mères indigentes sans distinction d'origine ni de religion, à condition toutefois qu'elles soient légitimement mariées, domiciliées à Paris depuis cinq ans et qu'elles aient, outre le nouveau-né, quatre enfants vivants. Les statuts portent également que, *à moins d'impossibilité absolue, dûment constatée, la mère doit allaiter son enfant.*

L'*Association des mères de famille* fondée en 1836 par madame Badenier secourt les femmes mariées ou qui, du moins, cherchent à faire régulariser leur situation; elle n'exige que trois enfants.

D'autres sociétés charitables encore, laïques ou religieuses, aident les accouchées et les mères-nourrices, soit par des secours d'argent, soit par le don de layettes et de berceaux.

Mais les filles-mères sont oubliées; pourtant l'assistance s'adresse surtout à l'enfant, et lui, mérite toutes les sollicitudes.

C'est sur ce principe qu'est basée la *Société pour la propagation de l'allaitement maternel* fondée en 1892 par Mme Béquet de Vienne dans le but « de sauver l'enfant en donnant à la mère — *mariée ou non* — les moyens de le nourrir. »

Les secours sont, autant que possible, distribués en nature : bons de pain et de viande de boucherie, lait stérilisé, payement du terme. Ces besoins impérieux une fois satisfaits, il est bon que la mère suffise au reste. Qu'on allège son fardeau autant que possible, ce n'est que trop juste, mais on ne doit point l'en débarrasser tout à fait. L'aumône habituelle est une chose dégradante à laquelle on ne doit recourir qu'à la dernière extrémité.

La maternité cause de la peine à toutes celles qui y sont soumises; c'est justement cette peine qui attache si fort la mère à son enfant et lui permet de compter plus tard sur sa reconnaissance.

L'*Œuvre de l'Allaitement maternel* se recommande des patrons les plus illustres et les plus compétents : les docteurs Pinard, Budin, Grancher, Champetier de Ribes, Segond, Cadet-Gassicourt, Carpentier-Méricourt, etc.

Comme toujours la bienfaisance privée avait précédé les administrations. La première œuvre de charité en faveur des nourrissons date de 1714, et ce fut seulement en 1793 qu'un décret daté du 28 juin, accordait à la mère, sans distinction d'état-civil, une somme de 18 livres pour frais de couches, plus *12 autres livres à celles qui allaitaient elles-mêmes leur enfant.*

La Convention, malgré les terribles embar-

ras qui lui venaient de l'intérieur et de l'étranger, n'a point oublié les faibles. Par malheur
les bouleversements de la politique empê-
chèrent la réalisation de bien des projets hu-
manitaires; et c'est seulement en 1837 que
M. de Gasparin proposa « d'accorder un *secours
temporaire aux filles-mères,* d'employer le
système du secours à domicile et de *payer à
la mère le mois de nourrice que l'on payait à
l'étrangère.* La proposition fut agréée en principe, mais les départements mirent cinquante-
quatre ans ! à l'adopter. Le dernier, celui des
Vosges, ne s'exécuta, en effet, qu'en 1891 (1). »

Ces secours varient entre cinq et vingt francs;
Paris seul fait exception en allouant aux *filles-
mères, qui nourrissent leurs enfants,* vingt
francs et quelquefois davantage.

Il est manifeste que, même dans les régions
où la vie est le moins cher, une somme infé-
rieure à dix francs est tout à fait insuffisante :
et je doute que l'on fasse là une bonne économie. Si la fille-mère se voit dans l'impossibilité
d'élever son enfant, et qu'elle l'abandonne, le
département en aura la charge complète; et
cela, non seulement pendant le temps du nour-
rissage, mais encore jusqu'à sa majorité.

N'est-il pas plus moral et plus simple à la
fois de donner à la mère le prix que l'on donne

(1) Paul Strauss : *L'Enfance malheureuse.*

aux nourrices qui élèvent les enfants assistés ? en exerçant, bien entendu, un contrôle sévère sur la façon dont l'argent est employé, parce que le secours, étant accordé à l'enfant, il n'est que trop juste que ce soit lui qui en profite d'abord.

On reproche parfois à l'Administration de mettre sur le même pied — au point de vue de l'assistance — les filles-mères et les épouses légitimes ; mais, à bien réfléchir, c'est une mesure non seulement miséricordieuse, mais encore parfaitement logique. C'est le contraire plutôt qui aurait lieu d'étonner les esprits impartiaux. De ces deux femmes, l'une a un mari, c'est-à-dire un être fort, de qui elle est en droit de réclamer amour et protection ; l'autre est toute seule dans la vie, et sa situation s'aggrave encore des préjugés odieux dont elle est victime.

Heureusement, elle a pour elle d'ardents défenseurs dans la personne des médecins, qui, pour la plupart, sont des apôtres de l'allaitement maternel ; ceux-là, ne s'embarrassant point de préjugés sociaux, voient les choses comme elles doivent être vues et, pour eux, l'humanité passe avant la morale.

À ce sujet, je veux citer une très intéressante communication, faite au Congrès d'Assistance de Rouen, par M. le Dr Bataille, chirurgien des hôpitaux.

« Il existe un règlement inhumain, qu'il suffira de dénoncer au bon sens pour qu'unanimement la suppression en soit votée.

» Une fille-mère, voulant tirer quelque profit de son lait, — *ou plutôt du lait de son enfant,* — se présente à l'une de nos Maternités, pour y être admise comme nourrice. On accepte, elle entre, mais avec cette condition *sine qua non* qu'elle laissera son enfant à la porte.

» La mère le case, au moindre prix, lui, deuxième ou troisième, chez une nourrice au biberon, c'est-à-dire qu'il est voué tout au moins à la misère et aux mauvais soins. Voilà donc un nourrisson fort, bien portant, qui, allaité au sein maternel, a toutes chances de prospérer; au lieu de cela, on le lui enlève de parti pris *ce lait qui pourtant est bien sa propriété de par le droit le plus naturel,* pour le donner à qui? à un autre nourrisson; malade souvent, chétif toujours, qu'on ne sauvera peut-être pas, tout en compromettant la vie de l'autre !

» De plus, au point de vue légal (art. 8 de la loi de 1874) toute nourrice est tenue d'allaiter son propre enfant pendant sept mois; pourquoi l'Assistance viole-t-elle cette loi en acceptant comme nourrices des femmes qui souvent n'ont allaité leur enfant que le temps de relever de couches? »

M. le professeur Pierre Budin, accoucheur des hôpitaux, prit alors la parole :

« J'appuie, dit-il, la proposition de M. le Dr Bataille, en me fondant sur des observations que j'ai eu l'occasion de faire à la Maternité de Paris. Il existe dans cet hôpital un service réservé aux enfants nés avant terme qui doivent être mis dans des couveuses. Ces *débiles* sont allaités par des nourrices au sein en même temps que leurs propres enfants.

Les enfants de ces nourrices qui allaitent ainsi plusieurs *débiles* sont attentivement surveillés et pesés; en général ils sont superbes; leur courbe est très belle au moins égale et parfois supérieure à la courbe normale. »

Ce système est couramment pratiqué à la *Pouponnière* de Porchefontaine, où les nourrices — toutes-filles mères — conservent leur enfant avec elles et l'allaitent en même temps qu'un autre.

Le principe de l'allaitement maternel reste donc sauf; et l'odieux marché de ce lait enlevé à un petit malheureux *auquel il appartient* pour être vendu à un enfant riche, se trouve ainsi supprimé.

Pour que nul, parmi les nourrissons indigents — des nourrissons indigents! comme l'assemblage de ces deux mots serre le cœur — pour que nul donc, n'échappe à la protection et à la surveillance, il faudrait multiplier les œuvres comme l'*Allaitement maternel*.

Je dis bien les *multiplier*, plutôt que d'augmenter l'importance de celles qui existent déjà, parce que les Sociétés restreintes dont tous les membres se connaissent, où l'on est en contact direct et permanent avec les assistés, donnent des résultats cent fois meilleurs. Car ce n'est pas seulement une cotisation, si généreuse soit-elle, que l'on demande aux femmes de la classe aisée, c'est encore une bonne provision de mansuétude et de complaisance. Il ne suffit pas, en effet, de secourir les mères pauvres, il faut les diriger, les instruire.

En France, tous les médecins le reconnaissent, aucune jeune fille en se mariant ne sait ce que c'est que d'élever un enfant ; si la grand'maman ne se trouve pas là pour conduire les opérations, on peut prédire à coup sûr que la jeune mère fera des écoles désastreuses. Que dire alors d'une pauvre fille ignorante que tout le monde repousse ! Les bienfaitrices doivent donc user d'une autorité douce, persuasive, mais très ferme, pour leur enseigner, et au besoin leur imposer — sans tyrannie pourtant — une méthode d'où peut dépendre la vie et la santé de leur enfant.

Or, si cette direction est possible avec de petits groupements, elle ne l'est pas avec des Œuvres très étendues. Dans ce cas les secours s'éparpillent, s'égarent, ou tout au moins, ne rendent pas ce qu'on est en droit d'espérer.

Il faudrait des comités de douze femmes au plus, gouvernant une soixantaine de mères-nourrices, mais les gouvernant d'une manière effective, c'est-à-dire les visitant, les conseillant, leur procurant un travail compatible avec leurs fonctions maternelles. Il serait même préférable que chaque bienfaitrice, au lieu de répartir sa sollicitude sur toutes les clientes, s'en adjugeât un douzième, soit cinq; la surveillance serait encore plus aisée. Cet arrangement, peu coûteux, en somme, puisqu'il n'entraîne que des frais généraux insignifiants, est en même temps très pratique : il supprime, du même coup, l'exploitation, l'abus venant des intéressés, et permet une répartition plus équitable des secours.

Mais pour faire une part à l'émulation et en même temps au contrôle, chaque mois, on pourrait réunir toutes les mères, procéder à l'examen médical des nourrissons avec la sanction des pesées, distribuer des récompenses ou des primes pour les mieux venants et plus proprement tenus.

La protection des mères en détresse et de leurs nourrissons revient de droit aux femmes dont les enfants sont élevés et qui ont acquis l'expérience nécessaire; les grand'mamans surtout, songeront que des tout petits pareils à ceux qu'elles adorent « souffrent déjà de leur

vie » et qu'il ne faut qu'un peu de bon vouloir
pour les soulager. La joie doit se payer avec
de la bienfaisance, et c'est là une dette qu'il
ne faut point laisser au sort le soin de réclamer : il a parfois la main trop brutale.

La pitié pour les petits enfants semble si
naturelle, si juste, que l'on se demande comment il peut exister un seul cas de misère
enfantine ; et voici une chose qui étonnera
sans doute beaucoup de gens, cette pitié se
rencontre sinon plus fréquemment, du moins
avec plus d'intensité chez l'homme que chez
la femme. J'ai éprouvé parfois un véritable
saisissement devant la crispation douloureuse
amenée sur un visage masculin, par le récit
d'un fait particulièrement émouvant concernant
l'enfance.

A l'heure actuelle, beaucoup de femmes
tiennent une plume. Et bien! nulle encore ne
mérite d'être comparée, même de très loin, au
grand Dickens qui a peint l'enfance misérable
avec un si attendrissant *humorisme*. Ce sont
des hommes, Alphonse Daudet et Hector Malot,
qui ont écrit *Jack* et *Sans famille ;* et c'est un
homme encore, très discuté celui-ci, Emile
Zola, qui a campé debout la pitoyable petite
Lalie.

Je termine par cette citation empruntée à
l'un de nos écrivains les plus en renom,
M. Marcel Prévost, que sa psychologie fémi-

nine a mis hors pair, et chez qui le lecteur attentif découvre parfois des réflexions d'une sensibilité inouïe.

Il s'agit d'un enfant irrégulier que la mère coupable — victime plutôt de l'éducation qu'elle a reçue — présente à son mari.

« Alors Camille, tenant toujours Louis par la main, l'amena près du berceau... Sans rien dire, elle ouvrit les rideaux tout grands...

» Un visage d'enfant apparut, sur la blancheur du traversin et des bras hors de la couverture. Ces bras avaient des mouvements lents, mais précis, point pareils aux gestes cotonneux des enfants ordinaires. Deux yeux bruns immenses trouaient le visage ; et ses yeux aussi avaient un regard singulier, — rien de cette vague curiosité indécise, habituelle aux tout petits... Ils se fixaient sur Louis avec une persistance obstinée ; *ils disaient la souffrance contenue d'un être qui ne comprend pas pourquoi il souffre, et qui attend de chaque seconde la délivrance de son mal.*

» Louis, debout devant ce chevet pitoyable, rêvait. En un temps très court, un flux immense de pensées, de visions diverses affluèrent à son cœur. Il eut l'intuition de la fatalité de l'amour, qui fait naître, au hasard, ces petits êtres inconscients ; *il comprit le droit qu'ils ont à la pitié de tous, et ses souffrances à lui, et ses droits lui parurent médiocres, vraiment ou-*

bliables. Son cœur se déchira dans un san-glot de pitié, et, penché sur le front de l'en-fant fiévreux, qui levait sur lui ses yeux de misère — par où la mort semblait regarder — il le baisa (1). »

. . . .

Son cœur se déchira dans un sanglot de pitié...! Combien feraient de même s'ils sa-vaient... s'ils voyaient...! Combien dont l'àme et le talent nous seraient acquis, du premier coup...! Tant...! que la cause de l'enfance malheureuse serait tout de suite gagnée.

(1° Marcel Prévost — *Mademoiselle Jauffre.*

II

LES CRÈCHES

Il est donc bien établi que, à moins de raisons sérieuses — raisons infiniment plus rares qu'on ne le croit en général — toutes les femmes ont le devoir strict de nourrir leurs enfants. Seulement, ce devoir qui est en même temps une joie, il faut aider les mères pauvres à le remplir.

Nous avons indiqué, dans ce sens, les *Associations de Mutualité et de Prévoyance maternelles*, les secours en nature, la protection effective de dames charitables. Nous avons affirmé en même temps qu'il faut se donner en garde de décharger entièrement l'assistée de sa part d'efforts et de responsabilité.

Or, cette part ne peut se traduire pour elle que de deux manières : l'allaitement, simultanément avec le sien, d'un autre nourrisson dans les Maternités ou les Pouponnières ; et le travail manuel. Mais l'ouvrage à domicile est si peu lucratif que trop souvent la femme est obligée de se rendre à l'usine ou à l'atelier. Dans ce cas les petits resteront donc à l'abandon, manquant de soins, et livrés aux pires dangers.

Non, la crèche leur ouvre ses portes toutes grandes, elle les recueille, les soigne, les nourrit ; le soir venu, la mère reprend son nourrisson, frais, bien portant et continue la tâche maternelle pour laquelle d'autres l'ont suppléée.

Pour entrer tout de suite au cœur du sujet, renseigner ceux qui ignorent ce que c'est qu'une crèche — et je suis parfois étonnée de découvrir dans la conversation combien ils sont nombreux ; *elles* plutôt, car cette question n'est pas bien du ressort des hommes — je vais décrire l'un de ces établissements si intéressants, si délicieux à visiter quand ils sont bien tenus.

Les crèches *Brière*, à Rouen, *Noiret*, à Rhétel, *Furtado-Heine*, au Petit-Montrouge, *Fourcade*, à Vaugirard, de la *Compagnie de l'Ouest*, avenue de Clichy, sont de vrais modèles d'installation et de fonctionnement ; mais, outre qu'elles sont établies pour un nombre d'enfants variant de 70 à 100, les ressources considérables dont on disposait ont permis d'y introduire un luxe que beaucoup ne pourraient imiter.

C'est pourquoi je prends comme type la crèche de la rue François-Millet (XVIᵉ arr.) renfermant trente berceaux, ce qui constitue un maximum des plus raisonnables, et sur lequel il y aura lieu de revenir. Elle appartient à la « Société des Crèches Parisiennes » dont madame Marguerite Cremmitz est très dévouée présidente.

D'abord, pour le service particulier des enfants.

1º Deux *salles de berceaux* : une pour les poupons au maillot, une pour les plus grands. Les lits sont en fer laqué, entièrement blancs et sans rideaux ; tout au plus, l'été, les entoure-t-on d'une gaze légère pour protéger les petits dormeurs contre les mouches.

2º Une *salle de jeu*, pour les enfants qui marchent. Cette pièce est généralement pourvue d'une *pouponnière*, sorte de petit parc entouré d'un chemin protégé, où les marmots peuvent, dès qu'ils se tiennent sur leurs jambes, circuler sans aucun risque. A la crèche qui nous occupe, on a dédaigné l'emploi de la *pouponnière*; pourtant bien tenue et bien surveillée, je ne vois pas de quels inconvénients on peut la rendre responsable. Les meubles de la salle de jeu sont très polis, les sièges en bois courbé, les tables à coins arrondis, le parquet minutieusement joint, les murs sans angles, les fenêtres larges et hautes, les portes, à claire-voie, établies de manière à ce que les enfants ne puissent s'y pincer les mains. L'établissement de la rue François-Millet a, sous ce rapport, inauguré un système des plus ingénieux.

3° Un *promenoir couvert*, vaste et bien aéré, où les enfants viennent jouer quand le temps le permet, et où l'on peut placer les chaises des poupons qui ne marchent pas encore et se tiennent déjà assis.

4° Le *lavabo*, avec robinets d'eau chaude et robinets d'eau froide. Les objets de toilette des enfants : peigne, brosse, savon, boîte à poudre, strictement personnels, sont déposés dans une corbeille en fil de fer galvanisé dont l'infection, déjà difficile, est rendue impossible par de fréquents lavages antiseptiques. Le débarbouillage se fait avec un tampon d'ouate aussitôt détruit. Le lavabo, qui sert aussi de salle de change, renferme une sorte de buffet à soupape automatique, où l'on jette le linge souillé qui se trouve précipité au sous-sol dans une cuve à désinfection.

5° Une *salle de bains* avec trois baignoires posées sur un pied assez élevé pour que la berceuse n'ait pas besoin de se courber, et la tête au mur, afin que l'on puisse circuler aisément tout autour.

6° Le *vestiaire* où l'on range tous les matins les effets que l'enfant quitte pour prendre ceux de la crèche. Ces vêtements sont déposés dans une corbeille en fil de fer souvent désinfectée.

7° La *salle des mères*, où les femmes qui allaitent, viennent à des heures régulières donner le sein à leur enfant.

8° Une *chambre d'isolement*, avec deux berceaux, où l'on place immédiatement tout enfant présentant le moindre symptôme suspect, en attendant qu'on le rende à sa mère.

Les services généraux comprennent :

1° Le *bureau de la directrice*, renfermant les livres et la comptabilité de la crèche.

2° Le *cabinet du médecin*, pour l'examen journalier des poupons, les pesées régulières, etc.

3° La *biberonnerie* où l'on stérilise le lait et où l'on conserve les bouteilles toutes préparées, la tétine au numéro de l'enfant, trempant dans un liquide antiseptique. Les bocaux de phosphate de chaux, de lactose, etc., sont posés sur des tablettes de verre ; les murs sont recouverts de carreaux en faïence.

4° La *cuisine*, très claire et très vaste, où le personnel prend ses repas.

Dans les sous-sols, se trouvent la buanderie, le séchoir, le calorifère, les caves, etc. Au premier étage, la lingerie, l'appartement de la directrice, les chambres des berceuses.

Ajoutons, pour que la description soit complète, que les cloisons intérieures sont vitrées à mi-hauteur, de façon à laisser pénétrer la lumière jusqu'aux recoins les plus éloignés ; que les peintures sont très claires, afin que la moindre souillure apparaisse, et laquées pour qu'on puisse les nettoyer rapidement ; que les encoignures sont toutes arrondies, évitant ainsi les amas de malpropreté ; que le parquet, les murs, les étagères sont fréquemment lavés, que les plumeaux, les balais et autres ustensiles qui déplacent la poussière sans l'enlever sont impitoyablement bannis.

Beaucoup critiquent ce qu'ils appellent *du luxe*, et qui, en somme, n'est qu'un excès de propreté et de soin. « On n'en fait pas tant pour les nôtres, disent-ils, et les enfants pauvres seront toujours mieux dans une crèche, quelle qu'elle soit, que chez eux. » C'est vrai, mais il ne suffit pas qu'ils soient mieux, il faut qu'ils soient *infiniment mieux* pour rétablir une moyenne convenable. Si les enfants des familles aisées sont moins soignés, ils le sont tout le temps, alors que les pauvres marmots qui fréquentent les crèches ont un arriéré à rattraper et une provision de bien-être à faire chaque jour pour contrebalancer la misère du logis.

Il y a encore une autre considération. Ce qui, en fait de précautions, est suffisant pour un ou

deux enfants, ne saurait l'être pour trente et à
plus forte raison pour soixante-dix ou cent. Les
mauvais germes mis en commun ne s'addi-
tionnent pas, ils se multiplient ; les épidémies
ont alors beau jeu, mettant en péril — et les
égoïstes devraient y songer dans leur propre
intérêt — les enfants riches tout aussi bien que
le pauvres.

Il en va de même pour la surveillance qui,
très difficile avec peu de personnel et beaucoup
d'enfants, doit être facilitée par des mesures
préventives sagement combinées ; les surfaces
absolument polies, les angles arrondis, les
meubles en bois courbé, les portes à fermeture
spéciale, etc., n'ont d'autre but que d'éviter
les accidents dans la limite extrême du possible.

Le régime alimentaire des enfants est l'objet
de soins excessifs, de la part du médecin et
de la directrice. Les poupons au maillot sont
allaités par leur mère ou nourris au biberon ;
pour la plupart l'allaitement est mixte.

Quand les mères nourrissent leurs enfants,
elles viennent à des heures réglées, à la crèche,
où une salle leur est réservée. Pour les enfants
au biberon, le lait, stérilisé seul est employé ; et
presque toutes les crèches fournissent la provision nécessaire à la nuit, moins dans le but
d'éviter une légère dépense à la mère, que pour
s'assurer contre la diarrhée et l'entérite, conséquence des laits de mauvaise qualité.

Les enfant sevrés ont quatre repas composés d'œufs, de potages légers, de purée de légumes; le lait est l'unique boisson employée.

On est obligé de lutter avec acharnement contre les familles qui s'étonnent et se plaignent de cette absence complète de vin et de viande. On a bien du mal à les convaincre que, jusqu'à trois ans, un enfant peut se contenter d'une alimentation végétale et lactée, surtout si on y ajoute des œufs.

Mais les parents se rattrapent le dimanche, et chaque lundi est un jour très dur pour les berceuses. Outre les bosses à la tête, les égratignures, les doigts pincés, les petits accidents de toute sorte dus à une moindre surveillance, l'indigestion est la règle presque générale.

Il faut croire que les mères françaises ne sont pas seules en faute, car dans certaines villes de Suisse, à Genève notamment, il y a un article du règlement qui enjoint de conserver à l'enfant, dans sa famille, le régime habituel de la crèche. L'indigestion hebdomadaire trop souvent répétée est une cause d'exclusion. La mesure est un peu radicale, mais, dans l'intérêt du marmot, on n'hésite pas à employer des moyens de persuasion énergiques.

Pour en arriver à cette perfection — perfection toute relative, car les découvertes scientifiques exigent une marche ininterrompue en

4

avant, et ce qui nous satisfait aujourd'hui ne nous suffira certainement pas dans quelques années, — pour en arriver là, dis-je, il a fallu beaucoup de temps et de luttes.

A l'époque où le travail de l'ouvrière au dehors était une exception, il existait tout de même des femmes : couturières, blanchisseuses, etc., dont le salaire était indispensable au bien-être de la famille, et qui devaient se rendre à l'atelier. Que devenaient alors les nourrissons ? Beaucoup étaient envoyés à la campagne, d'où très peu revenaient ; d'autres restaient sous la tutelle d'une parente, la grand'-mère généralement, ou des voisines ; d'autres encore étaient confiés à des frères et sœurs plus âgés qui, de ce fait, ne fréquentaient point l'école ; trop souvent le nourrisson était abandonné seul au logis.

Il y avait bien des *gardeuses;* mais la moitié du temps le remède était pire que le mal. Presque toutes étaient ignorantes et entêtées ; leur installation était défectueuse, et, afin de s'épargner les soucis de la surveillance, elles endormaient le poupon à l'aide de narcotiques.

Les accidents étaient fréquents et la mortalité considérable. De plus, le prix exigé qui variait de 70 centimes à 1 franc par jour, était trop élevé pour beaucoup de mères. Quand elles avaient deux enfants à placer, il leur était impossible d'y suffire. —

Il fallut, pour que l'on appréciât l'étendue
dn mal, quelques détresses plus pitoyables que
les autres, mises par le hasard sur les pas d'une
personne généreuse. Madame de Pastoret,
femme d'un conseiller à la *Cour des Aides*,
plus tard chancelier de France, membre de
l'*Académie française*, de l'*Académie des
Sciences Morales et Politiques*, habitait, au
commencement du siècle, l'un des grands
hôtels qui font l'angle de la rue Royale et de la
place de la Concorde. Dans ses sorties, elle re-
marquait une fillette de sept à huit ans, qui
portait sur son dos un poupon de vingt mois
aussi lourd qu'elle. Un examen attentif lui per-
mit de constater que, pour parer aux chutes
probables. le nourrisson était attaché à sa
grande sœur par des liens solides, si solides
même et tellement serrés qu'ils avaient, à la
longue, complètement déformé les épaules et
la colonne vertébrale de la malheureuse fillette.
La mère, travaillant au dehors, ne pouvait
s'occuper de ses enfants, et elle était trop misérable pour payer la redevance exigée par les
gardeuses.

Une autre fois, pénétrant pour une visite de
charité dans le logement d'une pauvre veuve
qui gagnait sa vie en lavant du linge, elle
trouva l'enfant tombé de son berceau, blessé,
couvert de sang et poussant des cris lamentables. « Je suis bien forcée de le laisser seul,

expliqua la mère, on me demande douze sous pour le garder et je n'en gagne que vingt-cinq. »

Une pauvre créature, mère de trois jeunes enfants, gagnait sa vie de cette manière : le matin elle portait le pain pour un boulanger, l'après-midi elle faisait un ménage, le soir elle lavait la vaisselle chez un marchand de vin. Sortie de chez elle à quatre heures du matin, elle y rentrait le soir à dix heures. Ses petits restaient toute la journée complètement seuls, enfermés à double tour, n'ayant pour nourriture que des croûtons de pain et du marc de café. Quand le hasard d'une maladie amena les dames de charité dans ce triste logis, on s'aperçut que les petits malheureux ne parlaient ni n'entendaient le français. Ils s'étaient arrangé un langage qu'ils étaient seuls à comprendre ; c'étaient de vrais sauvages ; il fallut avant toutes choses leur apprendre à parler.

Mme de Pastoret, émue de pitié, loua une boutique, rue de Miroménil, et y installa douze berceaux sous la tutelle d'une sœur garde-malade, avec des nourrices pour les petits que leur mère ne pouvait pas venir allaiter. Les poupons grandirent, mais on les garda tout de même, et l'embryon de *crèche* devint un embryon d'*asile*. Par malheur, n'étant pas soutenue comme elle aurait dû l'être, la généreuse fondatrice fut obligée de renoncer à son œuvre, et les douze enfants une fois élevés ne furent point remplacés.

Toutefois, cet effort ne devait pas être perdu. En 1802, après le traité d'Amiens, les Anglais, que la guerre privait de Paris depuis plus de dix ans, y vinrent en foule ; Mme de Pastoret était une grande dame que les personnages de marque tinrent à visiter, et parmi ceux-ci Macaulay, le grand historien, et lord Brougham, le savant légiste. Ils furent profondément impressionnés de cet essai de protection et d'éducation du premier âge auquel nul encore n'avait songé. Rentrés en Angleterre, ils en parlèrent dans les journaux, si bien qu'un riche industriel, Robert Owen, aidé d'un contremaître intelligent, James Buchman, résolurent de fonder pour les jeunes enfants de leurs ouvriers une *garderie* semblable à celle de Mme de Pastoret. Ils se mirent à l'œuvre et, en 1810, la première *infant's school* fonctionnait en Écosse.

C'est seulement vingt ans plus tard que Denys Cochin, aidé d'une femme intelligente et dévouée, Mme Millet, reprit l'idée, éclose chez nous, et l'y acclimata sous le nom de *salle d'asile*. Ce n'est pas l'unique fois — nous aurons occasion de le voir — que ces emprunts alternatifs se sont produits.

Mais revenons à la crèche, si mal accueillie à ses débuts. En 1844, M. Firmin Marbeau reprit le projet de Mme de Pastoret qui, cette fois,

4.

réussit, grâce à une charité à une persévérance inlassables. Le monde de la bienfaisance fut moins rétif; peut-être l'état social, devenu autre, avait-il modifié ses dispositions.

La nouvelle entreprise néanmoins, rencontra encore beaucoup d'obstacles. Tous n'avaient pas désarmé, et la routine, qui compte de si nombreux adorateurs, vit se ranger sous sa bannière des esprits éminents tels que Hippolyte Carnot Emile de Girardin, etc., qui furent longtemps réfractaires, à l'établissement des crèches. D'un autre coté, MM. Thiers, Dupin, Dufaure, Villemain, de Falloux combattaient dans le camp opposé et finalement eurent gain de cause.

C'est une chose des plus intéressantes que cette levée de boucliers, opérée par des personnalités considérables en faveur de l'enfance malheureuse. Car, il est juste de constater que, de part et d'autre, on était de bonne foi : chacun croyait agir au mieux de l'intérêt des petits abandonnés.

Il est d'autant plus curieux de mentionner les arguments élevés à cette époque contre le principe de la crèche, que ces arguments sont encore parfois invoqués aujourd'hui. Heureusement une assez longue expérimentation permet d'en faire justice.

On objecta d'abord que, le système des *garderies* ayant suffi jusqu'alors, comme nombre et comme installation, on ne voyait pas la nécessité d'y rien changer.

A cela, il fut répondu que les conditions sociales évoluent sans cesse, créant de nouveaux besoins qui exigent de nouvelles ressources ; que c'était précisément l'insuffisance et l'imperfection bien démontrées des *garderies* qui avaient déterminé les philanthropes à y apporter de sérieuses modifications.

On représenta ensuite que la facilité accordée aux mères de se débarrasser de leur enfant, les encouragerait à déserter le foyer pour aller travailler au dehors, et que les liens de la famille s'en trouveraient afffaiblis.

Cette objection était aisée à combattre. Ce n'est pas la crèche qui a créé l'*ouvrière* mais bien l'*ouvrière* qui a nécessité la crèche ; l'obligation de se rendre à l'usine ou à l'atelier ayant précédé, pour les femmes pauvres, l'aide qu'on cherche à leur apporter. La fondation des crèches, comme celle des asiles, a été non une cause, mais un remède à des exigences sociales tout à fait déplorables. Quant aux liens de la famille, la crèche en permettant aux mères d'allaiter leur enfant et en restreignant par là les envois en nourrice, a pour résultat de les resserrer au lieu de les détruire.

Ensuite, l'installation, bien que très modeste, fut vivement critiquée. Les poupons, sortis de « ce luxe et de ce confortable », sentiraient plus durement la misère du logis paternel ; et, l'endurance une fois brisée, leur santé en souffrirait.

Or il est démontré, preuves en mains, que les enfants qui fréquentent assidûment la crèche sont plus forts, mieux portants que les autres ; et cette vérité éclate toute seule, qu'ils sont à l'abri au moindre danger.

Enfin on fit aux crèches ce dernier reproche absolument typique, et toujours en vigueur pour les cas analogues, que l'œuvre nouvelle ferait une concurrence fâcheuse aux œuvres déjà existantes.

Reste à savoir si les œuvres sont faites pour subvenir aux besoins des pauvres, ou les pauvres pour s'adapter aux ressources des œuvres. Si certaines, — d'ailleurs excellentes dans leur temps, — viennent à péricliter, c'est qu'elles n'ont plus raison d'être, et qu'elles doivent être remplacées par d'autres plus en rapport avec les exigences du moment.

Il n'est pas douteux que les crèches, précisément, répondent à une nécessité chaque jour plus impérieuse. La femme, — un peu par goût et par éducation, beaucoup par misère, — tend de plus en plus à déserter le logis pour travailler au dehors. Cet état de choses, qui complique terriblement la question sociale, a de plus, une influence désastreuse sur le sort de l'enfant.

La mère devrait être sa nourrice, sa gardienne, sa première éducatrice, et c'est grand dommage qu'il n'en soit pas toujours ainsi. Mais faut-il que l'enfant innocent pâtisse, parce qu'elle ne veut ou ne peut point remplir ses devoirs maternels? Non, n'est-ce pas? Mieux vaut chercher les moyens de la remplacer.

Il devrait y avoir assez de crèches pour que pas un nourrisson soit abandonné seul au logis, ou confié à des frères et sœurs trop jeunes pour avoir conscience de leur responsabilité; assez d'asiles et assez d'écoles pour que nul enfant ne traîne par les rues; et nous sommes encore loin du compte.

Car ce n'est pas seulement les ouvrières travaillant au dehors qui ont besoin d'un dépôt tutélaire pour leurs nourrissons; les confectionneuses, les lingères, toutes celles qui, devant aller chercher et reporter leur ouvrage, ont à subir les longues attentes au magasin pour la vérification, sont-elles beaucoup mieux partagées? On les voit, les pauvres créatures, lourdement chargées, et piétinant d'impatience aux stations d'omnibus, le cœur angoissé à l'idée que les petits ont pu s'approcher d'un poêle rouge, renverser la lampe, tomber par la fenêtre, ou seulement qu'ils pleurent parce qu'ils manquent de quelque chose.

Et même, celle qui se contente de tenir son

ménage n'a-t-elle pas besoin d'aide, elle aussi?

Le logement est petit, parfois même il se compose d'une pièce unique ; comment, avec les mioches grouillant autour d'elle, pourra-t-elle établir chaque jour l'ordre et la propreté? Comment fera-t-elle, l'hiver, pour renouveler l'air sans risquer de leur faire prendre froid? Et pendant les heures où forcément, elle doit s'absenter pour aller au lavoir, et faire les commissions du ménage, que deviendront les petits? Ce qu'ils deviendront... ! les *faits divers* des journaux nous l'apprennent de reste : ils sont victimes d'accidents qui les tuent ou les estropient.

Et la tranquillité, le repos moral que l'ouvrière goûte à être seule, delivrée du souci de la surveillance, est-ce que cela ne compte pour rien? S'imagine-t-on une malheureuse l'esprit tendu, harcelée par l'incertitude du lendemain, et qui voit sa besogne encore compliquée par la turbulence de marmots, dont le plus gentil a encore des moments insupportables? Faut-il s'étonner si les gifles pleuvent quelquefois un peu plus dru qu'il ne conviendrait?

Admettez au contraire que, dès le matin, les oisillons prennent la volée pour la crèche ou pour l'école, suivant leur âge. La mère, libre de tout embarras, lave le linge, raccommode les effets, prépare les repas ; elle range, nettoie, aère le modeste logement qui, de ce fait, devient plus agréable et surtout plus sain. Si l'homme est sûr de trouver le soir, en rentrant, la maison en ordre, bien chaude et bien éclairée, les enfants propres, la femme de bonne humeur, soyez sûr qu'il ne s'attardera point au cabaret.

De sorte que, d'une manière indirecte, mais certaine, les œuvres protectrices de l'enfance sont en même temps des œuvres de moralisation.

Dans l'intérêt même des enfants de la classe ouvrière, l'envoi à la crèche s'impose.

D'abord, l'air plus pur, les soins de propreté plus méticuleux, une alimentation mieux choisie, des habitudes ponctuelles sont extrêmement favorables à leur développement. Ensuite, la visite quotidienne du médecin et les pesées régulières permettent d'établir sur leur santé un contrôle étroit et d'obvier au mal avant qu'il soit menaçant.

Le jeune être moral aussi, gagne à être sagement dirigé dès les premières lueurs d'intelligence. C'est Napoléon qui a dit cette parole très juste : « Rien ne vaut l'éducation des langes. »

L'enfant, en contact avec d'autres, dont les droits sont identiques, apprend qu'il n'est pas une petite idole autour de laquelle tout doit graviter ; mais, en même temps, les soins

assidus dont on l'entoure lui font sentir confu-
sément qu'il peut compter sur une protection
fidèle; et sa petite âme s'épanouit dans la confiance et l'affection.

Est-ce là tout? Non pas. Pour un grand
nombre, la crèche est uniquement un endroit
où les enfants sont gardés à l'abri du danger;
mais, comme toutes les institutions qui s'adressent au peuple, celle-ci a une portée plus
haute.

Si la directrice est ce qu'elle doit être et ce
qu'elle est généralement, c'est-à-dire instruite,
expérimentée, bonne surtout, elle ne se contentera pas de surveiller les enfants qui lui sont
confiés, elle sera pour les mères un guide et un
conseil.

Aux ignorantes, elle enseignera peu à peu
l'hygiène non seulement en ce qui concerne le
nourrisson, mais en ce qui concerne toute la
la famille. Avec de la persévérance et une douceur soutenue de fermeté, elle prendra un
ascendant très marqué sur sa clientèle; c'est
peut-être là le moyen le plus direct et le plus
prompt de rectifier le régime alimentaire si dé-
fectueux chez nos ouvriers.

Aux crèches où le Comité de Patronage est
bien organisé et fonctionne comme il faut, la
directrice servira de trait-d'union entre les
dames bienfaisantes et les mères pauvres qui,

parfois, ont de durs moments à traverser. Rarement, l'aide se traduira par un secours pécuniaire; plus souvent, par des conseils, une recommandation, du travail mieux rétribué, par une sympathie agissante, en un mot; et les malheureuses soutenues par cette conviction qu'on ne les laissera pas rouler au fond de l'abîme, supporteront mieux leurs épreuves passagères.

Il y a encore une question très délicate que j'ai vu souvent résoudre aux crèches dans l'intérêt de l'enfant. Presque partout — je crois même que je pourrais supprimer le mot *presque* — on admet sans difficulté les enfants naturels; l'indication du règlement relative aux *mères se conduisant bien* est interprétée de la façon la plus élastique, et l'on ne ferme la porte qu'aux débauchées.

Or, en cas d'irrégularité dans l'état-civil, la surveillante peut intervenir avec chance de succès. Les Sœurs excellent dans ce genre de diplomatie; j'en connais une qui m'affirme réussir trois fois sur cinq. Elle confesse la mère, puis, sous un prétexte ou sous un autre, elle attire le père à la crèche. Là, sur le ton d'une sympathique indulgence, elle lui fait la morale nécessaire.

« Ils ne sont pas méchants, m'explique la bonne religieuse; seulement cela n'a pas de

tête.¹ Je les amène auprès du berceau de leur
enfant et je leur dis :

— Voyons, mon cher garçon, voici un pauvre
petit qui, censément, n'a pas de père, est-ce
que vous trouvez que c'est bien ?

— Non, ma sœur.

— Vous vivez depuis un an, deux ans, cinq
ans avec la mère...; ce n'est pas convenable.

— Je ne vous dis pas, ma sœur...; on est
comme cela, on y reste, sans penser à autre
chose.

— Eh bien, mon garçon, il faut y penser...,
et sérieusement. Cette petite femme-là est gentille, travailleuse, vous ne trouverez jamais
mieux...; vous allez vous marier ensemble.

L'homme se gratte la tête sous sa casquette,
et il répond :

— Ce ne serait pas de refus, ma sœur; seulement il y a les papiers..., la mairie...,
l'église..., un tremblement de tous les diables.

— Il n'y a pas le moindre tremblement; de
braves gens que je connais vont s'occuper de
tout cela; et vous n'aurez qu'à choisir votre
jour.

— Et les habits, ma sœur...? Pensez qu'on
n'a guère d'avance...

— Vous irez à telle adresse, ici tout près; il y
a une religieuse qui vous prêtera un costume,
et un à votre femme. Présentez-vous de ma
part, et si vous avez la chance d'être à son goût,

elle vous donnera encore de quoi faire un bon petit repas. »

L'ouvrier, comme le dit si bien la sœur, n'est pas méchant; il se laisse convaincre, aidé en cela par la jeune femme qui ne demande pas mieux que de convoler, et voilà une famille d'instituée. Edifice fragile ! dira-t-on. Pas toujours. Il arrive souvent, au contraire que, se sentant soutenu, le garçon insouciant devient un chef sérieux et un excellent père.

Je signale au passage, le zèle touchant de ces braves filles qui, ayant pour jamais renoncé à l'amour — peut-être pas sans chagrin — s'occupent avec un si grand soin d'assurer, de moraliser l'amour des enfants du peuple.

La bonne influence a mille autre moyens de s'exercer. Dans des notes prises chaque fois que je rencontre un fait intéressant, je trouve cette anecdote relative à deux petites berceuses de l'une de nos crèches parisiennes.

« Il y a quelques jours, les enfants partis, la crèche mise en ordre et aérée, deux berceuses étaient sorties dans le quartier pour faire un achat de mercerie. En passant devant la boutique d'un marchand de vin, leurs yeux furent attirés vers la tache blanche produite par un poupon emmailloté.

— Oh !

La même exclamation indignée et chagrine

sort simultanément de leurs bouches; et, sans
hésiter une seconde, sans même s'être con-
certées, elles entrent résolument dans l'*assom-
moir*, et marchant droit au père :

— Comment! fait la plus hardie, vous êtes
venu chercher ce petit à sept heures, il est huit
heures et demie, et vous n'êtes pas rentré !

L'homme balbutie une vague excuse; mais
la jeune fille ne se contente pas pour si peu.

— Ainsi ! continue-t-elle, toute la journée
on aura veillé sur votre enfant, on l'aura
nourri, choyé afin qu'il devienne fort et bien
portant; et tout le bénéfice de ces bons soins
sera perdu, parce qu'il vous plaira de le maintenir pendant deux heures dans cette atmosphère empestée de tabac et d'alcool! Vous avez
peut-être le droit de vous empoisonner, vous;
mais vous n'avez sûrement pas le droit d'empoisonner votre enfant.

Cette fois, le père se lève, et pendant que
l'une des jeunes filles rétablit l'ordre dans la
toilette du poupon, il règle la consommation
qu'il n'a même pas osé achever. Il pose quarante centimes sur l'horrible comptoir de zinc,
où se trafiquent la santé, la dignité, l'honneur
de tant de misérables.

— Huit sous! s'exclame celle des deux berceuses qui a la langue bien pendue; vous n'avez
pas honte de dépenser huit sous au cabaret,
quand votre femme se tue à l'ouvrage et a bien

à peine de quoi faire vivre la maisonnée !

Et tous trois quittent la boutique sans que nul ait songé à élever la voix : ni les consommateurs chez qui, peut-être, l'acte courageux des jeunes filles a éveillé un remords, la vision d'autres femmes et d'autres enfants qui, eux aussi, attendent pour manger, le retour du père ; ni le patron, auquel, cependant, une pareille intervention, souvent répétée, créerait une sérieuse concurrence.

Mais la fin et la morale de l'histoire, les voici :

Le lendemain soir, quand l'homme vint à la crèche pour chercher son enfant, une honte rétrospective le fit se tenir à l'écart, dans le coin le plus reculé. Alors, la jeune berceuse, avant de le lui remettre, embrassa le petit plus tendrement encore qu'à l'habitude, comme pour lui dire :

— Pauvre chérubin ! tu es bien à plaindre d'avoir un père pareil !

L'homme ne s'y trompa pas ; et, avec l'humilité d'un chien battu et repentant :

— N'ayez pas peur, mademoiselle, murmura-t-il, je rentre directement à la maison. Je n'irai pas chez le marchand de vin... ni ce soir... ni jamais.

Tiendra-t-il parole ? Il ne faudrait peut-être pas y compter d'une manière absolue. Ce serait trop beau si les ivrognes se rendaient à la pre-

mière injonction. Mais qui sait ? Il y a des natures faibles qu'un rien jette hors de la bonne
voie et qu'un rien y ramène. Si celui-ci n'est
pas foncièrement perverti, la leçon donnée par
ces braves petites filles, qui s'intéressent à son
enfant plus que lui-même, portera peut-être
des fruits. »

Revenons un peu sur cette clause : « on n'ad-
mettra que les enfants des femmes se conduisant bien. » Les crèches étant autonomes, le
règlement se trouve forcément appliqué d'une
façon un peu arbitraire. A ce sujet, M. Marbeau, l'homme, je ne dis pas de Paris ni de
France, mais du monde entier qui est le mieux
documenté sur la question des crèches, m'a
raconté l'histoire suivante qui me paraît très
suggestive.

Un jour, il interrogea une surveillante laïque.

— Madame, qu'entendez-vous s'il vous plaît
par les « enfants des femmes se conduisant
bien » ?

— Mais, monsieur, ce sont les enfants légitimes ; si j'acceptais les enfants naturels, on
me retirerait les autres.

Je note en passant que les poupons de trois
ans quittent la crèche, *atteints par la limite
d'âge,* ce qui réduit notablement les dangers
du mauvais exemple.

Une seconde, plus indulgente, répondit à la même question :

— Monsieur, je prends le premier enfant naturel, mais c'est tout, parce que, au second, la mère savait bien ce qu'elle faisait.

La troisième interrogée — une religieuse et une très grande dame, celle-là — riposta résolument :

— Moi, monsieur, je dis qu'elles se conduisent bien quand elles restent avec le même homme... Oh ! je sais bien que certaines blâment ce qu'elles appellent ma faiblesse... Mais cela leur est facile à dire, à elles, qui, depuis leur naissance, ont été heureuses et choyées... qui, jeunes, ont épousé un mari qu'elles aimaient... Il n'en va pas de même pour les pauvres créatures ; et, à leur place, nous aurions peut-être fait pis.

Maintenant, voyons un autre côté de la question. La crèche doit-elle être gratuite ou payante ?

Elle doit être gratuite, affirment les uns, comme l'école et comme l'asile. Les familles pauvres n'ayant pas le moyen d'élever convenablement leurs enfants, c'est à l'État ou à la commune d'y pourvoir. La société tout entière a intérêt à ce que les jeunes citoyens soient robustes et instruits, attendu que mieux ils sont préparés, plus ils lui rendent de services.

Elle doit être payante, objectent les autres, comme devrait l'être l'école dans la majorité des cas. Et les arguments dont ils étayent leur opinion sont d'une logique parfaite.

Les crèches ont été instituées afin que l'ouvrière puisse travailler en repos et que l'enfant soit élevé dans de bonnes conditions hygiéniques : c'est là un double avantage que les familles doivent reconnaître par une rémunération quelconque.

Ensuite, nous n'apprécions réellement que ce qui représente à nos yeux une valeur pécuniaire. Si l'ouvrier donnait seulement deux sous par jour à l'école, il s'inquiéterait davantage de l'assiduité et des progrès de son enfant.

Les parents eux-mêmes n'ont pas confiance dans ces soins gratuits, et c'est si vrai que la rétribution à laquelle ils ne sont pas astreints, ils la remplacent par des pourboires aux berceuses.

La somme, si minime soit-elle, que l'on exige des mères, assure leur indépendance. On ne peut plus leur répondre à des observations motivées : « Vous êtes encore bien heureuse que nous prenions votre enfant pour rien »; ce sont elles, au contraire, qui sont en droit de dire : « Ce petit que je vous confie, votre devoir est de le soigner et de le tenir propre. »

Enfin, la dignité des parents se révolte, je

l'ai vu maintes fois — surtout des pères — devant cette aide dont la forme les humilie. Plusieurs me l'ont déclaré nettement : « Nous ne demandons pas l'aumône. »

M. Marbeau, me fait cette réflexion très juste : « Dans les centres industriels, Popincourt, Ivry, Grenelle, etc., l'ouvrier ne proteste pas, au contraire, contre la rétribution exigée; mais nous avons beaucoup de peine à l'obtenir dans les quartiers riches, parce qu'alors nous avons affaire à une population de concierges et de valets, habitués à tendre la main pour le pourboire. »

D'une manière générale, cette gratuité quasi-universelle dans l'éducation est une mauvaise école pour le peuple, qui s'accoutume ainsi à compter sur les autres et très peu sur lui; il n'y a pas de dissolvant plus certain pour l'énergie et le caractère.

Si les quelques sous dépensés pour l'enfant sont en moins dans la recette du marchand de vin, personne ne s'en plaindra — hormis toutefois le marchand de vin, dont l'opinion est négligeable —; car il est à remarquer que ceux qui ne trouvent pas d'argent pour satisfaire leurs besoins, en trouvent toujours pour satisfaire leurs vices.

Il va sans dire que les partisans les plus convaincus de la crèche payante sont tout à fait d'avis que, soit momentanément, soit d'une

5.

manière définitive, et toujours avec la plus absolue discrétion, la gratuité sera acquise aux mères privées de ressources et chargées de famille. C'est à la directrice ou au Comité de patronage d'apprécier les raisons qu'elles feront valoir; et même, si besoin en est, d'aller au-devant de leurs scrupules. Que le principe de la rétribution soit sauf, c'est tout ce qu'ils demandent.

L'utilité des crèches est donc surabondamment prouvée; à Paris et dans les grandes villes, le mouvement, très encouragé, ne s'arrêtera pas, du moins il faut l'espérer. Mais il n'en est pas de même partout.

Les centres manufacturiers, où l'obligation des crèches s'impose avec le plus de force, puisque la presque totalité des mères sont employées à l'usine ou à la fabrique, commencent à être bien pourvus. En général, ce sont les patrons qui se chargent d'organiser et d'entretenir les crèches; et il faut convenir que, de ce côté, on marche également très vite dans la voie du progrès. Mais, l'initiative s'étant manifestée un peu tardivement, il y a bien à faire encore.

Aux campagnes, tout est à créer. Dans la majorité des exploitations agricoles, qu'il s'agisse de cultures industrielles ou maraîchères, de vignobles ou de pâturages, les femmes sont occupées à la terre. On objectera que les nourrissons ne pâtissent point trop parce qu'il y a toujours quelque voisine complaisante, une vieille grand'mère ou les petites sœurs pour s'occuper d'eux, quand les mères sont aux champs. Mais, est-ce là une surveillance bien propice? Il est permis d'en douter. Je ne dis pas que l'on continue à suspendre les emmaillotés à un clou de la muraille, ou à les ficher dans une hotte, — encore serait-il téméraire d'être trop affirmatif; — mais certainement on use et on abuse du chariot roulant, la *meneure* comme on dit en Normandie, et trop souvent les poupons sont abandonnés seuls dans leur berceau où ils séjournent dans la malpropreté, où ils crient jusqu'à s'étrangler, où leurs membres s'atrophient et se déforment à conserver toujours la même attitude. Pour ceux qui marchent, les animaux méchants, le feu, la rivière les tiennent en un perpétuel danger. Les accidents sont si fréquents que certains journaux des départements ont une rubrique spéciale pour les mentionner : « Parents, veillez. » Il faut croire que, malgré de si funestes exemples, les parents ne veillent guère car la liste des accidents est toujours aussi longue.

La vérité est qu'un bébé ne devrait jamais être laissé seul ; tous ceux qui en ont élevé le savent parfaitement ; et si, à la campagne, l'air est meilleur pour eux, ils y sont exposés, en revanche, à une hygiène moins intelligente et à des accidents plus nombreux.

Or, rien ne serait plus facile que d'établir, dans les communes rurales, des crèches très élémentaires destinées aux enfants trop jeunes pour être admis à l'école. On pourrait, suivant les idées de la population, confier ces *garderies* soit à la parente, mère ou sœur, qui habite généralement avec le curé, soit à l'institutrice qui, aidée des grandes écolières et d'une bonne femme du pays, se chargerait de l'administration.

Ces crèches rurales seraient d'autant moins coûteuses qu'elles pourraient à la rigueur être fermées pendant l'hiver, les mères restant généralement au logis. Il va sans dire aussi que le luxe d'installation et de fonctionnement pourrait être réduit à l'absolue nécessité. Une propreté irréprochable, la stérilisation obligatoire du lait, voilà tout ; le grand air se chargerait du reste.

J'ai dit que l'institutrice gouvernerait la crèche aidée des plus grandes écolières ; je n'ignore pas que cette idée de faire concourir les fillettes à une œuvre d'assistance rencontrerait des protestations ; beaucoup y verraient une atteinte à la liberté, dont notre génération se montre si jalouse et dont elle use parfois si mal. Mais il serait aisé de ne con-

traindre personne en employant les petites
filles de bonne volonté. Et il serait mieux encore de faire comprendre aux égoïstes que
l'humanité est un devoir impérieux — très
doux d'ailleurs — auquel nul, pas même l'enfant dans la mesure de ses forces, n'a le droit
de se soustraire.

Ceci m'amène à traiter une question souvent
mise sur le tapis et jamais résolue. Des esprits
très sages, frappés sans doute de voir que les
qualités de ménagère vont chaque jour s'af-
faiblissant chez la femme, ont, depuis longtemps,
demandé que les crèches devinssent pour les
jeunes filles, un enseignement de la maternité;
que les élèves des écoles primaires supérieures,
des écoles professionnelles, des écoles nor-
males d'institutrices notamment, aillent, à tour
de rôle, passer une demi-journée à la crèche
voisine où, non seulement elles apprendraient
à soigner les enfants, mais où encore elles s'ac-
coutumeraient à prendre intérêt à eux, à les
aimer. Tout le monde y gagnerait et surtout
elles-mêmes. Je vois les noms de MM. Marbeau, Paul Strauss, des Drs Napias, Landouzy,
Brousse, Dubois, etc., à la tête de ce projet
très raisonnable et qui n'a point été jusqu'ici
suffisamment pris en considération.

Je crois pourtant que pour les filles de la
classe ouvrière, de la petite bourgeoisie —

j'oserai même dire pour toutes les filles — il
est plus utile d'apprendre la tenue du ménage
et l'éducation des enfants, que la dynastie des
Pharaons et les discours de nos grands ora-
teurs. Ce n'est pas que je m'élève contre l'instruction donnée aux femmes, loin de là ; je
suis persuadée, au contraire, qu'une femme intelligente et instruite remplira mieux et plus
volontiers ses devoirs d'épouse et de mère.
Mais encore est-il que, ces devoirs, il faut les
lui enseigner. Les mathématiques, la littéra-
ture, le dessin, la broderie, etc., ne s'apprennent pas tout seuls, et vous voudriez que l'on
possédât d'emblée cet art si compliqué, si délicat d'élever un enfant… !

En cela, nous ne ferions qu'imiter ce qui se
fait dans certaines villes de l'étranger : à Nu-
remberg, à Gothembourg, à Stockholm, le système fonctionne régulièrement et l'on n'a qu'à
s'en féliciter.

Dans cet ordre d'idées, une dame journaliste
proposait, il y a quelque temps, l'établissement
de *pouponnières-écoles* où l'enseignement serait donné aux jeunes filles à l'aide de *poupées
vivantes.*

J'ai dû lire plusieurs fois l'article en question avant de bien en pénétrer le sens ; et le
résultat final a été pour moi une profonde
stupeur.

Ainsi donc, des enfants, parce qu'ils sont pauvres, seraient destinés à servir. suivant l'occasion, de champ d'expériences ou de jouet.

Je dis bien de *jouet*, car il faut compter que parmi les jeunes berceuses volontaires, un certain nombre nombre viendraient là par caprice, par genre ; le stage aux *pouponnières-écoles* deviendrait pour les jeunes mondaines une espèce de *sport* — sport, du reste, dont elles seraient vite lasses, car il n'est pas de besogne plus fastidieuse, plus rebutante, pour qui n'aime point profondément les bébés.

Je mets tout au mieux : les jeunes filles sont douées de la bonne volonté, de la persévérance, de la tendresse nécessaires pour réussir dans leur œuvre, mais l'apprentissage sera long, difficile, semé d'écueils ; et qui donc en fera les frais, sinon les *poupées vivantes* — ce n'est pas moi, certes ! qui invente ce mot cruel — des êtres humains, après tout, dont la vie est aussi précieuse que celle des enfants de la Plaine-Monceau ou des Champs-Elysées? Il faut vraiment n'avoir jamais vu de près l'enfance malheureuse et souffrante pour concevoir un semblable projet.

On ripostera que les écolières seront dirigées par une surveillante experte. Je le pense bien. Il ne manquerait plus que cela qu'elles fussent livrées à elles-mêmes! Mais quelle autorité la

directrice aura-t-elle sur ces jeunes personnes
que leur bon plaisir seul attachera à la crèche ?
On a déjà assez de peine à faire marcher les
berceuses que l'on tient pourtant par le salaire
et la crainte d'un renvoi. Encore ces berceuses
ne sont-elles pas toutes novices. Dans une
crèche qui en comporte quatre, il y en a une
seulement qui fait son apprentissage en regar-
dant les autres.

Les jeunes filles sérieuses qui désirent *vraiment* apprendre à soigner les poupons et, en
même temps, se rendre utiles, — je suis tout à
fait persuadée qu'il y en a — ont un moyen
bien simple. La ville de Paris possède 61 crèches, la banlieue 34. D'autre part, une personne intelligente qui, pendant trois ou quatre
ans, passe régulièrement une demi-journée par
semaine dans une crèche bien tenue, est suffisamment renseignée sur les soins à donner aux
poupons. Les 95 crèches du département de
la Seine fournissent 1,140 séances hebdomadaires. Voici donc 1,140 jeunes filles de pour-
vues. Qu'elles fassent une demande pour entrer
comme suppléantes dans un établissement de
leur choix, sans doute elles seront exaucées.
Là, elles feront leurs débuts en lavant et en
préparant les biberons ; puis elles débarbouille-
ront les petits minois, feront manger la soupe
aux *anciens* — ceux qui sont sevrés ; — et
tout doucement, en passant de grade en grade,

elles arriveront au moment où on les jugera
capables de prendre un tout petit dans son berceau, de le nettoyer des pieds à la tête, de l'em-
mailloter suivant les règles, d'établir sa courbe
de pesées, etc. Mais, avant d'en arriver là,
beaucoup auront démissionné, soyez-en sûrs.
Si je me trompe, si les 1,140 places à prendre
laissent des expectantes, on songera alors à la
création de *pouponnières-écoles* : nous avons
du temps devant nous.

Maintenant, voyons un peu quelles conclusions pratiques on peut tirer de tout ce qui
précède.

Je ne parle pas de la construction de crèches
nouvelles, aussi confortables que possible ; la
chose va de soi. Mais je tiens à faire remarquer que les crèches petites et nombreuses ont
de sérieux avantages. Petites, la direction en
est facilitée, les chances de contagion restreintes, l'entente plus étroite entre les familles
et l'administration ; nombreuses et mieux disséminées, elles épargnent les longues courses
aux mères pour qui, si souvent, le temps est du
pain. Avec trente berceaux, les frais généraux
se trouvent avantageusement répartis ; c'est un
maximum qu'il ne faudrait point dépasser.

Mais surtout, *surtout*, ce qu'il faudrait, c'est
que les bienfaitrices des crèches, ne se contentant pas d'offrir leur cotisation, voulussent bien
payer un peu de leur personne.

C'est de cette manière, avec le bien fait aux enfants, que l'entente des classes s'établira le plus sûrement et le plus vite.

Ce jeune être aux membres frais et souples, sur lequel la misère, le travail précoce et excessif n'ont point encore imprimé leur tare, n'est d'aucune caste : toutes peuvent le reconnaître comme leur ; et telle mondaine qui hésiterait à un contact prochain avec les parents tient, sans répugnance aucune, le nourrisson dans ses bras.

C'est ce que j'ai vu, à la crèche Fourcade, où les dames patronnesses se font un devoir d'apporter leur part effective de charité. Quand les mères viennent pour allaiter leur bébé, ce sont elles qui le prennent dans le berceau et le leur présentent ; et, devant l'intérêt commun qu'elles portent à l'enfant, les baisers qu'elles lui donnent à tour de rôle, le sourire qu'elles échangent pour ses petits gestes, ses petites mines si jolis qu'on ne peut se défendre d'en être touché, il n'y a plus ni patriciennes ni femmes du peuple : il y a des mères.

Qu'elles viennent donc à tour de rôle dans les crèches, celles qui ont acquis de l'expérience à élever leurs propres enfants. Qu'elles revêtent la blouse de toile, le grand tablier, et qu'elles mettent résolument la main à la besogne. Le personnel fait ce qu'il peut, c'est-à-dire le nécessaire ; mais, pour les tout petits, le superflu est quelquefois du nécessaire.

Rappelons-nous ce que l'on fait aux nôtres quand ils sont chagrins ou souffrants : on les caresse, on les dorlote, on cache dans son cou la petite figure enfiévrée pour la dentition, on ferait l'impossible pour les consoler. Eh bien! il faut agir de même envers les petits nourrissons des crèches. Les pauvres marmots ! il leur restera toujours assez de misère!

DEUXIÈME PARTIE

L'ÉCOLIER

I

APRÈS L'ÉCOLE

Le pire danger pour les enfants délaissés est la rue.

C'est là qu'ils apprennent à mendier et à voler, là qu'ils contractent l'horreur du travail régulier et de la discipline morale, là que les filles s'accoutument lentement à la prostitution, que leurs mœurs à tous se dépravent, que leur conscience s'obscurcit au point qu'ils qu'ils ne discernent plus le bien du mal et tirent une sorte de gloire des vices les plus honteux et les plus dégradants.

Donc, le premier soin de ceux qui ont à

cœur la protection des petits abandonnés doit être de les soustraire au ruisseau où ils pataugent si vite et si volontiers.

Mais, n'exagérons rien. Si la rue est pour beaucoup une école de débauche et parfois même de crime, il ne faut pas oublier non plus que là, mieux que partout ailleurs, l'enfant du peuple apprend à se débrouiller, à ne compter que sur lui, et, en même temps, à respecter les intérêts des autres ; là qu'il acquiert cette endurance, non pas résignée, mais souriante et railleuse qui est la marque du vrai courage ; là qu'il s'instruit d'une foule de choses pratiques qui en font de bonne heure un petit être très renseigné ; là, en un mot, qu'il fait l'apprentissage de la vie qui pour lui sera rude.

Au reste, très jeune, il devra prendre contact avec cette rue menaçante ; à treize ans, il quittera l'école pour l'atelier, et il est bon qu'à ce moment, où la tentation deviendra plus forte, il soit déjà aguerri.

Il ne faut donc pas s'offusquer de ce que garçons et filles, au sortir de la classe, s'abattent comme une nuée de moineaux francs sur le pavé qu'ils encombrent de toupies, de cerceaux et de cordes à sauter..., où ils règnent en maîtres, en despotes, au grand dam des passants, des boutiquiers et des cantonniers municipaux, mais que, en revanche, ils égayent de leurs éclats de joie, de leur esprit, et même... oh !

mon Dieu, oui! de leurs malices. Car ces malices, n'ont en général rien de terrible; elles
sont plus dangereuses pour la tranquillité des
victimes que pour la moralité des délinquants.

Je me souviens d'un mot très juste prononcé
par le lieutenant d'artillerie Guieysse au dernier congrès contre l'alcoolisme. « La caserne,
a-t-il dit, est une pierre de touche pour le caractère : les forts s'y fortifient, les faibles s'y
affaiblissent. » Il en est de même pour la rue.
Celui qui, dans son enfance, y a passé ses
heures de liberté, en a respiré tous les
miasmes, frôlé toutes les laideurs, toutes les
hontes, sans être définitivement corrompu, est
vacciné contre la contagion morale et sérieusement armé pour la vie.

D'ailleurs, ce qui est mauvais, ce n'est point
tant que l'enfant soit dans la rue, mais bien
qu'il y soit habituellement, sans contrôle, et
parce qu'il ne sait où aller autre part.

L'écolier pour lequel, pendant la journée de
classe, chaque mot lu, écrit, entendu, a été un
encouragement ou un rappel au devoir, et qui
trouve, en rentrant de l'école, une famille honnête et laborieuse, ne court pas grands risques
à descendre un peu sur le trottoir où il dé-
gourdit ses jambes et son esprit; surtout s'il
reste sous l'œil vigilant et intéressé du voisinage, avec l'imminence d'une taloche ou d'un
« Je vais le dire à ta mère » si les méfaits

viennent à dépasser les bornes permises. Mais il faut qu'il soit surveillé, qu'il puisse répondre sans hésitation quand on lui demande : « D'où viens-tu?... qu'as-tu fait?... avec qui étais-tu?... » De sorte que s'il lui arrive de s'engager dans une mauvaise voie, on s'en apercevra immédiatement et l'on pourra l'arrêter dès les premiers pas.

Voici la catégorie des enfants pour lesquels la rue est dangereuse et auxquels il faut, coûte que coûte, fournir un asile au sortir de l'école.

D'abord, ceux dont les parents travaillent dehors toute la journée, surtout les demi-orphelins, et surtout encore quand c'est le père qui reste seul. La mère, en effet, plus faible, plus accablée, devant travailler davantage pour un salaire inférieur, se tire néanmoins mieux d'embarras.

En second lieu, les enfants qui font partie d'une famille nombreuse et habitant un logis étroit, insalubre, où tous ont avantage à ne séjourner qu'un minimum de temps. Puis les écoliers dont la santé délicate nécessite une surveillance expérimentée ; ceux qui sont exposés à trouver à la maison des exemples pernicieux ou des mauvais traitements ; ceux encore dont le caractère faible, hésitant a besoin d'un solide et continuel étai. En résumé, les petits — et ils sont légion — dont les parents sont incapables de surveiller efficacement l'éducation ou la santé.

Mais ces enfants, où les logera-t-on ? qui s'en occupera ? La question semble résolue par l'établissement de classes de garde dans presque toutes les écoles primaires ; il ne me semble pas que ce soit d'une manière satisfaisante.

Je passe, bien entendu, sur les réclamations multiples, ardentes, et, il faut le reconnaître, en partie justifiées, des instituteurs qui, à l'origine, se sont plaints que le supplément d'allocation ne fût pas en rapport avec le supplément de travail exigé. Il y avait à cela plusieurs remèdes : élever la rémunération des maîtres titulaires, ou charger de ces classes de garde quelques-uns des nombreux expectants auxquels un traitement, même minime, aurait fait prendre patience. Peut-être d'ailleurs est-ce chose faite aujourd'hui.

Mais ce n'est pas l'organisation que j'incrimine, c'est le principe même. L'école de garde, c'est toujours l'école, c'est-à-dire les mêmes salles, les mêmes maîtres, la même discipline et fatalement l'ennui. Pour que l'enfant se plaise en classe et profite de l'enseignement qu'il y reçoit, on ne doit pas l'en dégoûter par un séjour continu; les jeunes esprits sont mobiles, il leur faut du changement.

Je sais bien ce que l'on pourra objecter : que les demi-pensionnaires des lycées sont dans le même cas, et que les internes sont plus tenus encore. Sans doute ; mais je n'ai jamais prétendu que l'internat fût une bonne chose. Ensuite, les lycéens, qui appartiennent en général aux classes aisées de la société, ont des distractions qui ne sont pas à la portée du public des écoles primaires. S'il s'agissait d'établissements situés à la campagne, la question serait autre ; mais, pour le moment, nous nous occupons seulement de l'écolier des villes.

D'autre part, il ne faut pas oublier que l'éducation pratique n'existe réellement que dans la famille. La classe de garde vaut mieux que la rue, mais le foyer vaut mieux que la classe de garde.

Cherchons un peu comment on pourrait organiser une *garderie* dont le fonctionnement soit simple, peu coûteux et aussi près que possible du régime familial.

Le local se composerait de deux pièces assez grandes pour contenir douze ou quinze enfants — vingt est un maximum qu'il ne faudrait jamais dépasser ; — l'une de ces pièces serait destinée au travail, l'autre aux repas, plus une cuisine ; dans les quartiers ouvriers, tout cela ne représente pas un loyer très élevé.

Afin d'être complète, la *garderie* devrait avoir un bain-douche pour lequel on établirait un roulement, de manière à ce que chaque en-

fant ait son tour une fois par semaine, plus souvent si la chose était possible.

Pour le personnel, il faudrait d'abord une
dizaine de jeunes filles, actives, intelligentes et
bonnes ; je dis bien des jeunes filles, car ce
côté de l'assistance les concerne tout particulièrement. Elles y apporteraient cet entrain,
cette gaîté, si précieux pour la direction du petit
monde, et elles y feraient un excellent apprentissage d'éducatrices qui leur servirait quand
elles auraient elles-mêmes des enfants à élever.

Mais il faut d'abord faire la part de l'inexpérience et placer à leur tête une femme déjà
mûre, une *maman* à qui une longue habitude
a enseigné l'art si délicat de lire dans les jeunes
âmes et d'en tirer le meilleur parti possible.

A ce groupe éducateur, on adjoindrait une
institutrice de carrière, pour surveiller le travail, commenter et expliquer ce qui a été imparfaitement compris en classe, pour remplir,
en un mot, la charge de répétitrice. On attein-
drait, de cette façon, le résultat doublement
avantageux d'aider efficacement les écoliers,
et de procurer un peu de bien-être à quelque
pauvre fille qui traîne comme un boulet des
diplômes dont elle a si grand mal à tirer parti.

Chaque jour, une des jeunes filles viendrait
« prendre sa garde ». Elle recevrait les enfants
au sortir de l'école, passerait la revue des vêtements, des chaussures, des mains, des figures

et du cahier de notes. Gentiment, en grande sœur indulgente, — et si elle a l'esprit d'observation, très souvent amusée, — elle enseignerait que les gens qui se piquent d'être bien élevés ont des habits en ordre et la peau nette, qu'il existe des mouchoirs pour les nez qui en ont besoin, que les chaussettes gagnent à être tirées et les brodequins correctement lacés. Elle s'efforcerait de faire naître ou de fortifier chez ses petits élèves un sentiment qui, par malheur, fait souvent défaut dans les classes inférieures de la société : la dignité physique, le respect du corps qui conduit très vite au respect de la conscience.

Le fonctionnement de notre œuvre serait des plus simples.

A quatre heures, la petite bande fait son entrée dans ce *home* où elle doit se sentir chez elle; on procède aux ablutions que huit heures de présence à l'école ont rendues indispensables.

Puis la jeune factionnaire préside au goûter pendant lequel les langues ont le droit de marcher. Cette minute est très importante. La petite âme, sans méfiance, s'ouvre toute grande à l'investigation; il faut en profiter. Par ce que l'enfant dit, on juge de ce qu'il pense, de ce qu'il croit, de ce qu'il aime; on apprend la nature des connaissances acquises dans la journée et du parti qu'on en peut tirer pour son plus grand bien.

Ensuite, les devoirs sont faits sous la direction

de l'institutrice ; puis, du moins pour les petits dont les parents rentrent tard, — il faut compter sur la majorité — on dîne. Peut-être criera-t-on à un excès d'exigence, mais j'affirme que la monitrice doit présider, sinon partager ce repas. L'appétit des convives est à surveiller, et aussi leurs manières. Plus tard, ils sauront gré à ceux qui leur auront enseigné à se servir proprement d'une serviette et d'un couvert.

Voilà pour le côté physique qui a bien son importance, puisqu'il permet de procurer un peu de bien-être et de joie à de pauvres marmots qui en ont si grand besoin ; mais si l'on se place au point de vue moralisateur, les résultats peuvent être encore plus précieux.

Le nombre relativement restreint d'enfants que l'on aurait à diriger permettrait de bien connaître leur nature, et par suite de les aider à faire l'application individuelle et journalière, des grands principes sur le devoir, la vertu, proclamés à l'école et que les jeunes intelligences ont peine à saisir.

Laissant au maître le soin de les instruire, on s'efforcerait de former leur caractère ; on leur inspirerait le mépris du mensonge, de la paresse, de l'injustice, de la brutalité, l'horreur du désordre et de la malpropreté ; on les inciterait à un égal respect de leurs devoirs et de leurs droits ; on développerait en eux le sens de la responsabilité, on leur apprendrait à regarder bien en face, et sans faiblesse, les faits et les gens. Tout en respectant leur volonté, on leur enseignerait à en tirer parti, l'affermissant chez les uns, la régularisant chez les autres, et on leur répéterait sans se lasser que le premier et le plus fertile usage qu'ils en puissent faire est de se dominer eux-mêmes.

La directrice du peloton charitable aurait deux tâches presque égales en importance : d'abord former ses jeunes auxiliaires au genre de pédagogie qui convient pour leur cas ; ensuite surveiller de très près le corps et l'âme des enfants dont elle s'est chargée.

C'est elle qui saura reconnaître, dans les yeux larmoyants d'un marmot, les premiers symptômes de la rougeole ; une toux rauque ou suffocante lui révélera l'imminence d'une angine ou de la coqueluche ; une démarche traînante et lassée lui fera soupçonner une coxalgie à son début. Dans un autre ordre d'idées, c'est elle qui découvrira la petite brebis galeuse qu'on doit tenir à l'écart, et peut-être, pour le salut des autres, éliminer totalement ; ou encore l'enfant qui, au logis, reçoit de mauvais exemples contre lesquels il faut réagir ; elle aussi qui devinera le pauvre mioche qui « souffre de sa vie », pour employer l'expression exacte et poignante des gens du peuple, et veillera à ce qu'il soit nourri et vêtu d'une manière plus confortable .

6.

Passons maintenant à la clientèle de nos *garderies* et abordons une question brûlante et très controversée : celle de la coéducation. On a beaucoup écrit sur ce sujet. La coéducation a des partisans et des détracteurs acharnés ; selon les uns elle est la perte, selon les autres le salut de notre jeunesse. Je pense que la vérité est entre ces deux opinions extrêmes. Établie dans certaines conditions et employée avec une excessive prudence, elle peut rendre de très grands services. Je veux d'ailleurs en parler au simple point de vue qui nous occupe ; or, c'est une des rares circonstances dans lesquelles la coéducation peut être appliquée immédiatement et sans aucun risque.

La séparation des deux sexes dans l'adolescence est une chose anti-naturelle et d'ailleurs impossible à observer complètement. Car enfin, ces écoliers, que l'on parque avec tant de soin aux heures de classe, se retrouvent ou sortir de l'école, dans la rue où ils confondent leurs jeux sans que personne y trouve à redire. Enfants de la même famille ou habitant la même maison, ils sont en perpétuel contact, et ne courent point pour cela de si grands périls. Pourquoi donc le danger existerait-il à la minute précise où garçons et filles ont le nez sur leurs livres et sur leurs cahiers ?

On arguë, il est vrai, d'enfants vicieux, corrompus, tout prêts à jouer le rôle du loup dans la bergerie ; mais ces enfants vicieux et corrompus sont dangereux pour tous leurs camarades, qu'ils soient ou non de sexe différent. Ceux-là, il faut les mettre en observation et leur appliquer le traitement qui leur convient ; en tout cas les éloigner de la partie du troupeau restée saine.

On affirme encore que la grande quantité d'enfants réunis sous une seule direction rend la surveillance extrêmement difficile. C'est vrai ; et les classes trop nombreuses sont un des écueils de l'éducation actuelle. Mais il est tout aussi difficile de surveiller convenablement une cinquantaine de garçons ou autant de filles, qu'un groupe de cinquante enfants composé de filles et de garçons. En tout cas, puisqu'il demeure entendu que notre *garderie* ne contiendra jamais plus de douze ou quinze écoliers, l'argument tombe de lui-même.

Donc, sous l'autorité de femmes bien élevées et délicates, les garçons et les filles gagneraient à être réunis : les premiers perdraient un peu de leur violence et de leur brutalité, les secondes de leur timidité aisément maniérée et de leur sournoiserie. Je suis loin de dire que tous les garçons sont violents et toutes les filles sournoises ; il n'y a pas de règle qui n'ait ses exceptions ; mais nul ne contestera que la répartition des défauts est telle, dans la plupart des cas.

Les enfants des deux sexes apprendraient à

se traiter mutuellement comme il convient. Car c'est une erreur de croire qu'ils ont l'intuition de la conduite qu'ils doivent avoir les uns envers les autres. Quoi qu'en puissent dire les partisans des nouvelles théories féministes, le rôle de l'homme est de protéger et, jusqu'à un certain point, dominer ; celui de la femme, de soutenir, apaiser, consoler ceux qu'elle aime ou ceux qui souffrent. Eh bien, les enfants laissés à leur libre arbitre n'ont pas l'air de s'en douter le moins du monde.

En voici un exemple. Sous mes fenêtres, la marmaille des alentours a établi son quartier général. Je les vois, au sortir de l'école, envahir le trottoir qui longe un grand mur où nul ne les dérange, et souvent déborder sur la chaussée. Au *hep!* impérieux des cochers, toute la bande regagne l'abri avec des cris effarés. Or, j'ai remarqué que les garçons arrivent toujours les premiers, non parce qu'ils courent plus vite, la faible distance à franchir annulant leurs avantages de ce côté ; mais parce que les filles s'attardent à recueillir les tout petits restés en détresse.

Pour que le garçon ait l'idée de défendre un marmot plus faible que lui, il faut que ledit marmot ait été strictement commis à sa garde, avec promesse de gifles s'il arrivait quelque chose. Quant à ces demoiselles, elles peuvent se débrouiller toutes seules : ils n'en ont cure.

D'autre part, j'ai souvent entendu les garçonnets de ma connaissance se plaindre amère-
ment que, dans leurs mésaventures, « les filles
se moquent d'eux sans pitié ». Tout cela n'indique pas une observation bien exacte des attributions de chacun. Il est très sûr que le développement de certaines qualités chez l'un ou
l'autre sexe dépend surtout de la direction
imprimée dans le jeune âge.

J'ai dit que le rôle de l'homme doit être celui
d'un protecteur, le rôle de la femme, celui d'une
compagne soumise. Entendons-nous pourtant.
La protection n'entraîne pas nécessairement la
tyrannie, et la soumission, le sacrifice de sa
dignité. C'est cela qu'il faut enseigner à nos
petits écoliers, et le leur enseigner par la pratique.

Il ne serait pas très difficile d'accoutumer les
garçons à être prévenants pour leurs camarades-
filles, à leur épargner les besognes dures et
fatigantes, à mettre à leur service la force
plus grande dont ils disposent ; les filles à être
plus sincères, plus indulgentes, moins mo-
queuses pour les pauvres garçons.

Qu'ils soient donc mutuellement ce qu'ils
seraient en réalité si, par une sorte de fausse
pudeur, ils ne s'appliquaient chacun à dissimuler sous un masque, leur véritable caractère. Qu'ils apprennent à se connaître et ils
apprendront en même temps à s'estimer.

La vieille galanterie française, qu'une catégorie de femmes affectent de dédaigner, mais
que le plus grand nombre regretterait profondément si elle venait à disparaître, est un fruit
de l'éducation ; aussi n'a-t-elle jamais été en
honneur que dans les classes supérieures de la
société. Ce n'est pas que les ouvriers aient
l'âme moins élevée, moins délicate ; mais ils
s'imagineraient être ridicules s'ils le laissaient
voir. Il faut bien leur persuader qu'ils se
trompent.

La lutte pour le pain quotidien, de jour en
jour plus âpre entre l'homme et la femme,
n'est pas faite pour améliorer des rapports déjà
peu cordiaux ; c'est pour cela qu'on doit, pendant qu'ils sont enfants, leur donner des habitudes de courtoisie qui, plus tard, feront à peine
contrepoids aux exigences brutales de la vie.

Si notre *garderie* arrivait à ce résultat de
faire traiter la femme avec plus de douceur et
d'égards, on peut dire que ce serait là de bonne
besogne. Cet arrangement vaudrait infiniment
mieux que la réalisation des doctrines outrées
du féminisme où quelques-unes pourront trouver de vagues satisfactions d'amour-propre,
mais où la majorité, la seule intéressante, celle
qui travaille et qui lutte, a tout à perdre.

Quand notre petite *nurse* volontaire ren-
trera chez elle un peu lasse d'une besogne qui,

après tout, ne se renouvelle qu'une fois la
semaine, elle se dira que par ses soins, des
âmes d'enfant sont aiguillées vers le bien en
suivant le chemin le plus sûr et le plus aisé
qui est l'habitude ; que des mères peuvent travailler, l'esprit en repos ; qu'elles créent un peu
de bonheur, et que cette satisfaction vaut plus
que la peine.

Pour ceux qui croiraient que la tâche est
au-dessus des forces et de la capacité d'une
jeune fille, je vais simplement raconter ce que
j'ai vu.

A la *Maison du Travail,* où un homme de
bien, M. Rollet, recueille à portes ouvertes, tous
les jeunes gens qui s'y présentent et qui, pour
la plupart, ont eu maille à partir avec...
mettons la vie, je suis montée un jour à la
salle d'étude. Là, se trouvaient une dizaine de
garçons de douze à quinze ans.

Presque tous enfants d'alcooliques, connais-
sant le vice [depuis qu'ils sont au monde, formés par les pires exemples — exemples qui,
pour la plupart, hélas ! ont déjà donné des
fruits — ces tristes mioches portent les traces
visibles du lugubre héritage qui leur a été
légué.

Les uns, à moitié abrutis, somnolent sur leurs
pupitres ; d'autres, le regard mauvais, avec un
excès de sournoiserie ou de hardiesse, semblent

absorbés par la méchanceté en train d'éclore dans leur cerveau; d'autres encore ont l'air de bêtes traquées avec l'unique préoccupation d'une fuite prochaine; la minorité paisible est formée de pauvres êtres chétifs, las, payant de leur santé et de leur bonheur l'inconduite de leur père.

On les prépare au certificat d'études qui facilitera leur placement ultérieur.

La porte s'ouvre..., et les attitudes se rectifient, les regards s'animent ou se calment; tous les visages : les mornes, les méchants, les farouches, les chagrins, s'éclairent du même rayonnement. Une voix franche et sympathique, prononce dès le seuil :

— Bonjour, mes enfants.

Et tous répondent :

— Bonjour, mademoiselle.

Le charmant professeur atteint juste sa vingtième année. Elle est blonde, fraîche, jolie, élégante. Sa main qui, au tableau, « pose une racine carrée », est fine et blanche, ornée de bagues chatoyantes; son poignet est cerclé d'une gourmette en or; sa chemisette de batiste claire fait une tache amusante dans la pièce un peu sombre...; et, sans paraître se douter du contraste qui existe entre la délicieuse silhouette qui est *elle* et le fond qui l'accompagne, elle poursuit sa leçon au milieu d'une application et d'un calme relatifs. Je dis *rela-*

tifs, car il y a des jours d'orage ; *Mademoiselle* ne s'en montre d'ailleurs nullement indignée.

— On ne peut pas trop exiger d'eux, dit-elle avec une pensive indulgence...; et vraiment, en s'y prenant bien, on en vient tout de même à bout.

Mademoiselle passe chaque matin deux heures avec ces jeunes bandits dont beaucoup, grâce un peu à elle, deviendront d'honnêtes gens ; et elle agit très simplement, sans penser le moins du monde qu'elle ait droit à l'admiration et aux hommages.

Une autre.

A l'*Enfant-Jésus*, il y a un service où se confondent la teigne et la tuberculose osseuse. Les petits malades qui exigent des soins spéciaux et des pansements ne peuvent être mis avec les teigneux *purs*, et, par conséquent, ne profitent point des classes qui sont faites à ces derniers. Leur état, d'ailleurs, ne permet pas une application soutenue.

Or, une jeune fille, Mlle L..., a pris en pitié ces pauvres mioches, leur inaction forcée et leur ennui. Trois après-midi par semaine, elle vient chez les petites teigneuses atteintes du mal de Pott, de coxalgie, d'ostéomyélite et autres horreurs. Elle leur apprend à lire, à coudre, à chanter ; tout cela bien entendu dans la mesure de leurs forces. Pour les plus petites, elle raconte des histoires, apporte des perles que l'on enfile, des chiffons avec lesquels on habille les poupées, des images qu'elle leur explique : personne n'est oublié.

La veille de la première communion, Mlle L... est arrivée à l'hôpital chargée de bonnets à ruches, de mouchoirs brodés, de sacs de soie blanche, tout ce joli attirail des communiantes dont elle ne voulait pas que les petites fussent complètement ‹ evrées ; elle a passé son après-midi à parer et à fleurir la chapelle ; et, le jour de la cérémonie, elle était là encore, au milieu de *ses filles*, souriant à l'une, aidant l'autre à marcher, les réjouissant toutes de sa chère présence.

Je cite ces deux jeunes filles parce que je les ai vues à l'œure ; heureusement, elles ne sont pas les seules ; elles ne sont même pas aussi rares qu'on pourrait se l'imaginer. Mais, tout de même, elles sont trop peu nombreuses pour ce qu'il y aurait à faire.

II

L'ÉCOLE BUISSONNIÈRE

Mais notre système tutélaire de *garderies* suppose des enfants allant régulièrement à l'école. Si l'on s'en tient à la loi du 28 mars 1882, on pourra croire que c'est l'unanimité; il n'en est rien.

En effet, d'après les statistiques datant de trois ans, 11 pour 100 des enfants inscrits échappent à l'obligation scolaire. A Paris, sur 225,000 petits citoyens de six à treize ans, 20,000 au moins ne vont pas à l'école. En France, 600,000 enfants sur 5 millions et demi sont donc, par la faute de l'administration ou par la faute de leurs parents, réfractaires à la loi.

Je dis bien *par la faute de l'administration,* car une notable partie de ces marmots sont des *expectants* pour lesquels il n'y a pas de place et qui attendent leur tour. Il y a vraiment lieu d'être surpris qu'après tant d'efforts et de dépenses, tous les enfants ne puissent pas être immédiatement admis.

Sans vouloir jeter le moindre blâme sur le système scolaire actuel qui, en un grand nombre de points, a été un immense progrès, je pense qu'on a peut-être mis un peu de hâte à supprimer certains établissements libres au remplacement desquels il n'avait pas été pourvu.

Mais la catégorie des *expectants*, la moins nombreuse, est aussi la moins inquiétante. Leur tour d'entrée arrive assez vite, et le retard qu'ils ont à subir n'a guère d'influence sur leurs études et leur moralité. On pourrait néanmoins souhaiter que les plus pauvres fussent les premiers à prendre les places libres, ce qui n'arrive pas toujours.

La seconde série mérite beaucoup plus d'attirer l'attention. Elle comprend les enfants que leurs familles n'ont pas pris soin de faire inscrire, ou qui sont trop malpropres, trop déguenillés pour figurer à côté des autres.

En ce qui est de l'extrême pauvreté, le vestiaire et les cantines scolaires sont là pour remédier au mal; et l'on s'étonnerait de voir invoquer cette raison, si les petits miséreux n'étaient en même temps, pour la plupart, des enfants moralement abandonnés, de pauvres mioches livrés à eux-mêmes et dont personne ne s'occupe.

A propos de ceux-là, on pourrait réclamer des pénalités plus sévères pour les parents, ou tout au moins l'application stricte de la loi.

Je doute pourtant que ce soit là un remède efficace. Les gens qui négligent ainsi leur progéniture sont peu sensibles à une amende que d'ailleurs, ils sont presque toujours dans l'impossibilité de payer.

Je me souviens, quand la loi était à ses débuts, et qu'on songeait quelquefois à en faire usage, d'une réflexion que me fit un *soleil* du petit port de la Manche où je passais l'été. Les *soleils* — pour les gens non renseignés — sont les chargeurs des quais dont la journée, faite en deux heures, est bue en dix minutes. Celui-ci venait d'être condamné à sept francs d'amende et à l'*affichage*.

— Ah bon! disait-il, pendant qu'ils y étaient, ils auraient tout aussi bien pu me condamner à sept cents et même à sept mille francs ; il ne leur en aurait pas coûté davantage..., ni à moi non plus... Quant à l'affichage, pensez si je m'en moque...! Qui donc que cela regarde si je n'envoie pas les gosses à l'école? Ils sont à moi et j'en fais ce que je veux.

Le fait est que la loi scolaire peut être violée sans aucun risque. Je connais tout particulièrement deux garçonnets qui sont entrés au

lycée à dix ans, n'ayant eu d'autre professeur
que leur mère, pour lesquels aucune déclaration n'a été faite et dont les autorités compé-
tentes ne se sont pas inquiétées le moins du
monde.

En France, une loi votée et une loi appliquée sont deux choses très différentes.

Il n'en est pas de même pour nos voisins
d'Outre-Manche. Eux aussi, ont une loi scolaire — la célèbre *loi Forster*, qui date de 1870
et que la loi sur l'*elementary education* est
venue compléter en 1876 ; mais ils veillent à
ce qu'elle soit rigoureusement exécutée ; et le
chef de famille subit la peine que lui ont atti-
rée son incurie ou sa mauvaise volonté.

C'est en grande partie à cette sévérité, à ce
soin qu'ils prennent de soustraire l'enfance au
vagabondage, qu'est due chez eux la diminution marquée et constante dans la criminalité
juvénile. Cette diminution, affirmée par les
uns, niée par les autres, semble pourtant certaine. Ce qui résulte de statistiques loyalement
établies, c'est que, si les condamnations pour
petits délits sont plus nombreuses, celles qui
concernent les fautes graves le sont de moins
en moins. D'où l'on peut conclure que la surveillance plus active arrête l'enfant avant qu'il
soit engagé trop loin dans la voie du mal.

Voici comment on procède en Angleterre
pour réprimer l'école buissonnière et ses con-

séquences fatales : la mendicité, le vol, la débauche.

S'inspirant de ce principe si justement ex-
primé par M. Tarde :

« *La criminalité juvénile est en raison in-*
verse de l'assiduité à l'école », les Anglais
ont créé une catégorie de fonctionnaires spéciaux appelés *boys' beadles* (bedeaux d'enfants), chargés de recueillir les vagabonds
qui traînent dans les rues pendant les heures
de classe.

Ces vagabonds sont de deux catégories. Il y
a d'abord les *insoumis*, ceux qui appartiennent
à de braves gens empêchés par le travail
d'exercer une surveillance effective sur leurs
enfants, et auxquels le *boys' beadle* rend un
réel service en se substituant à eux.

Puis il y a ceux qui ont tout avantage à être
enlevés à une famille indigne. Ces derniers,
après les avertissements réglementaires et une
pénalité infligée aux parents, sont internés d'office aux *industrial schools*.

« Quand le *boys' beadle* a rencontré un enfant en état de vagabondage ou en compagnie
de fripons, de gens de mauvaise vie, de criminels présumés, il avertit les parents. S'ils
restent indifférents et continuent à négliger
leur devoir d'envoyer régulièrement l'enfant à
l'école, l'autorité locale porte plainte devant un
tribunal de juridiction scolaire qui les frappe

d'une amende ne pouvant pas excéder cinq shillings, et l'enfant est envoyé dans une *école industrielle*. Cette pénalité a paru insuffisante, et la commission d'enquête nommée par le ministre de l'Intérieur a demandé, dans son rapport de 1896, que l'on puisse exercer des *poursuites au criminel* contre les parents dont l'enfant est envoyé par le juge ou le tribunal dans une école industrielle, si le jugement a déclaré que la faute de l'enfant a pour cause la négligence de ses auteurs (1). »

La protection de l'enfant, malgré son père, est absolument légitime. Cette brute qui disait : « Mes gosses sont à moi et j'en fais ce que je veux », affirmait une chose qui est une absurdité en même temps qu'une infamie. Avant d'être à ses parents, l'enfant est à lui-même ; il a des droits absolus, et, tant qu'il est trop faible ou trop ignorant pour les faire respecter, c'est à la société à se charger de la tâche.

Voyons maintenant ce qu'est l'*industrial school*.

« A l'école industrielle, on donne aux jeunes gens une éducation morale tout en leur enseignant un métier, grâce auquel ils pourront gagner honorablement leur vie. La première école anglaise de ce genre fut fondée en 1854 à Feltham, par les magistrats de Middlessex,

(1) Dr Thulié. — *Revue philanthropique.*

pour les jeunes mendiants de sept à quatorze ans qui infestaient les quartiers de Londres dépendant de ce comté. Un *act* de 1857, général pour l'Angleterre, disposa que des *écoles industrielles* pourraient être créées dans le but d'élever les jeunes mendiants de sept à quatorze ans dont les parents ne voudraient pas prendre l'engagement écrit de mieux surveiller l'éducation (1). »

Outre cette catégorie d'enfants mal surveillés par leurs parents, l'école industrielle recevait, pour une période de un à trois mois, les *insoumis* en état de récidive. Mais il arriva ceci : les enfants qui restaient à l'école trop peu de temps pour être amendés y restaient assez pour y apporter le trouble et le désordre. Le bureau scolaire de Liverpool fonda pour eux, en 1878, une école de vagabonds (*Truant school*). Quatorze écoles furent établies sur ce modèle, mais il ne semble pas que ce nombre doive être dépassé, parce que, malgré, ou peut-être *à cause* de la discipline rigoureuse et de la sévérité du règlement, elles n'ont pas donné tous les résultats qu'on en espérait.

Au 31 décembre 1895, sur 1,221 écoliers présents, 40 pour 100 étaient déjà des chevaux de retour condamnés, de une à quatre fois, à l'école *de punition*.

(1) Louis Rivière. — *Revue pénitentiaire.*

7.

Cette circonstance s'explique aisément. En effet, le vagabond — l'*Arabe des rues* — comme disent les Anglais, est très souvent un petit impulsif sur lequel la menace d'un châtiment plus ou moins éloigné a fort peu de prise, et qui n'écoute que sa fantaisie du moment. On a donc cherché à remplacer l'intimidation par la persuasion, ou mieux par l'entraînement.

Les écoles industrielles externes (*day industrial schools*), créées à la même époque, ont, par contre, produit d'excellents fruits. Ces écoles diffèrent des écoles ordinaires, d'abord en ce que l'enfant y est maintenu toute la journée, et que, restreignant les allées et venues, on restreint aussi les tentations de vagabondage ; puis en ce que l'étude n'y est pas exclusive. Certains écoliers désertent la classe uniquement parce qu'on les y force à un travail qui ne les intéresse point, et c'est très souvent la faute de leur cerveau qui ne leur permet pas une attention continue. En alternant l'étude et l'atelier, il arrive que ces petits prennent goût à une besogne qu'ils accomplissent sans effort et deviennent de bons élèves.

Enfin, pour les enfants trop pauvres et dont les parents ne peuvent vraiment pas s'occuper, il y a les *day feeding schools* (écoles nourricières externes), où on les accueille dès le plus

jeune âge, et où ils sont nettoyés, vêtus,
nourris, soignés. Ces établissements ont sur
les orphelinats le grand avantage de ne point
briser tout à fait les liens de famille ; les parents ne se déshabituent pas de leurs enfants,
et, revenus à une situation meilleure, ils reprennent leur rôle de protecteurs naturels que
la misère seule leur avait fait abandonner.

Quand les vagabonds et les insoumis sont
en même temps des délinquants, ils sont internés à l'école de réforme (*reformatory school*),
dont nous parlerons plus tard.

Tous les cas dans lesquels peut se trouver
l'enfance délaissée sont donc prévus et résolus :

Day feeding school pour les jeunes enfants
très pauvres ;

Day industrial school pour les professionnels de l'école buissonnière, appartenant à
d'honnêtes familles ;

Industrial school pour les enfants en danger
moral ;

Truant school ou école de punition ;

Reformatory school pour les délinquants.

Le système suisse a une classification qui se
rapproche beaucoup de celle-ci, et qui ne laisse
non plus rien, à l'aléatoire :

1° L'orphelinat ;

2° L'établissement d'éducation pour les enfants pauvres ;

3° L'établissement de sauvetage ou de refuge ;

4° L'établissement correctionnel.

Je ne viens pas affirmer que le régime anglais soit partout en vigueur, ni que l'unanimité des petits miséreux, des indisciplinés, des vagabonds y soient soumis, ou encore que, le cas échéant, on aurait de quoi faire face à toutes les demandes; mais je dis qu'il fonctionne d'une manière à peu près générale, et qu'il donne d'excellents résultats.

Voyons maintenant ce qui se passe en France :

Nous avons vu que 89 pour 100 seulement des enfants inscrits fréquentent l'école, et que les autres échappent à la loi sans que l'administration s'en inquiète autrement.

Ils peuvent croupir dans l'ignorance la plus complète, traîner par les rues où ils apprennent le vice et où leur santé s'altère, peu importe! Seulement, le jour où, cédant à la tentation des étalages, ils dérobent une orange ou un bibelot, les pouvoirs tutélaires songent à s'occuper d'eux pour les mettre en prison.

Je me souviens à ce propos d'une histoire — oh! très banale — arrivée dans une petite ville de l'Ouest où je passais les vacances.

Une bande de vagabonds avait volé des pruneaux à la porte d'un épicier; d'où conflit, algarade, appel de la police et arrestation des plus coupables. Or, une rapide enquête me fit

voir que ces mioches — lesquels, hélas ! ne va-
laient pas grand'chose, — étaient, soit des
enfants naturels, soit des demi-orphelins..., que
leurs mères, accablées par un travail sans répit,
étaient dans l'impossibilité absolue de veiller
sur eux..., que pas un ne fréquentait l'école...,
et que nul ne s'était jamais soucié d'eux, sinon
pour leur allonger des coups de fouet quand ils
faisaient la maraude.

Comme j'essayais d'intervenir auprès de
l'épicier pour qu'il retirât sa plainte, lui faisant
observer que dans cette ville de dix mille habitants où la mer fait de nombreux orphelins,
il n'y avait ni une crèche, ni une garderie scolaire, ni, au total, aucune œuvre de protection
de l'enfance, je reçus cette belle réponse :

— Ce n'est pas mon affaire. Que les mères
gardent elles-mêmes leurs enfants !

— Eh ! que les épiciers gardent eux-mêmes
leurs pruneaux en ce cas ! fut-il répondu dans
l'assistance.

En effet, celui qui n'admet pas le principe
d'une *société-providence* ne devrait pas admettre le principe d'une *société-gendarme*. Si
l'on veut que l'enfant respecte la propriété, la
justice, la morale, il faut d'abord lui enseigner
ce que sont la propriété, la justice et la morale... du temps où il vit, et du pays qu'il
habite ; car ce sont des choses très relatives et
dont l'idée ne lui viendra jamais toute seule.

Or, à défaut du foyer, c'est à l'école qu'il recevra cet enseignement. Si les familles se montrent trop récalcitrantes, il ne faut pas hésiter à leur enlever les enfants, et c'est l'affaire des *Sociétés de protection et de sauvetage*.

III

LES SOCIÉTÉS DE PROTECTION ET DE SAUVETAGE

Ces sociétés, très nombreuses en France et pleines de bonnes intentions, réclament, depuis longtemps, le droit d'intervenir avec plus d'autorité auprès des parents indignes ou seulement incapables — *Patronage de l'Enfance et de l'Adolescence* — *Maison du Travail,* — *Refuge du Plessis-Piquet* — *Ligue fraternelle des Enfants de France* — *Œuvre de Sainte-Anne* — *Œuvre des petites filles abandonnées,* — *Union française pour le sauvetage de l'enfance,* — *Patronage des jeunes protestants en danger moral,* — *Œuvre sociale de Popincourt,* — *Société générale de protection de l'enfance abandonnée ou coupable,* — *Patronage familial,* — *Œuvre des petites préservées,* — *Société contre la mendicité des en-*

fants, — *Société protectrice de l'enfance,* tant d'autres encore que je voudrais citer et pour lesquelles la place me manque. A ces œuvres si multiples, si diverses, sont attachés les noms de personnes éminentes tels que ceux de Mmes Costa de Beauregard, Lucie Faure; MM. Georges Bonjean, Félix Voisin, Henri Rollet, Albanel, Guillot, Brueyre, Gaufrès, etc., que toute détresse enfantine émeut profondément, et chez qui la pitié se traduit aussitôt en actes.

Mais ces sociétés ne sont pas soutenues par les administrations ni les Chambres législatives. La nouvelle loi sur la protection de l'enfance (19 avril 1898), malgré une énergique défense de M. Paul Strauss, n'a été votée au Sénat qu'après la suppression de l'article 7. qui était ainsi conçu : « Le droit de poursuivre et de se porter partie civile peut être concédé par décret spécial, après avis du tribunal de première instance, aux *associations protectrices de l'enfance,* reconnues d'utilité publique, en ce qui touche les violences contre les enfants. Ce droit sera exercé pour chaque association par un de ses membres spécialement agréé du le Garde des Sceaux et assermenté. »

C'était une porte ouverte aux poursuites contre le vagabondage qui entraîne si promptement au vice et aux délits, et le *membre spécialement agréé par le Garde des Sceaux*

devenait une espèce de *boys' beadle* qui —
rara avis — ne coûtait rien au budget.

Quel a été le motif de cette abstention du
Sénat? A-t-on refusé de porter atteinte à l'autorité paternelle? A-t-on redouté que, sous
couvert de philanthropie, les sociétés ne fissent
de la propagande politique ou religieuse? N'est-
ce point plutôt, comme le remarque si justement M. Paul Strauss, dans un excellent article
paru à la *Revue philanthropique*, que les législateurs étaient peu ou mal renseignés sur
la question?

Pour ce qui est de l'autorité paternelle, nous
voyons la chose sous un mauvais jour. Chez
nous, on entoure la déchéance — lamentable,
certes! mais parfois nécessaire — de tant de
pompe et de cérémonies, qu'elle n'est pas prononcée aussi souvent qu'elle devrait l'être.

Les Anglo-Saxons qui, pourtant, ont au plus
haut point le respect de la liberté individuelle,
n'y mettent pas tant de façons. Ils disent en
substance aux parents qui sont sur la sellette :

— Vous êtes incapable de donner à votre
enfant les soins qu'il réclame; nous nous
substituons donc à vous jusqu'au jour où
vous pourrez nous prouver que vous êtes en
mesure de faire face à vos devoirs.

A Québec, on recueille dans une école spéciale tout enfant de sept à douze ans que ses
parents négligent manifestement.

Dans l'État de New-York, tout mineur au-
dessous de seize ans, trouvé en train de mendier et dont l'état de misère est patent, est considéré comme moralement abandonné et adopté
après une décision judiciaire.

Dans le Massachusetts, depuis 1882, tout enfant qui grandit sans éducation doit être confié
par les magistrats à l'Assistance publique.

A Genève et à Hambourg, l'autorité place
dans des établissements spéciaux les mineurs
auxquels fait défaut la sollicitude de leurs parents.

Je tiens encore à signaler l'opinion de
M. Guillaumet, un docteur suisse qui s'occupe
avec une absolue compétence de la protection
et du sauvetage de l'enfance.

« Vous autres, Français, vous n'avez d'yeux
que pour la liberté des gens qui ne croient
à rien, qui ne veulent rien faire et qui empêchent les autres de travailler. Nous, nous
nous préoccupons surtout de la liberté des honnêtes gens, de ceux qui veulent vivre et travailler selon la loi (1). »

Eh bien, ce sont ceux-là qui sont dans le vrai.
L'autorité d'un père qui ne sait ou ne veut pas
élever convenablement ses enfants, et par là
même les expose à un avenir de misère, ne
mérite pas de grands égards. Ses droits pater-

_____

(1) Henri Joly, *A travers l'Europe.*

nels sont très contestables. Il n'existe pas une créature humaine qui appartienne en propre à une autre créature humaine, l'une eût-elle donné naissance à l'autre. Dans cette circonstance, il ne faut pas voir un père et un fils, mais deux citoyens égaux en droits; en cas de conflit, la société a le devoir d'intervenir pour prendre la défense de celui qui se trouve lésé, et c'est toujours l'enfant.

Pour les craintes causées par un prosélytisme politique ou religieux possible, est-ce là un argument bien valable? Quand il s'agit de repêcher un noyé, on ne s'attarde pas au choix des moyens, on le tire de l'eau sans plus d'histoires. Il en va de même pour les petits délaissés; il y a là une existence et une conscience humaines qui sont en péril, et qu'il faut sauver coûte que coûte; ce n'est pas le moment de faire du rigorisme.

Il est d'ailleurs extrêmement simple et légitime d'élever l'enfant dans la confession de ses parents, qu'ils soient ou non des pratiquants réguliers. Et si, par aventure, quelque agneau vient à être recueilli dans un bercail qui n'est pas le sien, mon Dieu, y a-t-il si grand dommage? Valait-il mieux le laisser exposé au loup?

Les œuvres catholiques n'ont pas la prétention de faire face à toutes les exigences, les protestantes non plus, ni les israélites, ni celles qui font profession de socialisme, de libre-pensée ou de franc-maçonnerie, — ces dernières, au reste, se réservant, et l'on ne saurait les en blâmer, pour leur clientèle particulière; — l'accaparement ne peut donc pas être exclusif.

C'est encore chez les Anglais qu'il nous faut aller chercher un exemple de tolérance. Dans une très intéressante étude sur l'école de *Redhill*, M. Louis Rivière raconte le fait suivant :

« ... Une personne insuffisamment renseignée sur les détails de la loi anglaise demanda : « Et » les enfants catholiques, qu'en faites-vous? — » Les enfants catholiques, reprit le révérend » Vine, mais nous n'en avons jamais; et si, par » extraordinaire, une erreur avait été commise, » c'est notre devoir de la signaler et de la faire » réparer. »

« La police est animée, à Londres, du même esprit de large tolérance. Le directeur d'une école catholique de Whitechapel m'a raconté que, quand un constable ramasse dans la rue quelque gamin à l'accent irlandais, il le lui amène en lui disant : « Tenez, voilà un petit *Paddy*; il doit être à vous (1). »

Il est donc à souhaiter que la loi sur la protection de l'enfance, mieux étudiée, mieux

_____

(1) Louis Rivière. — *Revue philanthropique.*

comprise, soit votée dans un temps très court; il ne faut pas que les petits malheureux aient à pâtir de scrupules exagérés, alors que des mains si nombreuses se tendent pour les secourir.

Mais il faudrait aussi apporter des modifications sensibles aux Œuvres de protection et de sauvetage.

Ces Œuvres, pour la plupart, manquent de cohésion et d'entente, si bien que le résultat n'est pas en rapport avec le dévouement prodigué.

« Le défaut de nos associations françaises est d'être isolées, étrangères les unes aux autres; non seulement elles ne peuvent pas compter sur la sympathie confiante de l'administration et des autorités publiques, mais encore elles s'ignorent mutuellement. La lutte contre la misère, contre l'ignorance, contre le vice est menée d'une manière confuse, sans entente et sans méthode (1). »

Le mal est surtout qu'elles sont trop étendues. Il y a des sociétés qui patronnent de mille à douze cents enfants, répartis dans tous les coins de la France; c'est vraiment excessif. Je sais que ces œuvres sont subdivisées en groupes et en comités départementaux ayant, jusqu'à un certain point, leur autonomie. Mais

(1) Paul Strauss. — *Revue philanthropique* du 10 juin 1898.

tout cela comporte une administration très chargée et compliquée. L'observation est moins immédiate, moins serrée; l'effort s'éparpille, on
piétine sur place sans avancer.

Au lieu d'une grande association, mieux
vaudrait beaucoup de petites, n'exerçant leur
tutelle que sur un nombre minime d'enfants. Il
y aurait à cela une foule d'avantages. D'abord,
l'inspection, confinée en des limites restreintes,
entraînerait des frais moins considérables. Ensuite, la surveillance serait plus aisée; et j'entends par surveillance, non seulement celle
des pupilles, mais encore — et je dirais presque
surtout — celle des gardiens auxquels ces
pupilles ont été confiés; car il arrive parfois
que, malgré toutes les garanties dont on s'entoure, le premier placement ne convient ni à
la santé, ni au caractère du marmot, et que la
dépense risque de demeurer inutile.

Quand je lis les bulletins des Œuvres assez
nombreuses auxquelles j'envoie ma cotisation
et ma sympathie, je suis étonnée de la kyrielle
de noms que j'y découvre; il y en a des pages
et des pages. Or, je suis persuadée que la
moitié des membres, au moins, ne connaissent
que de nom — et encore — l'œuvre à laquelle
ils collaborent. Et même, parmi ceux qui sont
renseignés sur son but et son fonctionnement,
combien s'en occupent d'une manière effective...? combien s'inquiètent des résultats...?

Je ne viens pas dire que l'obole des indifférents soit chose négligeable. Si l'argent est le nerf de la guerre, il est encore, et à plus juste titre, celui de la charité; mais il est permis tout de même de regretter qu'il y ait tant d'insouciance. Il en irait autrement, sans doute, si les œuvres étaient plus divisées : on s'attache à dix, vingt enfants que l'on connaît, que l'on suit pas à pas dans la vie jusqu'à ce qu'ils soient en état de se suffire, on ne s'attache pas à douze cents.

Que l'on se sente attiré par une *idée* philanthropique, c'est certainement quelque chose; mais ce n'est pas tout. Pour soulager la misère, il faut des *pessonnes* beaucoup plus que des *principes*.

IV

LES JEUNES DÉLINQUANTS

Donc, dans l'état actuel des choses, les meilleures volontés sont à peu près impuissantes
tant que le vagabond n'est pas devenu un délinquant. Mais quand cela arrive — et cela arrive
dans la majorité des cas — si l'une des sociétés
de sauvetage qui, malgré tout, rendent de très
grands services, n'intervient, on peut presque à
coup sûr affirmer que l'enfant est perdu. Le
dépôt, le tribunal, la maison de correction
forment un terrible engrenage d'où il sort à
l'état de déchet encombrant et trop souvent
nuisible.

Je ne voudrais pas m'appesantir ici, de peur
d'empiéter sur le domaine administratif; aussi
bien la création *du Patronage familial*, de
*Comités de défense des enfants traduits
en justice*, le projet de transformation des

maisons de correction en *écoles d'orthopédie morale*, des modifications nombreuses apportées aux lois concernant les mineurs prévenus et condamnés prouvent que les errements sont reconnus et qu'on travaille à les réparer.

Toutefois, qu'il soit permis de signaler certaines réformes n'entraînant ni dépenses, ni dérangement et qui amélioreraient sensiblement la position des jeunes inculpés.

D'abord, il y a un âge où, à moins de circonstances exceptionnelles, l'enfant ne devrait même pas être traduit en justice. Un marmot qui vagabonde, qui mendie, qui vole à l'étalage une friandise ou un jouet, n'est pas, à proprement parler, un coupable : tous les gens de bon sens en conviendront aisément.

J'ai souvent entendu objecter :

— Il sait bien qu'il fait mal, puisqu'il a l'idée de se cacher.

Soit ! il sait qu'il fait mal, je veux bien l'admettre ; mais sûrement, il ignore l'étendue du mal qu'il fait. Puis ces consciences d'enfants qui poussent au hasard sont extrêmement obscures. Le petit se cache, non parce qu'il se rend compte du mal qu'il fait, mais parce qu'il redoute d'être châtié ; et, au fond, il n'est pas bien persuadé que le châtiment ne soit un acte de simple vengeance, et que ce soit lui qui ait tort.

Dans une conférence publique faite sur *l'Enfant et la Société*, le Dr Léon Petit, secrétaire général de l'*Œuvre des Enfants tuberculeux*, a pu dire ces choses poignantes et cependant réelles :

« Tous les jours, vers midi, sous la voûte de la Préfecture de Police, s'engouffre une sorte d'omnibus d'un brun sale, clos de partout, sauf à l'arrière, où d'une petite fenêtre grillée, émerge la silhouette d'un garde municipal. Peu confortable et mal fréquenté, cet omnibus fait le service entre la Préfecture et les commissariats de police ; ses habitués l'appellent le « Panier à salade ».

« Tel le flux et le reflux dans son va-et-vient quotidien, le « Panier à salade » ramène à la côte les épaves vomies des profondeurs de l'océan parisien : vagabonds, escarpes, voleurs, prostituées, cambrioleurs, on y trouve de tout, *même des enfants*.

« Bon an, mal an, le nombre des mineurs au-dessous de seize ans, arrêtés sur le pavé de Paris, est, en chiffres ronds, de deux mille. Et, dans le tas, il y a des bambins de six à sept ans, et même de tout petiots qui sont à leur première culotte.

« Leurs méfaits ne sont pas bien grands ; ils sont d'ordinaire proportionnés à leur taille. On les a trouvés errant dans la rue, couchés sous les ponts ou dans les maisons en construction.

Ils ont été pris en flagrant délit de vagabondage et de mendicité. »

Voilà certes d'affreux bandits, et qui font courir à la société des dangers menaçants... Que l'on se représente bien ces pauvres petits sans asile, grelottant dans leurs haillons, marchant le ventre creux sous la pluie glacée ou sous l'ardent soleil, couchant sur la pierre dure, souvent battus et jamais caressés...; que l'on songe à ces jeunes âmes qui ne connaissent de la vie que la souffrance et le mal..., et que l'on ose s'indigner encore pour une injure, pour un larcin, pour une méchanceté même dont ils se sont rendus coupables...! Comme s'ils ne sont pas infiniment plus méchants qu'eux les égoïstes qui ne font rien pour les tirer de leur détresse...!

Du reste, l'inculpé n'est presque toujours qu'un complice ou pour mieux dire une victime. Il vagabonde parce qu'il n'est pas surveillé; il mendie parce que ceux dont il dépend le laissent dans la misère ou le contraignent à mendier. Quant au vol, dans neuf cas sur dix, l'enfant n'est qu'un passif instrument; et cela est tellement bien reconnu qu'il est acquitté comme ayant *agi sans discernement;* ce qui ne l'empêche pas, du reste, d'être beaucoup plus puni que le principal auteur du délit. En effet, alors que l'adulte s'en tire avec quelques mois de détention, le mineur est enfermé jusqu'à sa majorité dans une maison de correction ; ce qui, au total, revient à un emprisonnement de plusieurs années; car il y a longtemps que les plus optimistes ont cessé de croire que les Maisons de correction ont jamais corrigé qui que ce soit.

Voici en quels termes M. Loys Brueyre, à qui l'on doit, en grande partie, l'organisation du service des « Enfants moralement abandonnés », s'exprime à ce sujet :

« L'enfant errant, sans domicile, l' « Arabe des rues », n'est en fait qu'un moralement abandonné. La société n'a pas le droit de le punir de ce chef seul ; ce n'est pas un criminel, c'est un malheureux. Il faut donc user envers lui, non de pénalités, mais de moyens d'assistance.

« Voulons-nous dire qu'il n'y a pas d'enfants vicieux, pervers, capables de délits et même de crimes? En aucune façon. Il est clair que, après un certain temps de cette existence nomade et de la fréquentation de mauvais sujets, l'enfant a fait son apprentissage du vice.

« Mais au début, si la société, suppléant à la défaillance des parents, avait mis en œuvre ses moyens d'assistance, on aurait — l'expérience le prouve tous les jours — de cette graine de mauvais sujet, fait un excellent et docile apprenti. »

Et, même en admettant l'entière responsabilité du jeune délinquant, il faut bien se dire que ses vices, en somme, sont la résultante d'une foule d'infamies sociales dans lesquelles il n'a pas encore trempé. Victime de l'hérédité, victime de l'abandon, victime du mauvais exemple, il est toujours victime de quelque chose, le triste mioche.

Il faudrait que son cas fût examiné par un conseil de braves gens, professionnels du droit, qui décideraient de son sort, lui épargnant même la honte de comparaître en justice. Il en reçoit une impression ineffaçable qui, selon sa nature, germe en révolte, en découragement ou en cynisme, et dont il n'a rien de bon à tirer.

C'est l'idée que j'ai entendu émettre par M. Théophile Roussel, ce grand philanthrope, cet ami inlassable de l'enfance malheureuse, auquel les mères pauvres — et toutes les mères, par esprit de solidarité — devraient tresser des couronnes.

En second lieu, il est indispensable de soustraire les jeunes prévenus à une promiscuité — si courte fût-elle — qui achève de les dégrader et de les perdre.

M. Adolphe Guillot, secrétaire général du *Comité de défense des enfants traduits en justice*, signale entre autres choses, comme un danger très grand, le voyage de Nanterre à

Paris et de Paris à Nanterre que font les mineures, prévenues chaque fois qu'elles doivent être entendues par le juge ou visitées par leur avocat.

Ce voyage qui dure deux heures et demie, se fait dans des voitures à compartiments dont les minces cloisons et les portes à grillages permettent d'échanger des conversations. Or, les filles soumises dépendant de la police des mœurs, se font un jeu de proférer les pires horreurs pour corrompre les enfants qui les accompagnent dans ces voitures de honte. Elles appellent cela les « dessaler ». L'influence de ces discours est tellement certaine que les surveillantes de Nanterre se plaignent du mal qu'elles ont à tenir leurs filles au retour de Paris, et cela pendant plusieurs jours après leur rentrée.

D'autre part, M. Albanel, juge au tribunal de la Seine, affirme que l'enfant arrêté devrait être immédiatement mis en cellule, en face de lui-même, afin que les plaisanteries, les consolations, et les encouragements des récidivistes ne fissent point perdre le bénéfice du trouble où l'a jeté son arrestation.

J'ai appuyé un peu plus qu'il n'aurait fallu peut-être sur ce côté de la question qui regarde les pouvoirs administratifs, mais je ne le regrette pas trop, puisque c'est une occasion d'attirer l'attention de tous ceux qui tiennent une plume ou ont quelque influence. Qu'ils harcèlent le grand manitou *qui de droit* jusqu'à succès complet ; ce sera du temps, du talent et de la bonne volonté vraiment bien employés.

V

LES IMPULSIFS

Mais, il faut bien l'avouer, tous les délinquants, tous les vicieux, tous les criminels même ne sont pas des moralement abandonnés. Il en est qui appartiennent à de braves familles dont ils font le désespoir, et qui tournent mal, en dépit des bons enseignements et des bons exemples.

Voyons un peu la filière que suivent ceux-là, des bancs de l'école à ceux de la correctionnelle.

Il est extrêmement rare que l'enfant soit de prime-saut un criminel ou même un délinquant. Avant de commettre une faute qui l'amène devant les tribunaux, il a manifesté des dispositions menaçantes pour les autres ou pour lui-même; il a donné des marques de violence, de faiblesse, de cruauté, d'instincts vicieux. C'est

à ceux qui en ont la charge : parents et instituteurs, de s'inquiéter de son état pendant qu'il
est encore temps d'y porter remède.

Jusqu'ici on s'était borné à la série de conseils, avertissements, punitions consacrée par
l'usage. Mais la science a fait des progrès ; les
fonctions du cerveau et des centres nerveux,
leur influence immédiate sur le caractère commencent à être connues, et nous sommes forcés
de conclure que la première étape dans la réforme d'un enfant présentant quelque tare morale est un traitement médical approprié.

« La science du cerveau de l'homme a pris,
depuis un quart de siècle, une telle importance,
elle a acquis si vite un si haut degré de préci-
sion, elle résulte d'un accord si fort, si unanime
entre les biologistes de tous pays, elle projette,
enfin, un jour si vif sur les phénomènes de
l'esprit, qu'il serait aujourd'hui tout à fait
impossible de se passer d'elle pour traiter de
psychologie générale, et plus spécialement de
psychologie criminelle (1). »

Voici maintenant l'opinion du Dr Thulié qui
s'est occupé de l'enfance coupable surtout au
point de vue de l'assistance et des moyens de
répression :

« Dans le cas des jeunes détenus, il n'y a
pas que le côté pédagogique à considérer ; ce

(1) Dr Maurice de Fleury : L'Ame du Criminel.

sont des *anormaux* dans le redressement desquels le traitement médical doit jouer un grand rôle. Enfermer un enfant pour le punir et non pour redresser ses instincts mauvais est un contresens social qui ne fait qu'aggraver le mal au lieu de le guérir ; pratique aussi étrange, d'ailleurs que si l'on s'avisait de mettre en prison les rachitiques au lieu de tenter de redresser, dans un établissement orthopédique, leurs membres déviés. »

Je sais bien que ces méthodes, relativement nouvelles, rencontrent encore beaucoup d'incrédules et de détracteurs. Il faudra bien pourtant qu'on arrive à les accepter, car elles sont puisées aux sources mêmes de la vérité et de la raison. Les plus grands savants, les médecins les plus expérimentés les admettent et, journellement les sanctionnent ; la justice même commence à en tenir compte.

Si certains philosophes se montrent réfractaires, c'est qu'il en coûte toujours un peu de renoncer à des doctrines dont l'échafaudage a exigé beaucoup de science et de temps ; mais l'évidence finira bien par les rallier.

Quant aux éducateurs de tout ordre, qu'ils regardent et qu'ils écoutent, ils seront convaincus. Les observations directes des médecins les guideront d'une manière plus sûre et plus pratique que les abstractions des philosophes.

Au surplus, ces théories qui affirment avec tant d'énergie l'influence du corps sur l'âme ne sont pas si récentes.

Le classique *mens sana in corpore sano* ne date pas d'hier, puisque notre Rabelais avait pu le parodier de si joviale façon; et La Rochefoucauld avait écrit au dix-septième siècle :

« La force ou la faiblesse de l'esprit sont mal nommées; elles ne sont que la bonne ou la mauvaise disposition des organes du corps. »

Quant au principe de l'hérédité morale, il est couramment accepté. « *Les chiens ne font pas de chats* », dit une pittoresque expression du peuple, qui ne s'étonne pas de voir les chiens mordre et les chats griffer.

Les tares mentales acquises non plus ne font de doute pour personne; et, chaque jour, on entend accuser une maladie ancienne : fièvre typhoïde, rougeole, scarlatine, etc., du peu d'intelligence, de la violence ou de l'apathie d'un enfant.

La pensée même de traiter les corps afin de réagir sur l'âme a, pour ainsi dire, toujours été mise en pratique. Aux temps très prolongés où la religion avait une influence prépondérante sur les peuples, avec Moïse, Mahomet et avec l'Église catholique c'est elle qui édictait et imposait les préceptes d'hygiène, destinés à maintenir l'équilibre moral au moins autant que la santé et la vigueur physiques.

Descartes a présenté, sinon formulé, les nouveaux modes de traitement quand il a écrit :

« Car même l'esprit dépend si fort du tempérament et de la disposition des organes du corps, que, s'il est possible de trouver quelque moyen qui rende communément les hommes plus sages et plus habiles qu'ils n'ont été jusques icy, je crois que c'est dans la médecine qu'on doit le chercher »

Le mérite des savants actuels a donc été surtout de donner une forme concrète à des idées très anciennement répandues, d'appliquer des méthodes raisonnées et scientifiques où régnait l'empirisme, d'avoir su, en un mot, préciser le mal et trouver les remèdes. Je ne vois rien, là, de tellement subversif.

Et quand les théories nouvelles concluraient à la limitation de la responsabilité et du libre arbitre, faudrait-il pour cela proclamer, ainsi que l'a fait un philosophe, et non des moindres, qu'elles sont « dangereuses à répandre » ?

Je ne crois pas qu'il soit jamais dangereux de répandre la vérité ; mieux on connaît son ennemi, plus fort on est pour le combattre. Et puis, la vérité est une chose à laquelle on n'échappe point ; il est donc plus sage de l'admettre avec toutes ses conséquences.

D'ailleurs, pour qui veut bien examiner les choses avec impartialité, ces nouvelles doctrines n'ont rien de menaçant. Non seulement elles ne repoussent pas l'éducation moralisatrice, mais encore elles la déclarent absolument indispensable, et affirment hautement que, sans elle, le traitement médical des maladies de l'esprit resterait — dans la majorité des cas — absolument inutile.

Ce qu'ils prétendent, avec preuves à l'appui, c'est que les meilleurs systèmes échoueront si l'on ne met d'abord le cerveau de l'enfant en état de les assimiler; et qu'il est à peu près aussi logique de traiter un violent, c'est-à-dire un impulsif, par le pain sec, qu'un scrofuleux par la consigne.

Pour en revenir aux jeunes délinquants que l'on châtiait et que malheureusement on châtie encore, comme si la société n'était point cent fois plus coupable qu'eux, M. Loys Brueyre nous dit : « Assistez-les; ils sont malheureux. » Les Drs H. Thulié et Maurice de Fleury nous disent : « Guérissez-les; ils sont malades. » Ce sont ceux-là que nous devons écouter.

Parmi les médecins qui se sont occupés de ce grave problème, la mentalité des jeunes criminels, les Drs Bourneville, H. Thulié — ce dernier s'étant plus spécialement efforcé d'appliquer ses idées aux questions d'assistance — je tiens à citer le Dr Maurice de Fleury. En effet, c'est lui qui, rompant avec l'attirail pure-

9

ment technique qui effraye et rebute les non
initiés, a pris à tâche de présenter au grand
public des théories jusqu'ici confinées dans le
domaine de la science.

Après l'*Introduction à la Médecine de l'Esprit*, d'une portée plus générale ; après l'*Ame
du Criminel*, destiné aux jurisconsultes, il a
publié un livre, le *Corps et l'Ame de l'Enfant*, qui devrait être le manuel, le bréviaire
des parents, des instituteurs, et en résumé de
tous ceux qui ont charge de jeunes âmes. Qu'ils
le lisent et qu'ils le méditent ; leurs idées sur la
responsabilité, et par conséquent sur les modes
de répression, s'en trouveront singulièrement
modifiées.

Ce livre, d'ailleurs, est tellement bien le résumé des connaissances acquises jusqu'à ce
jour et mises au point pour le vulgaire, que je
veux en extraire quelques passages. Mieux que
tous les commentaires, ils feront voir la question telle qu'elle doit être vue, et les plus
timorés se rendront compte qu'elle n'a rien
de bouleversant.

« Que de troubles de caractère ne sont dus
qu'à une maladie cérébrale héritée ou acquise,
à une de ces névroses de l'enfance que nous
commençons à connaître, à un empoisonne-
ment des centres nerveux, à une paralysie des
fibres d'association, à une irritation des mé-
ninges, qui rendent impulsif, qui empêchent

les sensations de s'attarder, de se comparer entre elles, de passer par le jugement ! »

« Notre cerveau est un théâtre où luttent à qui s'accomplira des images mentales. Ce que nous appelons un homme de bien, n'est autre qu'un cerveau vigoureux, en qui les représentations mentales de sagesse et de prudence sont si bien maîtresses du terrain, que les impulsions fâcheuses sont immédiatement et presque sans combat réduites à néant. C'est un homme bien élevé, entouré de bonne heure d'exemples salutaires. A supposer que l'hérédité entre pour un quart ou un tiers dans la genèse du mal, l'influence du milieu entre pour les deux autres tiers ou les trois autres quarts. Pour un même cerveau et une même impulsion, le résultat final, l'acte accompli, dépendra de l'éducation, c'est-à-dire des images accumulées dans la mémoire ».

» D'une intelligence plus avertie, mieux informée de ces maladies de l'âme où le moral et le physique agissent de concert et se révèlent inséparables, nous avons pu tirer bien des conséquences pratiques qui élargissent incontestablement le sens du mot éducation, et mettent à la portée de tous, des éléments d'amélioration jusqu'à présent peu ou mal employés. On entrevoit comme tout proche le jour où l'hygiène et la thérapeutique médicales envahiront l'étroit domaine de la pédagogie et en reculeront les bornes.

« Encore une fois, nous ne prétendons pas à remplacer les méthodes de la pédagogie classique et les ressources de la morale religieuse. Bien loin de vouloir nous substituer à elles, nous voulons seulement leur tendre la main et leur porter secours.

. . . .

« Les faits nous affirment que les bons sentiments germent mal dans un cerveau dont la nutrition est ralentie; qu'il suffit de guérir la neurasthénie, l'hystérie, l'épilepsie pour améliorer du même coup l'état mental caractéristique de chacune de ces névroses. Faites à l'écorce grise une circulation vive, une nutrition active; rendez aux collatérales de ses cellules cérébrales la liberté de leur action; rompez les chaînes de leurs mauvaises habitudes, car elles sont des habitudes, et votre sujet, du même coup, reprendra meilleure mémoire, volonté plus ferme, jugement mieux délibéré (1). »

. . . .

« Et bien ! il faut le redire, car c'est une chose prouvée, que les ressources actuelles de la thérapeutique mentale ont une forte

_____

(1) Dr Maurice de Fleury : *Le corps et l'âme de l'enfant.*

prise sur ces états pathologiques. A l'heure actuelle, après les remarquables recherches de M. Pierre Janet sur les névroses et les idées fixes et mes modestes études sur les neurasthéniques, je mets en fait qu'un médecin neurologiste instruit et patient peut beaucoup pour changer ces âmes. Nous améliorons le moral d'hommes de cinquante ans. Or, c'est une règle à peu près sans exception que plus le sujet est jeune, plus il est malléable, plus on peut lui faire du bien... Il faut avoir vu de ces cures pour y croire. Que dis-je ? il faut en avoir fait ou bien avoir été guéri (1). »

La conclusion logique, la conclusion qui s'impose, est celle-ci. L'enfant qui, à l'école ou dans sa famille, témoigne de dispositions mauvaises, qui a du goût pour le vagabondage, qui se montre violent, cruel avec ses camarades ; celui que rien ne peut fixer, dont la paresse est « incarnée » ; celui encore qui manifeste des instincts dépravés : tous ces petits malheureux doivent d'abord être confiés à un médecin.

Par médecin, j'entends naturellement, un de ceux qui ont étudié et connaissent à fond les maladies nerveuses dans leurs manifestations mentales, les « maladies de l'esprit, » comme les appelle le Dr Maurice de Fleury.

(1) Dr Maurice de Fleury : *L'âme du criminel.*

« C'est là une fonction, dit le Dr Legras, que le médecin seul — et encore faut-il qu'il soit habitué à ce genre d'étude particulier, — est apte à remplir. »

Mais ces petits, où et comment les soignera-t-on? Sera-t-il nécessaire de les interner pour un temps plus ou moins long? Peut-être, mais pas fatalement.

Ceux qui sont plus sérieusement atteints, ceux surtout dont les familles sont trop pauvres ou trop ignorantes pour aider au traitement, gagneraient sûrement à passer quelques mois dans un hôpital spécial, de préférence à la campagne; là, les soins leur seraient donnés d'une manière plus intelligente, plus suivie, et étayés d'un bon système éducatif. Mais, il y a, parmi les élèves des écoles primaires, des enfants qui appartiennent à de braves ouvriers, gagnant bien leur vie, dont la conduite, parfaitement honorable, ne donne point lieu au mauvais exemple, et qui sont pleins de bonne volonté pour seconder les efforts du médecin.

A ceux-là, il est possible de donner une satisfaction immédiate. Serait-il donc si malaisé et si coûteux d'établir un dispensaire pour les maladies nerveuses, comme il y en a pour toutes les autres maladies chroniques? Tant que ces affections ont été inconnues, ou plutôt,

mal déterminées, l'abstention s'expliquait ;
maintenant, elle n'aurait plus d'excuse.

Bien qu'on ait lieu d'attendre beaucoup de
l'initiative privée, il me semble que, dans le
cas présent, la Ville de Paris devrait intervenir.

Il n'y a pas au monde une municipalité qui
soit plus soucieuse de ses enfants, de leur moralité, de leur instruction, de leur bien-être, de
leurs plaisirs même. Elle sera très fière de faire
admirer à nos visiteurs de l'Exposition ses
écoles qui sont des palais, et son matériel d'enseignement qui, sous beaucoup de rapports,
est supérieur à celui des lycées ; comment
n'a-t-elle pas été désireuse aussi de leur montrer un dispensaire comme il n'en existe encore
nulle part?

Il y a longtemps que le Dr Maurice de Fleury
le réclame, cet établissement, et qu'il en a démontré tous les avantages. Hélas! il est à
craindre qu'avec notre esprit de routine et notre
lenteur à prendre une décision, nos voisins ne
nous devancent encore ; et que le jour où nous
nous déciderons à les mettre en pratique, on
n'ait l'air de nous passer comme venant d'ailleurs, des idées qui ont germé chez nous. Quand
donc nous lasserons-nous de semer pour que
les autres moissonnent?

VI

LES MAISONS DE CORRECTION

Donc, ce dispensaire pour les enfants nerveux remettrait d'aplomb beaucoup d'esprits déséquilibrés et arrêterait bien des chutes; mais, en attendant qu'il existe, voyons ce qu'il advient des mineurs acquittés comme « ayant agi sans discernement ».

On les rend à leur famille —, ils sont adoptés par une *œuvre de bienfaisance* —, ou on les envoie dans une Maison de correction.

Les rendre à une famille qui n'a pas su ou n'a pas pu les diriger, c'est au moins hasardeux. Il arrive bien quelquefois que les parents, dûment avertis, deviennent un peu plus vigilants et placent les enfants de manière à ce qu'ils soient mieux tenus et surveillés; mais c'est la minorité des cas.

Quand le tribunal confie les mineurs acquit-

tés à une *Société de protection* ou de *sauvetage*, qui veut bien s'en charger, c'est assurément la solution la plus heureuse.

Tout dernièrement, au sujet d'une fillette de
treize ans, dont le cas avait ému la presse et
qui, envoyée en correction, suppliait sa mère
de la « redemander à genoux », un journal
protestait vivement contre la mesure — mesure
de clémence pourtant — qui la remettait à
l'*Œuvre des petites préservées*.

« L'enfant n'est pas libre, disait-il en substance, et c'est là un emprisonnement déguisé.
Puisqu'elle est reconnue « non coupable », on
aurait dû la rendre à sa mère. »

Or, il a été démontré que la famille, très nombreuse et très misérable, était sans chef; que la
fillette, rentrée au logis, aurait été victime du
même abandon et des mêmes tentations, et
qu'il y avait beaucoup de chances pour qu'elle
succombât encore. L'adoption était pour elle
une planche de salut que l'en a eu mille fois
raison d'utiliser.

Reste la dernière alternative qui est la Maison de correction.

La Maison de correction, mieux dénommée
« maison de corruption », cette grande pour-
voyeuse de la cour d'assises et du bagne, est
jugée et condamnée; bientôt, il faut l'espérer,
elle n'existera plus qu'à l'état de cauchemar.

Si le principe est odieux, que dire de l'appli-

cation qui en est faite...! et des résultats...!
Les jeunes condamnés eux-mêmes ne se font
pas illusion; dès qu'ils ont franchi le seuil de
cet enfer, ils se sentent perdus.

Le directeur de la prison centrale de Fonte-
vault, mitoyenne de la maison de correction de
Saint-Hilaire, le déclare sans ambages : « Les
pensionnaires de mon voisin se considèrent
comme les enfants de troupe du régiment qui
est chez moi (1). »

M. Louis Rivière raconte que, au cours d'une
visite faite à Saint-Hilaire, il fut frappé par
l'examen du cahier de l'un des pupilles. On y
voyait un dessin grossier représentant à gauche
la colonie, à droite le clocher de Fontevrault,
et, pour légende, ces simples mots : « Où je
suis. — Où j'irai. » Cet enfant de douze ans
était donc persuadé que le colonie pénitentiaire
était l'antichambre de la maison centrale, qu'il
était désormais marqué d'infamie et fatalement
destiné au crime (2).

Les rapports officiels eux-mêmes constatent
l'insuffisance des méthodes couramment employées. Dans son rapport sur le budget pénitentiaire pour 1893, M. Henri Boucher, député
des Vosges, dit textuellement :

« Nous sommes obligés d'avouer que nos

(1) Henri Joly : *A travers l'Europe.*
(2) Louis Rivière : — *Revue pénitentiaire.*

établissements, bien tenus, d'ailleurs, au point de vue de la discipline intérieure, *sont tout à fait au-dessous de leur rôle éducateur.* »

A cette même époque, on lisait dans la *Correspondance de l'instruction primaire :*

« Est-il possible de demander aux directeurs et aux surveillants des maisons de correction, pris parmi les directeurs et les gardiens des prisons ordinaires, d'avoir le souci du relèvement moral des pupilles, et de la plus délicate, la plus difficile des éducations? Au fond, il s'agit pour eux de maintenir l'ordre, de réprimer l'insubordination, de faire marcher tout leur monde à la baguette. Certes, nous rendons hommage aux vertus d'autorité, à l'énergie et même aux bons sentiments de ce personnel. Nous ne songeons point à le rabaisser; il fait tout ce qu'il peut et qu'il doit faire. Mais ce n'est pas un personnel d'éducateurs et de pédagogues. *Il n'est pas recruté pour cela et il n'en a pas non plus la mission.* »

Nous ne nous attarderons pas à décrire la vie pénitentiaire des jeunes détenus ; des scandales récents et répétés ne l'ont que trop fait connaître.

Il ne faudrait pas croire pourtant que la France a toujours eu le monopole de ces horreurs.

Un rapport de police présenté en 1828 au Parlement anglais signale que les prisons de

Londres contenaient alors trois mille jeunes
gens au-dessous de vingt ans, dont mille détenus pour crimes. La plupart de ces criminels
précoces étaient parqués sur des pontons, pêle-
mêle avec des adultes, et transportés ultérieu-
rement en Australie comme ces derniers.

Ce n'est que justice d'affirmer, au contraire,
que les premières idées de réforme sont parties
de chez nous, et que l'école-type de *Redhill*,
sans cesse modifiée, a été copiée sur notre colonie de Mettray, à l'époque où lord Brougham
disait en plein Parlement anglais : « Mettray
suffit à l'orgueil de la France. » Seulement, nos
voisins ont été plus vite que nous en besogne.

De plus, le fondateur de Mettray, M. Demetz,
a fait beaucoup pour l'élaboration de la loi
du 5 août 1850, laquelle a établi que pour
le mineur au-dessous de seize ans, il fallait
« substituer l'école à la prison ».

Souhaitons donc que nos Maisons de correction disparaissent comme ont disparu les pontons anglais, et parlons des Écoles de Réforme.

Le remplacement des Maisons de correction
par des Écoles de Réforme est à l'ordre du jour,
et c'est une des questions capitales du Congrès
d'Assistance de 1900.

A la *Société internationale pour l'étude des
questions d'assistance*, le problème a déjà été
posé plusieurs fois; on y a même tracé un

plan qui permet de délimiter nettement la question et de tirer des conclusions plus fermes. De ce plan qui exigerait une longue étude pour être traité à fond, je ne veux retenir que quelques côtés.

L'école doit-elle être grande ou petite? professionnele ou agricolle? régionale ou départementale?

Quels doivent en être la direction...? le personnel...? A quel service doivent être rattachées les Écoles de Réforme?

Nature et importance de l'école, grande ou petite. — Petite, certes; aussi petite que possible. D'une part, les écoles d'orthopédie mentale formeront toujours et malgré tout, pour le vice, un bouillon de culture, dont il faut restreindre la violence dans la mesure du possible. D'autre part, le traitement, pour être efficace, devrait être autant dire individuel, tant au moral qu'au physique, ce qui ne peut avoir lieu avec des sujets trop nombreux, que l'on connaît imparfaitement, et que leur quantité même condamne à une discipline plus stricte et égalitaire.

Agricole ou professionnelle. — Agricole de préférence. D'abord il est bon de rendre à la terre une partie des bras que l'exode continu des paysans vers la ville et le service militaire lui enlèvent. Ensuite, l'air de la campagne et la fatigue musculaire, en régularisant l'appétit et le sommeil, forment un précieux adjuvant pour la cure de nos jeunes détraqués. Il y a une autre considération encore : les travaux des champs qui exigent du mouvement et échappent à la monotonie, ne laissent guère de place aux rêvasseries et aux conversations trop intimes. Or, ce qu'il faut avant tout, c'est sortir l'enfant vicieux de ses pensées, de ses souvenirs.

Le directeur de Mettray, qui doit s'y connaître, affirme que, d'une manière générale, les pupilles travaillant à la terre valent mieux que les pupilles des ateliers ; et, parmi les premiers, les enfants des fermes que ceux qui travaillent autour de la maison. Parmi les seconds, les charpentiers, les charrons, qui se remuent et font du bruit, sont supérieurs comme moralité aux cordonniers et aux tailleurs confinés dans des ateliers plus étroits, où ils vivent serrés les uns contre les autres.

Le médecin d'Aniane corrobore cette opinion, en déclarant que, parmi les pupilles, ce sont les cordonniers et les bonnetiers qui donnent le plus de souci — les bonnetiers surtout ; — et il réclame l'établissement d'une section de tonnellerie. La fabrication d'un tonneau exige plus de mouvement, d'individualité que les autres métiers ; les solides coups de marteau qu'il faut frapper développent les biceps et la poitrine, et le tapage que l'on fait empêche les chuchotements et les conversations : c'est tout bénéfice (1).

Il faut se dire pourtant que tous les enfants ne sont pas aptes au travail de la terre. Il y en a qui sont trop faibles, d'autres qui sont tout à fait estropiés, d'autres encore auxquels ce travail inspire une insurmontable aversion : ceux-là devront apprendre un métier. Mais il faudrait, autant que possible, que ce fût un métier pouvant s'exercer à la campagne ou tout au moins en famille. Il serait déplorable que, au sortir de l'École de Réforme, l'usine ou l'atelier ressaisissent ces jeunes âmes encore flottantes et toujours près de trébucher. Les libérés gagneront peut-être un peu moins, mais ils se conduiront sûrement mieux.

Maintenant, en dehors de cette première raison, il y en a une autre qui milite en faveur de l'établissement d'écoles professionnelles. L'enfant vicieux doit — c'est la règle presque générale — être changé de milieu ; il faut le soustraire à tout ce qui lui rappelle le passé et ses tentations. Or, si le gamin des grandes villes se trouve bien d'être transporté à la campagne, le petit paysan gagnera parfois à être astreint à un métier qui occupe mathématiquement toutes ses minutes.

(1) Henri Joly : *A travers l'Europe.*

À cet égard, je veux citer un fait dont j'ai eu personnellement connaissance. Un jardinier, veuf avait deux garçons de onze et treize ans, abominablement méchants. Ils prenaient plaisir à tuer les oiseaux, abattaient les fruits, coupaient les fleurs, bref saccageaient le jardin du patron. Le père, dans l'impossibilité où il se voyait de les surveiller, les expédia en pleine campagne chez les grands-parents. Là, leur méchanceté s'exaspéra encore et ils en arrivèrent très vite aux délits graves; le vagabondage et la maraude ne leur suffisant pas, ils mutilèrent des animaux domestiques et firent quelques tentatives d'incendie.

Devant l'imminence de la correctionnelle, le brave curé prit sur lui de les confier à d'honnêtes gens qui voulurent bien tenter de les ramener dans la bonne voie. L'aîné fut placé en apprentissage chez un voilier, le cadet dans une fabrique de galoches. Eh bien, sans secousse, presque sans transition, ces deux marmots, qui faisaient un si pitoyable abus de leur liberté, devinrent de bons sujets. Aujourd'hui, ce sont des hommes, ayant accompli leur service militaire et auxquels on n'a rien à reprocher.

Je ne viens pas affirmer que, dans un cas semblable, la réussite serait certaine; mais j'ai tenu à mentionner le fait dont je peux certifier l'exactitude et qui amène à cette conclusion : que si, pour la plupart des enfants vicieux, il est bon de rompre la monotonie d'un travail toujours le même, d'autres, au contraire, dont l'imagination n'est pas souillée, et qui sont surtout méchants, se trouvent bien d'une occupation régulière et qui discipline tous leurs instants.

Il y a un genre d'établissements dont il faut dire un mot ici; ce sont les bateaux-écoles. L'Angleterre, paraît-il, n'est pas très satisfaite des tentatives opérées de ce côté. En 1894, elle comptait onze bateaux-écoles, dont huit *industrial-schools* et trois *reformatory-schools*; or, sur 15,516 pupilles ayant fini leur temps, 8,721, soit 56 pour 100 seulement, avaient contracté un engagement ferme dans la flotte. Il convient de dire que la Marine royale accepte les élèves des écoles industrielles, mais non ceux des écoles de réforme.

Les Anglais, assez embarrassés pour le recrutement de leurs marins — les équipages des navires de commerce sont en grande partie composés de Scandinaves et de Finlandais, — ont peut-être été trop vite en besogne. On a embarqué tous les enfants rentrant dans une certaine catégorie, sans s'inquiéter s'ils avaient le goût de la mer; il en est résulté que l'éducation spéciale reçue à bord ne leur a servi à rien, et qu'ils sont entrés dans la vie complètement ignorants et désarmés.

Il y a pourtant des insoumis auxquels la mer conviendrait parfaitement. Les vagabonds « de carrière », chez qui l'horreur de l'école est causée par un esprit d'aventure au moins autant que par une paresse bien déterminée, ont chance de faire d'excellents marins.

Dieu sait la mauvaise graine que l'on embarque dans nos ports, et qui, tout de même, ne se tire pas trop mal de la vie. Et, chose digne d'observation, des matelots qui, à bord, se montrent travailleurs et disciplinés, redeviennent, dès qu'ils sont à terre, les pires chenapans, ivrognes, querelleurs, violents à l'excès.

Pour réussir dans cette voie, il faut donc tâter sérieusement la vocation des enfants, ne conserver que ceux qui témoignent de dispositions bien éprouvées, et, surtout, les embarquer sur des *longs-courriers*; la pêche et même le cabotage les ramènent trop souvent à terre, les exposant à de nouvelles tentations.

Encore une remarque qui a son importance. Les marins, de par leur vie même, sont sujets, dès qu'ils sont débarqués, à certains écarts de conduite qui amènent trop souvent des conséquences fâcheuses. Ces conséquences, pieusement transmises à leur postérité, se révèlent par le rachitisme, la scrofule, la tuberculose. Les filles, d'ailleurs mal soignées, guérissent rarement; mais si les garçons peuvent atteindre sans trop de dommage l'âge de l'embarquement, au bout de deux ans, ils reviennent superbes de santé ; la mer seule a été leur médecin.

Or, les enfants *envoyés en correction*, ou les *moralement abandonnés*, ne sont que rarement d'une santé prospère. La vie de matelot formerait, pour beaucoup d'entre eux, un précieux complément aux *sanatoria marins* où peut-être ils ont déjà dû séjourner.

Régionale, départementale. — En accordant la préférence à l'école régionale, je laisse de côté la question administrative pour me placer au simple point de vue climatologique. En effet, s'il demeure entendu que l'enfant *mis en réforme* est presque toujours un malade, il n'est pas indifférent qu'il réside, suivant sa complexion, au bord de la mer, soit sur les plages tièdes de la Méditerranée et de l'Océan, soit au vent plus brutal de la Manche, ou à l'air vif de la montagne, ou dans l'atmosphère apaisante des vallées et des forêts.

Avec des écoles interdépartementales, il pourrait se faire des échanges très peu compliqués, desquels l'administration et les pupilles n'auraient à retirer que des avantages.

Direction. — Elle devrait être confiée à un éducateur éprouvé, et le rôle du médecin y être capital, alors que jusqu'ici il n'a été que secondaire. Les administrateurs *purs* ont leur place marquée dans un bureau spécial avec de gros registres et des cartons verts ; mais, pour Dieu ! qu'ils ne se mêlent pas de faire de la pédagogie, alors que rien ne les y a préparés.

Quant aux surveillants — ces effroyables garde-chiourmes dont on connaît la qualité — leur temps est fait ; ils devront être remplacés par l'instituteur. Et parmi les instituteurs, il faudrait choisir les meilleurs, les plus prudents, les plus expérimentés ; faire de ce poste — assez difficile à remplir, en somme — un poste d'honneur, rétribué comme il le mérite.

Comprend-on que l'on s'entoure de tant de garanties avant de remettre à quelqu'un, le soin d'animaux domestiques ayant une certaine valeur, et que l'on confie des âmes d'enfants, et des âmes malades, au premier venu, sans seulement s'inquiéter de sa moralité ? Les scandales assez fréquents des Maisons de correction — encore n'en connaît-on qu'une faible partie — sont là pour dire si j'exagère.

A quel service doivent être rattachées les Écoles de Réforme ? Si ce n'est pas trop offenser la sainte routine, il faut demander qu'elles dépendent de l'Instruction Publique plutôt que de l'Intérieur. Les pupilles seraient alors considérés et se considéreraient eux-mêmes comme de véritables écoliers, et non comme des détenus, c'est-à-dire des maudits.

VII

LES ÉCOLES DE RÉFORME

Les étrangers, les Anglais et les Suisses principalement, nous ont, depuis longtemps, devancés dans la voie des améliorations. Ils se sont bien servis d'idées qui étaient nôtres, mais ils les ont complétées et sans cesse modifiées, suivant pas à pas les progrès de la science et de l'hygiène.

Redhill, l'école-type fondée en 1849 sur le plan de celle de *Mettray*, l'a distancée dans de larges proportions. Elle ne ressemble en rien à la caserne encore moins à la prison. Les élèves y sont assez nombreux, mais on a pris soin de les sectionner en groupes autonomes ; de telle sorte que *Redhill* a en même temps les avantages économiques des grandes écoles et les avantages moraux des petites.

De sa maison construite au milieu d'un joli parc plein de fleurs, le *warden* ou directeur peut apercevoir les cinq fermes dont se compose le domaine et qui sont indépendantes les unes des autres. Chacune a un surveillant (*master*) qui, aidé de sa femme (*matron*), gouverne, en vrai père de famille, les soixante enfants qui lui sont confiés.

Ceux qui, de la route, voient les petits cultivateurs aller et venir librement, sans grilles ni clôture d'aucune sorte, labourant, semant, fauchant le foin ou moissonnant le blé, ne se doutent pas, s'ils ne sont avertis, qu'ils ont sous leurs yeux les jeunes criminels anglais.

Outre les travaux agricoles, dirigés par un chef de culture expérimenté, chaque enfant apprend un métier en rapport avec ses goûts et ses aptitudes, de sorte que, à sa sortie de l'établissement, il pourra être à sa guise ouvrier ou cultivateur.

De plus, les élèves de *Redhill* s'occupent à tour de rôle du travail intérieur : ménage, blanchissage, raccommodage, cuisine, ils mettent successivement la main à tout. Ce qui ne les empêche pas de suivre l'école et de se livrer aux exercices physiques.

Par exercices physiques, on ne comprend pas seulement la gymnastique proprement dite, mais encore les *musical-drills*, mouvements rythmés, et accompagnés de musique ou de chant (1), et les exercices militaires, sous la conduite d'un maître spécial.

Nous sommes loin, comme on voit, de l'internement rigoureux et du travail monotone de l'atelier, deux mauvaises conditions, qui causent des évasions si fréquentes.

L'échelle des punitions est ainsi établie : l'amende, le fouet, le cachot, les verges et la prison. Il y a cette différence entre le *fouet* et les *verges* que, dans le premier cas, la peine est prononcée et infligée par le *master*; dans la seconde, il faut l'intervention du *warden*. La correction est appliquée par le maître de gymnastique devant tous les élèves réunis.

Avant de s'indigner contre le fouet et les verges, il faut bien se dire que, en Angleterre, la chose existe, même dans les collèges les plus aristocratiques, entre autres à Eton. Les châtiments corporels sont surtout humiliants par l'intention qu'on y attache, et la manière dont on les exécute; les *tutors* anglais, et celui de Redhill en particulier, les préfèrent de beaucoup à l'isolement. En cinq ans, le *warden* de cette colonie n'a pas prononcé un seul arrêt de prison, et, pour l'année 1898, il n'y a eu que 29 condamnations au cachot. Le fouet et les verges d'ailleurs, sont réservés

(1) Il existe à Paris quelques cours de *musical-drills* très bien faits, notamment à l'Orphelinat anglais du boulevard Bineau (*English and American orphan children*).

aux fautes dégradantes, telles que le mensonge, le vol, l'immoralité.

Les récompenses, pour la conduite et le travail, sont de deux sortes : la primo en argent, dont la punition correspondante est l'amende, et les distinctions honorifiques : un, deux, trois galons cousus sur la manche. On fait donc appel à la dignité, à l'amour-propre, à l'intérêt même de l'enfant, beaucoup plus qu'à la crainte qui fait les caractères lâches et hypocrites.

Avec cette direction ferme, mais indulgente et paternelle, le pupille grandit sans l'idée obsédante qu'il est un être à part fatalement destiné au crime. Il sent au contraire que, s'il marche droit, nul ne lui demandera compte de ses débuts dans la vie ; et, comme une expérience de chaque jour lui démontre qu'on a tout avantage à remplir son devoir et à être un brave garçon, il y a des chances pour que son amendement reste définitif.

Au reste le résultat moral de l'éducation donnée à Redhill est des plus encourageants (1). De 1895 à 1899, les enfants ont quitté l'école au nombre de 301. Ont été placés en Angleterre, 233 ; aux colonies 68. Et voici leurs notes :

(1) Lire, au sujet de *Redhill*, l'excellent article de M. Louis Rivière, publié dans la *Revue philanthropique* du 10 septembre 1899.

Conduite satisfaisante. 264, soit 87,1 %
Condamnés de nouveau. 50 » 9,9 »
N'ont pas donné de nouvelles. 7 » 2,3 »

La Suisse a très peu de Maisons de réforme proprement dites. Le système de Pestalozzi, partout en vigueur, encadre les vicieux et les insoumis dans une majorité de braves enfants, recueillis par les sociétés protectrices, orphelins, moralement abandonnés, mais indemnes de toute tare mentale. On a compté que l'émulation pour le bien serait plus forte que l'influence du mal, et l'on a eu généralement raison. En effet, la Suisse est un des pays où la criminalité juvénile est le plus faible; à cause de l'excellence des méthodes éducatives, sans doute, mais encore parce que les *Sociétés de tempérance* y sont très bien organisées et très puissantes. Peut-être aussi les paisibles montagnards, dont l'énergie est plus stable, donnent-ils naissance à des rejetons moins impulsifs, moins violents que les Français buveurs de vin et les Anglais gros mangeurs de viande.

L'école de *Bachtelen*, située près de Berne, est la première qui ait vraiment pratiqué le « système des familles ». On s'y est bien inspiré des établissements de *Rauhe-Hauss* (Hambourg) et de *Mettray*, mais en évitant avec soin l'agglomération considérable du premier, et la discipline trop militaire du second.

« Notre plus grand ennemi, c'est la solidarité pour le mal qui existe chez nos pupilles. Moins les groupements seront nombreux, moins l'entraînement et l'excitation au vice seront à craindre. »

C'est le directeur de Mettray qui parle et nul ne songera à mettre en doute sa compétence. Les Suisses, les Anglais, et même les Belges et les Hollandais, prenant en considération ces sages avis, se sont efforcés de créer des centres de réforme restreints quant au nombre d'élèves ; et, pour tout dire, en France, nous commençons à en faire autant.

L'essai de *Bachtelen* ayant pleinement réussi, toutes les maisons analogues de la Suisse ont été organisées sur le même plan.

Ces maisons ne renferment jamais plus de 60 pupilles, ce dernier chiffre semblant déjà très élevé. Dès que l'effectif dépasse 20, on le divise en groupes de 12 ou 15 enfants. Chaque groupe a son chef particulier qui surveille l'étude, le dortoir, les récréations, accompagne les élèves à la promenade et mange à la même table qu'eux. On met ensemble des enfants d'âge différent qui sont comme les grands et les petits frères, les premiers ayant soin des seconds.

Pendant la journée, les pupilles vont, suivant leur âge, en classe ou au travail ; mais ils se retrouvent *en famille* avec leur maître pour l'étude, les veillées, la toilette, le repas. Chacune de ces petites familles a son appartement complet et séparé. De plus, l'épouse du maître est vraiment une *mère* qui s'occupe d'eux avec la plus entière sollicitude. C'est là une excellente chose; car on aura beau établir les sectionnements les plus parfaits, la famille ne sera jamais constituée tant qu'il y manquera une femme.

Il convient de faire remarquer aussi que, en Suisse comme en Angleterre, et peut-être d'une manière générale chez les protestants, on est très partisan de l'*individualisation*. C'est un des avantages des petits effectifs qui permettent de donner plus de variété, d'élasticité aux méthodes, et d'appliquer à l'enfant celle qui convient le mieux à sa nature.

« Bien que chaque canton ait ses établissements, rien n'oblige personne à garder l'enfant dans le pays qu'il habitait. Tout refuge, en quelque lieu qu'il soit du territoire helvétique, est ouvert très largement aux enfants des territoires éloignés, comme aux enfants des divers cultes. Ce qui décide du choix du séjour, c'est l'examen du cas particulier et des besoins que révèle l'enfant; c'est l'opinion que l'on a sur les établissements proposés et sur les jeunes natures qu'il s'agit de leur confier; c'est la conviction que l'on s'est faite que tel système convient à tel enfant et ne conviendrait pas à tel autre. « On individualise »; c'est là le mot d'ordre, et comme le résumé de tout un système (1). »

En France, parmi les écoles qui sont entrées résolument dans la voie des améliorations, il faut citer *Montesson* et *Aumale*. Ces établissements peuvent, jusqu'à un certain point, être considérés comme privés, puisque le premier dépend uniquement du département de la Seine, le second de la Seine-Inférieure. On s'y est inspiré des méthodes anglaises, ou plutôt on a repris des méthodes, nées autrefois chez nous, que les Anglais nous avaient empruntées, et, — il faut être juste — mises au point de la manière la plus pratique.

L'école *Le Peletier de Saint-Fargeau*, à Montesson, est vraiment une école d'orthopédie mentale; on y soigne le corps, on y redresse l'âme de l'enfant; mais, à proprement parler, on n'y châtie point.

L'aspect n'a rien qui rappelle la prison, ni hauts murs couronnés de tessons de bouteilles, ni grilles aux fenêtres, ni verrous menaçants. Les cours, plantées d'arbres et égayées de massifs de verdure, sont séparées par des haies vives; des rosiers, des jasmins, des glycines, des chèvrefeuilles grimpent aux murs de tous

---

(1) Henri Joly : *A travers l'Europe.*

les bâtiments. L'ensemble est accueillant et gai.

Les dortoirs très vastes, très clairs, très aérés, sont divisés en groupes de dix chambrettes, séparées les unes des autres par une cloison de bois plein, mais dont le devant est à claire-voie ; ce qui, en même temps, permet la surveillance, et soustrait les enfants à une promiscuité souvent dangereuse.

Comme à *Redhill*, les élèves font de la culture et apprennent un métier : menuiserie, serrurerie, charpente, ajustage, plomberie, chaudronnerie, charronnage, vannerie. On a évité avec soin les ateliers où l'enfant doit forcément être confiné, tranquille et silencieux. Le grand air, le mouvement, le bruit sont ici à l'ordre du jour. Le service d'ordre et de propreté est assuré par les enfants, qui accomplissent ces corvées de quartier et d'ordinaire tout comme de petits troupiers.

A son arrivée à l'école, le pupille est mis « à l'isolement » et le médecin s'assure qu'il n'a aucune maladie contagieuse ou nécessitant un traitement spécial. Puis, on le conduit au quartier d'observation où il reste jusqu'à ce que son caractère et son tempérament soient suffisamment connus. Enfin on procède à la sélection basée en premier lieu sur la nature du sujet, en second lieu sur son degré de développement physique, plutôt que sur son âge.

10.

Le règlement est le même pour tous, mais avec des différences dans son application. Avec certains enfants, il faut employer la douceur, la persuasion amicale, parfois fermer les yeux. Avec tels autres, il faut, au contraire, être rigoureux, ne jamais pouvoir être soupçonné de faiblesse ou de manque de vigilance. C'est cette ligne de conduite qui impose les groupements par quartiers distincts. Les enfants comprendraient difficilement que tous ne peuvent être traités de la même façon, il faut se garder de blesser l'esprit de justice qui demeure chez l'enfant même le plus vicieux (1).

Je note en passant une excellente disposition du règlement de *Montesson*. On occupe, pour les travaux urgents de buanderie et de lingerie, quelques femmes d'employés, de maîtres-ouvriers, etc.; mais à la condition expresse *qu'elles ne pourront travailler que cinq heures par jour, afin de n'être pas complètement enlevées à leur propre ménage et aux soins que réclament leur mari et leurs enfants.* Cette mesure ne sera peut-être pas du goût des outranciers du féminisme, mais tous les gens de bon sens l'approuveront.

L'École Lepeletier de Saint-Fargeau est de création trop récente pour que l'on puisse encore tabler sur les résultats; j'ai voulu seule-

(1) Louis Lucipia. — *Revue philanthropique*, juin 1897.

ment en exposer le plan dont la supériorité sur tout ce qui avait existé jusqu'ici saute aux yeux, et qui, pour être parfait, ne demande qu'une application pratique et bien entendue.

A Aumale, il existe une École de réforme départementale destinée aux *Enfants assistés et moralement abandonnés* de la Seine-Inférieure. M. le Dr Metton-Lépouzé, dans un remarquable et très attachant rapport, fait au *Congrès d'Assistance de Rouen*, en 1897, nous a renseignés sur l'organisation et le fonctionnement de cet établissement, le meilleur peut-être, qui soit en France quant à présent.

L'*Ecole d'Aumale* a été aménagée pour recevoir de 150 à 200 enfants. Ce chiffre sera peut-être réduit si l'expérience en démontre la nécessité, il ne sera certainement point dépassé.

Le régime disciplinaire n'y est pas rigoureux mais il est observé de la manière la plus stricte, avec toutefois, des gradations judicieusement établies dans son application. C'est pourquoi on a divisé les pupilles par catégories.

A son entrée dans l'établissement, l'indiscipliné est placé dans un quartier spécial où il n'a aucune communication avec les autres élèves déjà amendés. C'est seulement quand il est arrivé au point voulu de soumission qu'il est admis dans la division qui lui convient, où son sort sera meilleur, où il jouira d'une liberté plus grande, mais où la surveillance restera aussi étroite.

Les récréations sont en partie occupées par des exercices de gymnastique; et les dimanches, les enfants font en dehors de l'école, de longues promenades qui sont pour eux une source d'enseignement. Chaque soir, après les travaux de la journée, les élèves se réunissent dans la salle d'étude. En outre des leçons de l'instituteur, on leur fait des lectures, des conférences instructives, au moins deux fois par semaine.

Les récompenses accordées sont : l'éloge, les bons points, l'inscription au tableau d'honneur, les gratifications en argent ou en nature, l'attribution des grades. Les seules punitions autorisées sont : le blâme, les mauvais points, les corvées hors tour, la privation de récréation et de promenade, la perte des grades, la suppression des gratifications, l'isolement avec travail obligatoire.

A Aumale, on ne voyait pas sans quelque appréhension l'établissement d'une colonie agricole exploitée par 150 petits chenapans. Mais depuis que l'on s'est rendu compte que ces petits « chenapans » devenaient rapidement de braves garçons, honnêtes, laborieux, instruits, non seulement on les accepte, mais encore on leur fait fête dans le pays. Les habitants s'intéressent à tout ce qui les concerne et leurs succès aux concours régionaux — car ils obtiennent de nombreuses récompenses pour leurs produits — sont regardés comme un succès municipal.

Nous sommes loin, n'est-il pas vrai? de ces bagnes d'enfants qui ont soulevé tant de révoltes, et des révoltes si bien justifiées. Car le fouet anglais, appliqué avec modération et sous le contrôle des autorités, est certes préférable aux horreurs qui se commettaient — faut-il parler uniquement au passé? — dans nos Maisons de correction : la privation de nourriture, le cachot avec les fers, ce qui du reste, n'empêchait pas le schlague.

Il faut remarquer aussi que, de plus en plus, on abandonne la généralisation des méthodes. On commence à se rendre compte que, en matière d'enseignement, comme en matière de correction, l'uniformité et surtout l'inflexibilité des programmes sont des choses mauvaises, ne pouvant donner aucun résultat satisfaisant.

Après les écoles administratives, voyons quelques établissement d'initiative privée parmi ceux que l'État encourage, subventionne, et auxquels il confie des pupilles, en attendant que ses Maisons de réforme soient complètement réorganisées. Nous allons entrer dans un domaine essentiellement pratique et voir de quelle manière les particuliers peuvent se mêler à cette croisade entreprise contre le vice et le crime précoces.

A Chaptelat (Haute-Vienne), la colonie de

Saint-Éloy — le mas Éloy, comme on dit dans la contrée, — abrite 225 pupilles, ayant au moins 12 ans à l'époque de leur internement. Dans ce nombre, 63 sont des enfants naturels, 68 sont issus de vagabonds, de mendiants et de prostituées, 18 sont de père et mère inconnus ou disparus, 9 ont des parents condamnés — 158 sont complètement illettrés. Les crimes et les délits perpétrés par ces gamins — *de moins de douze ans, il ne faut pas l'oublier* — sont les suivants : vagabondage et mendicité, 62; — vol et escroquerie, 132 — vol qualifié et fausse monnaie, 31; — attentat à la pudeur ou aux mœurs, 13 ; — incendie, 11 ; — meurtre, coups et blessures, 12 ; — autres crimes et délits, 15. C'est comme on le voit, une jolie sélection. Eh bien quinze femmes congréganistes suffisent à mener cette troupe de jeunes bandits. Elles sont secondées, il est vrai, par vingt-quatre surveillants, chefs de culture ou d'atelier ; mais la suprématie appartient à une religieuse qui se tire à son honneur d'une tâche si lourde, puisque, pour une année prise au hasard, il n'y a eu que 15 évasions, et les récidives n'ont été que de 4 pour 100 (1).

À *Frasnes-le-Château* (Haute-Vienne) l'école Saint-Joseph contient 400 pupilles, ayant moins

---

(1) Henri Joly : *A travers l'Europe.*

de douze ans au moment du délit. Les proportions d'atavisme et de crime sont à peu près
les mêmes qu'à *Chaptelat*; il ne faut donc pas
croire que la besogne soit aisée. Pourtant, des
femmes intelligentes, actives, dévouées, en
viennent à bout : 35 religieuses, 1 aumônier,
1 gardien d'écurie suffisent à la tâche. « Les
Sœurs veillent les enfants la nuit au dortoir;
elles les servent à table, dirigent la vacherie, la
boulangerie, le blanchissage et le raccommodage. Celles qui sont brevetées (il y en a 8) font
la classe; mais, en dehors des heures d'étude,
elles travaillent de leurs mains; et l'on peut
voir la même religieuse jouer de l'harmonium,
donner des leçons de chant aux écoliers, puis
sarcler les plates-bandes et laver le linge au
ruisseau du village.

Les exercices militaires et les défilés en musique (c'est l'aumônier qui est chef de la fan-
fare) sont pleins de correction et d'entrain; et
l'on ne peut se défendre d'être ému, quand on
voit, à chaque retour du bataillon, le porte-
drapeau saluer en passant devant la Supérieure,
comme devant le colonel du régiment (1).

A *Sainte-Foy*, près de Bordeaux, une colonie
protestante reçoit, avec les enfants moralement
abandonnés, les pensionnaires du culte réformé

---

(1) Henri Joly : *A travers l'Europe.*

que l'État lui envoie. L'école, qui compte seulement une cinquantaine d'élèves, est très habilement dirigée et très prospère. Les pupilles, comme à Aumale et à Montesson, y ont le choix entre le travail de la terre et celui de l'atelier; mais le directeur tient à ce que même ceux qui exercent un métier manuel ne délaissent pas complètement l'agriculture. C'est une sage mesure ; car, parmi les libérés, plusieurs, n'ayant pas réussi à la ville, sont retournés aux champs où ils ne se sont pas trouvés tout à fait novices.

A *Sainte-Foy*, les plus petits enfants sont confiés à des femmes que, selon la méthode anglaise, on a soin de choisir encore jeunes et d'aspect agréable. La surveillance se montre pour tous paternelle et nullement tyrannique; aussi les évasions et les récidives sont-elles tellement rares, qu'on pourrait aisément les déclarer nulles.

Au *Boisseau*, près de Gençay, un instituteur en retraite, marié, père de cinq garçons, dont l'aîné a déjà son brevet, dirige une vingtaine d'enfants et en fait des agriculteurs. Là encore les résultats sont excellents. Les pupilles sont en grande partie fournis par M. Henry Rollet, fondateur de l'OEuvre du *Patronage de l'Enfance et de l'Adolescence, et de la Maison du Travail.*

Il convient de remarquer que ces Maisons de réforme, bien établies et bien dirigées, sont installées en pleine campagne, et que les élèves y sont soumis au travail des champs; d'autre part, que deux de ces Écoles sont dirigées par des Sœurs. C'est un état de choses dont nous aurons plus tard à tirer des conclusions.

On s'est parfois étonné que, dans ces conditions, très supérieures à celles dans lesquelles ils avaient vécu jusqu'alors, quelques enfants cherchent encore à s'évader; et les mécontents *quand même* en tirent des arguments pour blâmer les efforts les plus louables, les mieux entendus, et réclamer le maintien de l'ancien régime, puisque le nouveau, assurément plus coûteux, ne satisfait pas ceux qui y sont soumis.

Mais des évasions, il y en aura toujours, là où existe un règlement et des enfants qui y sont astreints. On s'évade des établissements d'éducation les mieux fréquentés et les mieux tenus. Ces fugues restent secrètes dans la majorité des cas, parce que nul n'a intérêt à les dévoiler; mais elles n'en sont pas moins certaines. Les élèves des écoles primaires ne sont pas seuls sujets au vagabondage; les lycéens, quoique dans des proportions moindres, les imitent assez volontiers. L'usage d'envoyer des *lettres d'absence* aux parents des externes le démontre clairement. Le proviseur d'un des

grands lycées de Paris me disait l'an dernier,
au mois de juin :

— A cette époque de l'année, nos élèves ont
une tendance plus grande à se soustraire aux
classes. Rien que pour hier, j'ai eu à signaler
trois cas d'école buissonnière. Pour le premier,
il s'agit d'un gentil garçon de treize ans, d'une
timidité farouche, qui s'était imaginé, bien à
tort, du reste, avoir encouru l'inimitié de son
professeur d'allemand. Un second a eu l'idée
d'aller voir sa petite sœur en nourrice à Bru-
noy. Les deux autres sont partis ensemble, à
l'aventure, dans la forêt de Saint-Germain.
Or, aucun de ces enfants n'est noté comme
vicieux ou indiscipliné ; ce sont tout simplement des *hurluberlus*.

Les évasions des écoles de réforme, d'ailleurs infiniment plus rares qu'autrefois, n'amènent donc pas à conclure à l'inutilité des
améliorations ; il faudrait être de mauvaise foi
pour le soutenir.

VIII

LES LIBÉRÉS

Maintenant, que deviennent les pupilles des
Écoles de réforme? — je ne parle pas de ce
que devenaient ceux des Maisons de correction :
on ne le sait que trop.

Quand ces petits déséquilibrés sont remis
tout à fait d'aplomb, quand on leur a enseigné
ce qui est bien et ce qui est mal, quand on est
arrivé à créer chez eux le « réflexe de l'obéis-
sance » ; quand, par un entraînement métho-
dique et continu, l'ordre, la propreté, le respect
d'eux-mêmes et des autres, le travail régulier
sont devenus pour eux une habitude —, mieux
que cela, un besoin ; quand ils connaissent la
satisfaction de la tâche accomplie et l'orgueil
du salaire honnêtement gagné, alors on les
lâche de nouveau dans la vie. Ils s'y montrent
de bons serviteurs, ou des ouvriers laborieux ;

un certain nombre même s'élèvent de quelques degrés dans l'échelle sociale ; presque tous deviennent de braves gens.

Il ne faut pas oublier toutefois que leurs débuts dans l'existence ont été déplorables, et que, sous l'influence de mauvais conseils, ou de difficultés trop rudes, le jeune homme peut succomber encore. Aussi a-t-on multiplié les patronages qui suivent et protègent le pupille devenu ouvrier.

Les écoles de Saint-Eloy à Limoges, et de Saint-Joseph à Besançon, notamment, ont fondé deux maisons où les enfants sont logés, nourris, vêtus moyennant une modique pension prélevée sur leur salaire. Voici, la manière dont leurs fonds sont répartis : un tiers est consacré à la nourriture et l'entretien, un autre tiers est mis en réserve, le dernier tiers leur est abandonné pour qu'ils en disposent à leur guise.

De plus, les directeurs des Ecoles de réforme restent en communication avec ceux de leurs élèves qui méritent de l'intérêt. Ils correspondent avec eux et avec leurs patrons, les conseillent, leur trouvent de l'ouvrage, et au besoin leur viennent en aide.

Cependant, parmi ces enfants réformés, il y a des « cires molles » que l'on a bien soustraites momentanément aux mauvaises empreintes, mais que les soins les plus entendus n'ont pu arriver à durcir. Ceux-là, il faut les garder à la colonie jusqu'à ce que la discipline du régiment vienne remplacer la discipline de l'école.

Alors la *Société de protection des engagés volontaires élevés sous la tutelle administrative* fondée par MM. Fournier et Félix Voisin, les prendra sous son égide, se mettra en rapport avec leurs officiers, les soutiendra, les encouragera, les récompensera s'ils font bien, et, le jour où ils seront libérés, se chargera de leur trouver une position. Cette admirable société qui fonctionne depuis 1878, comptait pour le dernier exercice 2,968 pupilles, dont 2,450 avaient une bonne conduite et 518 seulement une conduite passable ou mauvaise; 176 avaient obtenu les galons de sous-officier, 270 ceux de caporal, brigadier ou quartier-maître.

Ce résultat est excellent déjà. Le jour où, grâce à la réorganisation complète des Ecoles de réforme, on n'enverra plus à la caserne que des sujets convenablement traités et guéris, il sera meilleur encore, et les officiers ne se plaindront plus, ainsi que je l'entendais faire, il y a peu de temps, à un colonel d'artillerie et à un capitaine d'infanterie de marine, que tout de même les colonies pénitentiaires leur expédient quelquefois de « rudes chenapans ».

Il y a encore une catégorie d'êtres qui, mal-

gré tout, ont un excès de force ou plutôt de brutalité dont ils ne trouveront jamais l'emploi
dans la vie ordinaire et que guètte presque fatalement la récidive.

Mais les autres, les plus mauvais, ceux qui
se montrent rebelles à l'éducation, amoureux
d'aventures, friands de coups, contents de dépenser beaucoup de force en faisant le mal, —
cerveaux brûlés, pour employer l'expression
courante, — ne pourrions-nous pas en faire le
fond même de notre armée coloniale? Leur
bestialité originelle, ne l'oublions pas, ce sont
les circonstances de la vie qui la tourneront
vers le meurtre ou vers le farouche carnage
des *condiotterie*.

Pourquoi ne tiendrions-nous pas à nos
mauvais sujets un discours comme celui-ci :
« L'heure qui sonne est tout à fait décisive pour
» toi. Si tu rentres dans la vie de misère et de
» fréquentations mauvaises qui te guette, avant
» un an tu seras en prison. Mais voici qui vaut
» mieux pour toi : tu iras aux colonies, dans un
» bataillon spécial, sous une discipline suffi-
» sante pour te mater, t'endurcir progressive-
» ment aux fatigues. Tu traceras des routes, tu
» construiras des chemins de fer, tu marcheras
» beaucoup, tu te battras quelquefois et tes
» mauvais nerfs s'useront, tandis que ta santé
» se fera résistante.

» Puis, quand la quarantaine t'aura remis en

» équilibré et en sagesse, quand ton excès de
» force sera pleinement assouvi, tu coloniseras,
» tu feras souche de braves gens dans un pays
» nouveau, où nul ne se souciera de savoir
» quel bandit tu aurais pu être (1). »

M. Paul Adam, qui est un grand semeur
d'idées, a maintes fois soutenu cette thèse d'une
armée de malfaiteurs employée à la conquête,
puis à la colonisation de l'Afrique. M. Paul
Adam voit les choses de très haut; ses concep-
tions sont trop vastes et trop rapides pour être
aisément mises en pratique. Il faut pourtant les
suivre avec le plus grand soin, parce que
toutes méritent qu'on s'y arrête. Je doute
que les criminels: chourineurs de barrière ou
escarpes puissent jamais, si bien encadrés qu'ils
soient, constituer des troupes bonnes à quelque
chose: sans compter que ce serait peut-être
faire affront à notre drapeau que de le déployer
sur une si effroyable engeance.

Ceux-là, par exemple, il n'y aurait aucun
risque à les employer aux travaux de grande
voirie qui, au Soudan, à Madagascar, au Ton-
kin, coûtent tant d'hommes à notre génie militaire. On pourrait même leur adjoindre les vagabonds invétérés qui, sous couleur de chercher de l'ouvrage, volent, incendient, tuent le

(1) Docteur Maurice de Fleury : *L'âme du criminel.*

long des routes; l'opinion publique, émue par une série de crimes récents, ne s'en indignerait certes pas. En effet, quand on songe aux pauvres gars, pleins de vigueur et de santé, que l'on envoie trembler la fièvre dans les marécages des tropiques, alors que des coquins de toute nature restent à l'abri du danger, il y a de quoi révolter les gens de cœur et de bon sens.

Mais, pour en revenir à cette armée d'Afrique que le Dr Maurice de Fleury, Paul Adam et tant d'autres préconisent avec quelque raison, il faudrait y enrôler d'emblée les pupilles qui sortent des Écoles de Réforme avec des notes mauvaises ou simplement médiocres, et que leur tête chaude met en danger de nouvelles chutes. Pendant que l'accoutumance à la discipline les tient encore malléables et avant qu'ils aient repris pied dans le vice, on pourrait — avec leur consentement bien entendu — leur faire contracter un engagement en leur promettant des avantages qui seraient strictement tenus.

Ce qui se ferait alors a déjà eu des précédents célèbres. Tous nous avons appris l'histoire des *Grandes Compagnies* emmenées en Espagne par Bertrand du Guesclin. La *Chronique* du trouvère Cuvelier ne laisse aucun doute sur la mentalité et les actes de cette troupe de bandits.

« Il y avait tant de gens qui allaient pillant

le pays de France que le roi en avait le cœur triste et dolent. Il manda son conseil et leur dit : « Que ferons-nous de cette multitude de » larrons qui vont détruisant mon peuple? Si » j'envoye contre eux mon vaillant baronnage, » je perds mes nobles barons et jamais plus n'au- » rai joie de mon vivant. Si quelqu'un pouvait » mener ces gens-là en Espagne contre le mé- » créant et tyran Pierre qui a fait mourir notre » sœur, je le voudrais bien, quoi qu'il pût m'en » coûter. — Sire, n'en parlez plus, dit Bertrand, » je saurai leur vouloir et n'ayez nul souci. »

» Or chevaucha Bertrand qui point ne s'ar- rête, tant qu'il vint vers la *Grande Compa- gnie...* » et emporta leur consentement après un discours bien senti où il leur reprocha la manière dont ils avaient usé de la vie : « forcé les dames et brûlé les maisons, occis hommes, enfants, et tout mis à rançon ».

Puis, rentré à Paris : « Sire, dit-il au roi, j'ai accompli à votre gré ; je mettrai hors du royaume la pire gent de cette *Grande Com- pagnie*, et tout sera sauvé — Bertrand, lui dit le roi, que la Sainte-Trinité te garde et que je te voye longtemps en joye et santé... »

La troupe se mit en chemin, passant par Avignon pour saluer et aussi pour rançonner le pape Urbain V. Celui-ci, un peu inquiet de la visite, leur envoie en ambassadeur, un de ses cardinaux qui ne paraît pas très charmé de la mission, car il confie à quelqu'un de son entourage :

« Je suis dolent qu'on m'ait mis dans cette affaire ; on m'envoye à *une foule d'enragés qui n'ont pas une heure, pas même une demi-heure de conscience* »

Et comme il leur offre, de la part du pape, l'absolution plénière de leurs fautes :

« Dites au pape, riposte Bertrand, qu'il y a dans cette armée beaucoup de gens qui ne se soucient nullement de l'absolution, et qui aiment bien mieux avoir de l'argent. *Nous les faisons prud'hommes malgré eux*, et nous les menons au dehors pour qu'ils ne fassent pas de mal aux chrétiens de France. »

Il faut croire, pourtant, que ces bandits avaient une sorte d'honneur à eux, car lorsque le pape leur envoya les deux cent mille livres qu'il s'était procurées en imposant durement le peuple d'Avignon, du Guesclin protesta.

« Par la foi que je dois à la Sainte-Trinité, dit-il, je ne prendrai pas un denier de ce que les pauvres gens ont donné. Que le pape et les clercs nous le baillent du leur ; nous voulons que tous ceux qui ont payé retrouvent leur argent sans perdre une maille. »

Il serait téméraire d'affirmer que la marche en Espagne n'entraîna pas quelque peu de rapines ; mais piller pour piller, il valait mieux que la chose se passât dans les États du mé-

chant Pèdre. Parmi ces bandits, quelques-uns
firent défection, il est vrai, mais la majorité
demeura aux côtés de Bertrand, et, plus tard,
l'aida vaillamment à batailler contre les Anglais.

Et le connétable, lui-même, était-ce donc un
modèle de douceur, de docilité et d'application
au travail, lui que la *Chronique* représente
comme un « mauvais garçon, malotru, violent,
au dire de sa mère même, toujours battant ou
battu, et que son précepteur abandonna sans
avoir pu lui apprendre à lire ? A seize ans, il
quitta la maison paternelle et courut toutes
sortes d'aventures, querelles et défis... »

Ce « mauvais garçon-là » fait pourtant assez
bonne figure dans l'histoire.

La vérité est que certaines natures étouffent
dans les liens de plus en plus serrés que nous
impose la civilisation. A mesure que nos pays
déjà vieux avancent en âge, les exutoires pour
ce trop-plein d'énergie se font plus rares et
plus périlleux : il faut donc se hâter de mettre
à profit ceux qui sont encore à notre disposition. M. Paul Adam est un précurseur ; le jour
où ses idées se seront tassées ; quand elles
auront été polies par le temps et la discussion,
quand, en un mot, elles seront mises au point,
beaucoup trouveront leur application et donneront d'excellents fruits.

Pour les êtres qui font le mal comme ils respirent et qui fatalement sont destinés à le faire, ce n'est pas le moment de discuter jusqu'à quel point ils sont responsables de la malformation de leur cerveau et de la perversité de leurs instincts; mais il est manifeste que la société a le droit, le devoir même de se défendre contre eux et de les faire disparaître, ne fût-ce que pour restreindre les dangers du mauvais exemple et de la contagion. C'est aux professionnels à trouver les moyens les plus justes et en même temps les plus pratiques.

Tolstoï, dans son superbe roman *Résurrection*, pose et tranche la question avec la paisible audace qui est son propre. Ses conclusions effarent un peu parce qu'elles sont inattendues et radicales, mais, en réfléchissant mieux, on est forcé de convenir qu'elles sont d'une logique parfaite.

IX

LA CORRECTION CHEZ LES FILLES

Abordons maintenant la question des filles qui, sur beaucoup de points, se différencie de celle des garçons, qui est plus malaisée à résoudre et dont on s'occupe certainement moins.

Les délits qui envoient les enfants en correction ne sont pas tout à fait les mêmes pour les deux sexes. Au premier abord, les méfaits des garçons paraissent plus graves; mais il n'en est rien. Pour elles, comme pour la société, la dépravation des filles est infiniment plus redoutable. D'autre part, la profondeur de leur mal est extrêmement difficile à déterminer parce qu'elles savent se dérober à l'investigation, ce qui rend le traitement très délicat et incertain.

Un garçon vagabondera par amour de la liberté, du grand air et de l'inconnu, et s'en

tiendra là ; une fille, jamais ! Quand une fille
est traduite devant les tribunaux sous l'inculpation de vagabondage, on peut être sûr qu'il
y a là un euphémisme, ou que l'accusation ne dit
pas tout. Sans doute, elle sera moins violente,
elle ne tentera point d'escalades et de bris de
clôture ; mais elle fera le mal comme en
d'autres cas, heureusement, la femme fait le
bien, c'est-à-dire sans bruit, doucement, par
une action lente, opérant autour d'elles des
changements qu'on ne connaîtra que beaucoup plus tard...

» Alors qu'il y a 4,800 garçons dans les établissements correctionnels publics et privés de
France, on ne compte que 1,000 filles environ
qui aient le même sort. Mais il est permis de
supposer que ces mille filles en liberté provoqueraient, faciliteraient, propageraient peut-être
autant de mal que plusieurs milliers de petits
garçons (1). »

Longtemps, les seules maisons d'internement
pour les filles furent les couvents du *Bon Pasteur* ; les résultats ont été et ne pouvaient
être que nuls, ou à peu près. L'État, alors, est
intervenu et a créé des colonies pénitentiaires
qui n'ont pas mieux réussi : les scandales publics
ne datant que de quelques années le prouvent
surabondamment.

(1) Henry Joly : *A travers l'Europe.*

Comme toujours, les améliorations sont dues à l'initiative privée ; il faut souhaiter que ces efforts soient mieux appréciés, mieux encouragés surtout : c'est certainement de ce côté que doit venir le progrès.

Je ne veux pas amener ici le débat soulevé récemment par un membre du haut clergé, — lequel d'ailleurs a eu raison de signaler ces abus, —et que, de part et d'autre, on a si violemment, si injustement généralisé. S'il y a des sœurs exploiteuses et disciplinaires maladroites, il existe aussi parmi elles de très braves femmes, extrêmement intelligentes et dévouées.

Mais, si parfaitement qu'il soit appliqué, le régime du couvent est un régime déplorable, presque aussi déplorable que celui de la prison. Il faudrait l'abandonner, ou tout au moins le remanier de fond en comble.

Que l'on réfléchisse à ce que la condamnation ou *l'acquittement* d'une fillette comporte en général de misère, de vice, de débauche, de ruine physiologique... Il y a là une nature à reconstituer tout entière.

Je sais bien que la nourriture meilleure, une hygiène... relative, et, s'il en est besoin, une médication appropriée, semblent tout d'abord donner de bons résultats. Mais la transformation n'est qu'apparente et provisoire. Il faut à ces déprimées, la vie saine et fortifiante de la campagne, à ces jeunes vicieuses des grandes villes, une rupture complète et brutale avec leurs habitudes, avec le milieu où elles ont évolué jusqu'alors. Pour que leurs idées soient autres, il faut leur faire une existence complètement autre.

Croit-on atteindre ce but, uniquement avec des dizaines de chapelet, des lectures pieuses, des cantiques — qu'elles interprètent d'ailleurs au sens de leurs préoccupations, et Dieu sait lesquelles...! S'imagine-t-on que la confection de pièces de lingerie de luxe, de dessous élégants ne les entretient pas dans des idées qu'il leur faudrait oublier à tout prix...? Croit-on que la claustration absolue, les longues heures silencieuses consacrées à un travail monotone et sans aucun intérêt pour elles, ne les poussent pas à des retours vers le passé, à des rêvasseries malsaines, aisément transformées en actes...? que le coude à coude de l'atelier ne favorise pas les conversations prolongées et corruptrices...?

« Là est le mal universel, constant, *épouvantable*, contre lequel il faut lutter jour et nuit. Bien des enfants arrivent corrompues par les pires exemples, perdues par l'abandon, déjà elles-mêmes flétries malgré leur jeune âge ; mais néanmoins ces souvenirs périraient assez vite ou perdraient beaucoup de leur venin, si la promiscuité de la maison, la liberté qu'on s'y procure ne complétaient ces souvenirs, ne les

cultivaient et ne les développaient. Et cela
s'entend, non pas de quelques-unes de ces enfants, mais des *trois quarts* (1). »

Il faut bien se dire que ces filles, même les
très jeunes, ont presque toutes connu — je ne
dis pas l'amour, car je me refuse à donner le
nom d'amour, fût-ce dans son expression la
moins noble, au métier qu'elles ont pratiqué,
— mais la débauche, et que rien n'empêchera
désormais qu'elles songent à l'homme. On
doit s'efforcer, non d'éteindre cette pensée, ce
qui, dans la majorité des cas, serait impossible,
mais de la transformer, de la purifier. Le
meilleur moyen est de faire naître et d'entretenir chez elles l'espoir du mariage et de la
maternité, de leur répéter que lorsqu'elles seront assez vertueuses et assez bonnes, elles
trouveront un brave garçon qui les aimera
vraiment; et qu'elles aussi seront, comme tant
d'autres, de bonnes épouses et des mères heureuses.

En m'élevant contre les cantiques, les lita-
nies et le chapelet, ce n'est pas l'emploi, mais
le *mauvais emploi* de la prière que j'ai voulu
critiquer; car j'estime que c'est une mesure
détestable de supprimer ou seulement de di-
minuer le rôle de la religion dans les Maisons
de réforme. Il n'est pas nécessaire d'être prati-

(1) Henry Joly : *A travers l'Europe.*

quant pour admettre qu'on se prive par là d'un
excellent moyen éducatif. Je ne dis pas — et
beaucoup de sœurs pensent de même — qu'il
faille employer la dévotion à doses massives;
mais, sagement mesurée, elle est un précieux
appoint au traitement; elle hâte et assure la
guérison. Pour certaines détraquées, elle sert
de dérivatif momentané; pour les natures
basses, elle forme un idéal qui les élève et les
régénère. Ce n'est pas le seul remède, ainsi que
beaucoup le prétendent, mais, c'est un des
remèdes, et il faut les employer tous.

Maintenant, si l'on considère le côté pratique
de l'éducation des couvents, les résultats ne
sont pas meilleurs. On fait de ces enfants de
fines lingères, soit! mais tout le monde sait
qu'il est excessivement difficile à une femme
seule de vivre de son aiguille, et que si elle
a plusieurs bouches à nourrir la chose devient
tout à fait impossible.

La faute en est pour la plus grande partie
aux couvents qui, ne se contentant pas de mo-
nopoliser les ouvrages de couture, travaillent
encore à prix réduits parce que leur organisation leur permet de marcher avec de très petits
bénéfices. On apprend donc à ces jeunes filles
un métier avec lequel elles ne pourront pas se
tirer d'affaire ce qui, presque fatalement, les
rejettera dans la débauche.

Mais il est absolument injuste d'incriminer

les religieuses pour un état de choses dont elles ne sont pas responsables. C'est de plus une profonde ingratitude. Longtemps elles ont été les seules qui consentissent à se charger des *filles repenties*, et l'on était alors bien aise de les avoir.

Je suis persuadée qu'elles ont tiré du système, le meilleur parti possible, et que nul, à leur place, n'aurait mieux fait. Ce qui est mauvais pour les jeunes filles, c'est la claustration rigoureuse, la promiscuité trop étroite, le travail machinal et sans variété; ce qui est contraire à leurs intérêts, c'est l'exercice d'un métier qui ne leur permettra pas de gagner honnêtement leur vie. Donc, si l'on établit des ouvroirs laïques, le résultat sera le même, sinon pire; de plus, il leur sera impossible de fonctionner avec des ressources aussi médiocres.

On reproche aux couvents de ne point fournir de pécule à leurs élèves sortantes; mais en examinant les choses sans parti pris, on demeure convaincu qu'il leur est matériellement impossible de le faire.

« La plus-value du travail des pupilles, est-il dit, leur appartient, et doit leur être versée intégralement, lorsqu'elles quittent l'établissement. » On omet de dire que les enfants mises jeunes en préservation ou en correction ne gagnent pas tout de suite, et qu'elles coûtent longtemps avant de rien rapporter. Il serait préférable, certes, de les élever, de les instruire, et finalement de les doter ; mais il faut compter avec les moyens dont on dispose; et, quoi qu'on en dise, ceux des couvents sont limités. Que l'Etat consente à les subventionner — du moins ceux qui offrent de garanties sérieuses — et la situation changera du tout au tout.

D'une manière générale, on oublie trop aisément que la religion chrétienne a été la première et la plus zélée à pratiquer la charité ; à la moindre défaillance de sa part, on fulmine avec colère et mauvaise foi, comme s'il existait une seule institution humaine à l'abri de l'erreur.

A de très rares exceptions près, les congréganistes sont des éducatrices de choix. D'abord le noviciat — ce crible sévère qui ne retient que le bon grain, — est pour elles un sérieux apprentissage. Ensuite, délivrées de tout souci familial ou mondain, elles peuvent se donner à leur tâche avec toute l'intelligence et le dévoûment qui sont en elles. La preuve est que les colonies de réforme qui réussissent le mieux en France : *Chaptelat* et *Frasnes-le-Château* pour les garçons, *Sainte-Anne d'Auray*, *Sainte-Odile*, *La Grande-Mare* pour les filles, sont dirigées par des Sœurs. Mais il convient d'ajouter que ces établissements sont installés en pleine campagne et que leur situation économique est équilibrée par la pension que paye l'Etat pour les pupilles qu'il leur confie.

Nous allons passer en revue quelques-unes des écoles de préservation et de réforme dirigées par les Congréganistes, et les résultats nous convaincront qu'il est beaucoup de religieuses guidées seulement par l'intérêt des enfants, le goût du devoir, et sur lesquelles le mysticisme a fort peu de prise.

A *Sainte-Anne d'Auray*, sur 300 pupilles, 155 seulement sont envoyées en correction ; les autres sont des orphelines ou des moralement abandonnées.

Parmi les premières, beaucoup ont été plongées pendant une, deux, trois années dans les milieux les plus innomables, et quelques-unes, des Parisiennes pour la plupart, apportent, en outre de leurs vices, une audace et un esprit de révolte qui les rend très difficiles à réduire. On en vient cependant à bout, et cela sans violence. Quarante religieuses, aidées d'anciennes élèves restées ou rentrées dans l'établissement et servant de contre-maîtresses, suffisent à conduire ce nombreux troupeau qui ne saurait être assimilé en rien à un troupeau de brebis.

Lorsqu'une enfant arrive à la colonie, on la tient à l'isolement pendant quelques jours ; là, elle est étudiée à tous les points de vue ; le médecin procède à un sérieux examen qui, dans ce cas, est d'une importance capitale. Quand, à l'aide de leur dossier et de leurs confessions, on est fixé sur leur origine, leur passé, leurs sentiments, leurs goûts, leurs aptitudes, on les classe parmi les *urbaines* ou parmi les *rurales*.

Les *urbaines* apprennent la couture; mais, par la couture, il faut entendre tous les genres de travaux à l'aiguille, « depuis le raccommodage des bas et des torchons jusqu'aux pièces les plus fines d'un trousseau de mondaine ». Puis, dans la dernière année de leur séjour à l'établissement, les jeunes ouvrières sont mises à tous les travaux de ménage : cuisine, buan derie, etc.

Il y a là déjà une importante amélioration sur les ouvroirs tels qu'ils fonctionnent en général. Mais ce n'est pas cela surtout qu'il faut considérer à Sainte-Anne, c'est le système appliqué aux *rurales*.

Le couvent est neuf, spacieux, confortable. Il a été bâti en pleine lande, une lande de 11 hectares devenue verdoyante et plantureuse grâce au travail des pupilles il y a là quinze vaches à soigner, et tout le travail est fait par les jeunes filles.

L'étendue du domaine, la variété des occupations, le grand nombre de surveillantes permet d'atténuer les inconvénients d'une aggloméra tion qui, au premier abord, peut sembler inquiétante ; et la majorité des pupilles sortent de Sainte-Anne moralisées et guéries.

Voici maintenant pour ceux qui redoutent l'influence religieuse :

« Qu'on n'aille pas croire surtout que l'on s'applique à dresser ces enfants à toutes sortes de pratiques dévotieuses. Des sœurs vouées à la garde des prisonnières et à l'éducation correctionnelle n'ont pas — qu'on nous pardonne le mot — cette naïveté. Elles n'ont garde de compromettre le nécessaire pour essayer d'avoir le superflu, *ou son apparence*. Personne ne connaît aussi bien qu'elles toutes les hontes humaines dans ce qu'elles ont de plus invraisemblable ; personne n'en parle avec une simplicité plus intelligente et plus libre ; personne ne s'applique à les guérir avec plus de bon sens et en même temps plus de douceur (1). »

Malheureusement, il y a un point noir pour l'école *Sainte-Anne* si bien organisée et dirigée avec tant de dévoûment : c'est la sortie. Le placement des pupilles est malaisé, et cela pour plusieurs raisons. D'abord les familles bretonnes, plus nombreuses que riches, se suffisent en général à elles-mêmes, et n'ont pas besoin d'aide. Ensuite la population est un peu réfractaire à l'accueil des libérées ; elle n'a pas une confiance absolue dans leur guérison et craint leur contact avec la jeunesse restée sage.

(1) Henri Joly : *A travers l'Europe.*

L'administration pénitentiaire, d'accord avec le couvent, restreint autant qu'elle peut les départs pour Paris dont les résultats, sont déplorables et viennent trop souvent rendre inutile l'effort de plusieurs années.

Reste la rentrée au foyer paternel, presque aussi mauvaise. En effet, l'envoi des enfants jeunes en correction est presque toujours causé par l'extrême misère, le vice, en tout cas le défaut de surveillance des parents. Or, remettre en circulation des fillettes de quatorze à dix-huit ans, c'est-à-dire à l'âge où la tentation est le plus à redouter, et où surtout les familles indignes peuvent tirer d'elles le parti que l'on devine, constitue un danger dont chacun peut apprécier l'étendue. Les pauvres religieuses font ce qu'elles peuvent, mais elles se désolent de ne pas mieux réussir.

Sainte-Odile (Belfort) est dirigée par les Sœurs de la Providence, un ordre que l'on retrouve à *Frasnes-le-Château*. L'effectif de 100 à 120 élèves est, comme à *Sainte-Anne d'Auray*, partagé en rurales et en urbaines. Les premières font de la culture maraîchère et de l'horticulture ; et, afin de les rendre plus habiles, on leur fait des cours théoriques sur tout ce qui concerne leur métier. Les secondes, bien que dressées à tous les ouvrages de couture, apprennent surtout la broderie qui est une des

principales industries de l'Est ; elles ne sont
pas moins bien partagées que leurs compagnes
rurales, car on leur enseigne un peu de dessin.
Mais quelle que soit leur destination ultérieure,
toutes celles qui arrivent au couvent, chétives,
malingres ou vicieuses, sont mises au jardinage, où, presque sans exception, elles trouvent
la guérison physique et morale.

Aussi, *Sainte-Odile,* au premier aspect, ne
diffère-t-elle pas d'une école ordinaire — et d'une
école bien tenue. Le domaine est riant et prospère, les bâtiments vastes et confortables ; les
pupilles ont bonne mine et ne gardent ni sur
leur physionomie, ni dans leurs manières, rien
de leur ancienne existence.

Le placement, là encore, est difficile —
moins cependant peut-être qu'à Sainte-Anne.
On n'aime pas envoyer les fillettes comme domestiques dans les villes de la région où les
garnisons sont nombreuses ; on cherche à les
placer à la campagne, et l'on y réussit dans
d'assez larges proportions. Mais en Alsace,
comme en Bretagne, on regrette qu'un si grand
nombre d'enfants soient rendues à leurs familles, c'est-à-dire à la tentation (1).

Passons maintenant à l'un de ces couvents
dont le procès s'instruit avec un parti pris si
injuste, au *Bon Pasteur* de Limoges. Ce n'est

---

(1) Henri Joly : *A travers l'Europe.*

pas que le régime y soit sensiblement autre
que dans les maisons analogues; le travail de
couture y domine, monotone et sans intérêt,
amenant les conséquences fâcheuses dont nous
avons déjà parlé. Si le couvent de Limoges
mérite une mention spéciale, c'est à cause de
son patronage très bien organisé, et qui prépare
la sortie des enfants.

Au moment de leur libération, les jeunes
filles passent de l'établissement correctionnel
proprement dit au *patronage*. Là, elles achèvent
leur éducation professionnelle en vue du travail libre ; elles apprennent la lingerie de toute
sorte, la couture, la coupe, la confection ou le
repassage. L'enseignement leur est donné par
des laïques, sous le contrôle des religieuses.
Quand elles sont assez habiles, elles vont travailler en atelier ou en journées bourgeoises,
mais toutes reviennent coucher et quelquefois
manger au couvent.

De cette manière, elles ne passent point sans
transition de la discipline absolue à une liberté
complète dont, trop souvent, elles ne savent
pas user. Elles sont à l'abri du chômage et de
ses dangers, et si elles tombent malades, elles
ne souffrent pas de l'abandon.

Les écoles de *Saint-Éloi* à Limoges, de
Frasnes-le-Château à Besançon ont des patronages semblables qui rendent de très grands
services.

La population accepte volontiers les services des jeunes libérées, et la meilleure preuve
est que, chaque année, on en marie deux ou
trois. Etant donné que le chiffre des sorties ne
dépasse pas une dizaine, et que sur ce nombre
quelques-unes sont trop jeunes pour entrer en
ligne de compte, on trouvera qu'il y a là une
jolie proportion,

« Je demande à la supérieure où elle trouve
ainsi des maris à ses pupilles, et si quelque
ecclésiastique par exemple, ne se charge pas
de ce soin. Elle me répondit textuellement :
« Mais pas du tout ! Nos filles se marient
comme tout le monde, avec les jeunes gens
dont elles ont attiré l'attention dans les maisons où elles travaillent. On les voit habiles,
laborieuses, d'un air devenu sage ; on sait que
chez nous, elles font des économies sur les récompenses que nous leur donnons, qu'elles ont
un trousseau tout prêt ; alors on les demande.
— Et puis ? — Et puis la jeune fille nous pré-
vient ; quand les renseignements recueillis
sont favorables, le mariage se fait, et c'est plus
tard une joie pour notre ancienne pensionnaire
de nous amener son mari et ses enfants (1). »

Il va sans dire que l'on fait une sélection
avant l'envoi au patronage, où les libérées so nt
désormais confondues avec les orphelines et

(1) Henri Joly : A travers l Europe.

les préservées. Du moment où une pupille entre au patronage, c'est que le passé n'existe plus pour elle.

La Seine-Inférieure est de tous les départements celui peut-être qui renferme les deux meilleures écoles de réforme : *Aumale* pour les garçons, *Darnétal* pour les filles ; l'une dirigée par les laïques, l'autre par les religieuses, mais toutes deux avec prédominance du *système agricole ;* et ceci doit être une indication pour ceux que préoccupe cette grande question du relèvement de l'enfance coupable.

A Darnétal, on reçoit les enfants de onze départements y compris la Seine. Ce sont d'abord les filles de « l'article 66 acquittées comme ayant agi sans discernement » qui, jeunes et presque toutes illettrées, sont réparties en dix classes où elles reçoivent l'instruction primaire. Puis, les mineures de « l'article 67, condamnées comme ayant agi avec discernement » et les insubordonnées d'autres maisons de correction ou de colonies pénitentiaires.

Celles-ci, au nombre d'une quinzaine à la fois, sont d'abord mises en cellule ; ensuite, selon leur degré de soumission et d'amendement, on les fait sortir pour travailler au jardin, mais seules avec une religieuse; puis on leur enlève leur costume de détenue pour leur donner l'uniforme des autres pupilles ; enfin, on les fait entrer dans leur groupe même, aux classes ou dans les ateliers.

Cette première étape se fait uniquement au *Grand-Quartier*, au quartier industriel. Car, à Darnétal comme à *Sainte-Anne d'Auray* et à *Sainte-Odile*, les pupilles sont divisées en *urbaines* et en *rurales*. Les premières, loin d'être immobilisées dans un travail unique et toujours le même, sont dressées à toutes les opérations de préparation, de coupe, d'assemblage que nécessite une grande fabrique de chemises. De plus, la comptabilité, le magasinage, la surveillance des entrées et des sorties, la remise du travail aux ouvrières de la ville qui doivent le terminer : tout cela est fait par les pensionnaires sous la direction des religieuses. Celles qui sont intelligentes et laborieuses sortent donc de la maison en état de gagner honorablement leur vie.

Mais le triomphe de Darnétal est son exploitation agricole, la ferme de la *Grande-Mare* située sur les flancs d'une colline, à deux ou trois kilomètres du *Grand-Quartier*.

Avec une si vaste étendue, nulle clôture n'est possible, et cependant les évasions sont extrêmement rares. Quand il y a une évadée, *c'est presque toujours une des jeunes filles du Grand-Quartier amenée à la ferme en récréation le dimanche.*

Mais ce n'est pas seulement dans leurs

champs que les pupilles ont une certaine ampleur et une certaine liberté de mouvements. Ce sont elles qui, à tour de rôle, vont porter le lait à la ville, de même que les jardinières voisines du *Grand-Quartier* se lèvent à trois heures du matin, quand c'est leur tour, pour conduire les voitures de légumes au marché de Rouen. Enfin, le dimanche, comme elles ne peuvent aller toutes ensembles à la messe, dans la chapelle du couvent, plusieurs sont envoyées à l'église d'un petit village, au pied des collines de la ferme. Elles sont là comme tout le monde, très fières d'y être pareilles à des demoiselles, avec leur costume du dimanche, et elles s'y comportent parfaitement.

« C'est au cours d'une visite à la maison de Rouen qu'on me proposa d'aller à la ferme. Le téléphone demanda qu'on nous envoyât une voiture; et, une demi-heure après, un vieux landau arrivait, conduit par une pupille d'environ dix-sept ans, simplement mais proprement vêtue et coiffée d'un chapeau de paille de garçon. Je montai avec la sœur supérieure et la sœur assistante; et, à travers des chemins qui n'étaient pas toujours, il s'en fallait, ni très larges, ni très aplanis, notre jeune conductrice, tout en répondant aux questions qui lui étaient faites, nous entraînait avec une ardeur et une sûreté qui eussent fait honneur à un artilleur expérimenté.

» Il ne faut pas chercher là, bien entendu, des
manières très fines — bien que notre petite
conductrice eût une figure et des façons vraiment intéressantes. — Pour qu'une fille pousse
la charrue, charge des voitures et saute sur un
cheval, il ne lui faut pas des mains délicates,
ni une voix à chanter des romances; mais en
les voyant partir avec leurs énormes morceaux
de pain et leurs bouteilles de cidre, pour s'en
aller herser sous les rayons du soleil d'un été
brûlant, je ne pouvais m'empêcher de trouver
ce spectacle très beau dans son genre.

» — Quand vous surveillez, vos filles, de près
ou de loin, et que vous faites semblant de les laisser entièrement à elles et à leurs bêtes, de quoi
causent-elles, entre elles? demandai-je à la supérieure. — Oh! monsieur, elles se disent une foule
de choses qu'un homme d'esprit ne trouverait jamais. — Mais enfin, lesquelles? Parlent-elles de
leur passé? — Non, elles l'oublient. — De leur
avenir probable? — Quelquefois; mais en général
elles n'y pensent pas beaucoup; elles vivent au
jour le jour, riant de bon cœur de mille riens, des
incidents de la vie champêtre et de leur propre
vie. Et cela est très consolant, car c'est un retour à une sorte d'innocence n'ayant rien de
trop niais ni rien de trop grossier (1). »

On ne néglige rien, d'ailleurs, pour relever

(1) Henri Joly : *A travers l'Europe.*

leur esprit autant que possible et donner à leur
amour des occupations rurales quelque chose
de plus intelligent. On leur fait des cours tech-
niques d'agriculture et de jardinage. On leur
apprend à tenir des écritures ; on les familiarise
enfin avec une foule de travaux, de manière
qu'elles puissent devenir des fermières par-
faites.

Les filles de ferme et les jardinières de l'établissement de Rouen sont très recherchées par
les cultivateurs de la région ; la supérieure
n'en a jamais assez pour les places qui lui sont
offertes, et un grand nombre de celles qu'elle
donne ainsi ne tardent pas à être épousées par
les fils mêmes de fermiers qui les occupent.

On sera peut-être curieux de savoir quelles
différences se remarquent dans les physionomies, les attitudes, les caractères de ces jeunes
filles suivant qu'elles sont au quartier industriel où à le ferme.

Au *Grand-Quartier*, d'abord, les pupilles
sont plus rapprochées de leur origine, en contact plus fréquent avec les nouvelles venues.
C'est donc là qu'on trouve les traces les plus
visibles des vices qui les ont fait envoyer en
correction : la paresse, la malpropreté, l'ignorance crasse, le mensonge, l'immoralité, le pen-
chant aux liaisons grossières et cachées, avec
la coquetterie chez les unes, la méchanceté
chez les autres, la jalousie chez toutes.

Comme à *Sainte-Odile* et à *Sainte-Anne d'Auray*, la réunion de deux quartiers permet de tenter un genre de cure tout spécial. Outre les jeunes rurales vivant continuellement à la campagne, on emploie au jardinage, à des travaux plus légers, de plein air, toutes les malingres, les rachitiques et les vicieuses. Ici comme ailleurs, on s'en trouve bien.

Mais c'est à la ferme qu'on arrive à modifier le plus heureusement les physionomies et les caractères. Il est certain que la vie au grand air, l'activité, la liberté, les alternances de fatigue physique et de gaîté champêtre et le robuste appétit qui en découle, exercent une influence très favorable (1).

Maintenant, de ces longues, *très longues* citations puisées dans un livre où, de la première à la dernière ligne, tout est à lire et à méditer, les conclusions s'imposent, très logiques et très fermes.

Il demeure entendu que la guérison est plus certaine, plus rapide et plus durable pour les pupilles des Écoles de réforme qui se livrent à l'agriculture ; — que leur placement ultérieur est plus aisé ; — que le rang définitif qu'ils occupent dans la société est meilleur : à *Aumale*, à *Saint-Éloy*, à *Frasnes-le-Château* pour

(1) Henry Joly : *A travers l'Europe.*

les garçons ; à *Sainte-Anne d'Auray*, à *Sainte-Odile*, à *Darnétal* pour les filles, les constatations sont identiques ; — que, dans les sections ouvrières, les métiers qui exigent du mouvement, un peu d'initiative personnelle ; — ceux dont les opérations sont variées et intéressent l'enfant, l'empêchent de se replier sur lui-même, de s'absorber dans ses pensées et ses souvenirs ; — ceux qui peuvent s'exercer en plein air doivent avoir la préférence.

Donc, puisque la réorganisation des colonies pénitentiaires est à l'étude, il serait très sage de se servir de ces indications et d'opérer les réformes dans un sens qui profiterait non seulement à l'enfant, mais au pays tout entier.

X

LES REMÈDES

Les remèdes nous seront fournis par la terre, cette bonne terre de France si riche, si féconde, si fidèle à ceux qui en prennent soin. Ce n'est pas d'aujourd'hui que les gens avisés déplorent la tendance chaque jour plus marquée des paysans à abandonner la campagne. Il n'y a qu'à lire le bel ouvrage de M. René Bazin : *La Terre qui meurt*, pour être frappé du péril qu'offre la situation et de la tristesse qui s'en dégage.

On accuse tour à tour la diffusion de l'instruction, le service militaire, l'appât des situations officielles, — si modiques qu'elles puissent être, — et du salaire régulier de l'usine, le bien-être apparent des villes, où pourtant la misère est cent fois plus lamentable : la vérité est que toutes ces raisons forment bloc et il serait difficile d'attribuer à chacune la part qui lui revient.

Ce qu'il y a d'incontestable, c'est que le fait existe, et il faut essayer d'y porter remède. Il y a pour le moment, en France, *vingt à vingt-cinq mille fermes et métairies restées sans locataires et sans culture;* or, le seul moyen de conserver des cultivateurs à la terre est d'y ramener les êtres dont on dispose, enfants assistés, moralement abandonnés, pupilles des Écoles de réforme, etc.

Il y a quelque temps, ce projet, énoncé d'une manière très vague, souleva de violentes protestations. Ces petits, dont on voulait faire des paysans, furent appelés des « sacrifiés ». Même, à propos de l'école algérienne de *Ben-Chicao,* établie dans une région merveilleusement belle, fertile et salubre, on alla jusqu'à prononcer le mot de « déportation ».

Sacrifiés...! ces enfants que l'on enlevait à la vie déprimante, affolante des grandes villes, à l'étouffement des ateliers, aux chômages ruineux, à l'alcoolisme, à la révolte...! Sacrifiés...! ces petits qui, mal armés pour la lutte, de par leur hérédité et leurs débuts dans l'existence, étaient rendus à la nature...!

Quant à les priver d'instruction, qui donc en parlait? De ce que la majorité de nos paysans sont ignorants et grossiers, s'ensuit-il que tous les enfants élevés pour la campagne doivent

nécessairement leur ressembler...? Ce serait,
au contraire, une excellente occasion pour faire
une génération de cultivateurs instruits et
policés. Voici trois siècles que Sully a dit :
« C'est grand'pitié que la culture de la terre
soit abandonnée aux mal savants. » Il est
peut-être temps d'y réfléchir, et surtout d'y remédier.

Si le paysan se dégoûte de la terre, c'est en
grande partie parce que la terre rapporte moins
qu'autrefois; et si elle rapporte moins, c'est
que, figé dans sa routine, il s'entête aux modes
d'exploitation tout à fait usés. Les céréales ne
donnent plus aucun bénéfice depuis que les
grains nous arrivent de Russie et d'Amérique
à pleins cargoboats; mais il y a encore à faire
avec l'élevage des bêtes de boucherie, la basse-
cour, la laiterie, la culture intensive des légumes, des fruits, des fleurs. Le sol, soumis
aux méthodes raisonnées et scientifiques, pourrait rendre dix fois ce qu'il rend à l'heure
actuelle; la terre n'est point ingrate à qui la
cultive avec soin et persévérance.

M. Paul Adam, que préoccupe la question
sociale sous toutes ses formes, qui voit trop
vite et trop loin, peut-être, mais qui voit toujours juste, écrivait, il y a quelque temps :

« Il semble certain que la diffusion des cita-
dins dans les campagnes peut amender les
méthodes barbares et niaises des travaux

rustiques. A la jalousie, aux haines du mur mitoyen, ils pourraient substituer le sens de l'entente et l'association qui permettent l'usage du crédit. A l'emploi d'appareils médiocres et ridicules pour notre époque d'invention, succéderait la confiance dans le machinisme et la chimie. Les municipalités cantonales formeraient les noyaux de ces ententes que favorise l'excellente institution du *Crédit agricole,* dès lors capable d'étendre son aide à plus de participants.

» Il faut que le travail s'associe comme le capital et qu'il suive l'exemple du communisme adopté par les actionnaires des sociétés industrielles. Le labeur est une force égale à l'argent qu'il finira par remplacer. »

Ce bel avenir peut se réaliser et se réalisera sans trop de bouleversement ; mais pour cela il faut opérer sur des sujets pris jeunes, bien préparés par un enseignement théorique et pratique, et qui se mettraient à l'œuvre délivrés du bagage de préjugés que nos paysans traînent derrière eux comme un boulet. Il faudrait surtout transformer chez ces enfants le goût de l'épargne qui empêche l'essor des grandes opérations, enraye la marche du progrès, et que les catastrophes financières rendent si souvent inutile, en idées de prévoyance et de mutualité que l'on pourrait faire naître dès l'école et qui se développeraient rapide-

ment quand l'expérience et la raison en auraient
fait voir la supériorité.

Voyons maintenant dans quel sens l'initiative
privée peut intervenir.

Nous avons vu qu'il y a en France, à l'heure
actuelle, vingt mille fermes non louées. Quelques-unes appartiennent à des gens peu for-
tunés qui, tant bien que mal, — plutôt mal,
— se sont mis à les faire valoir eux-mêmes.
Mais beaucoup d'autres restent sans culture.
Ces propriétés, qui ne sont d'aucun rapport,
coûtent néanmoins pour les impôts et l'entretien; d'autre part, la dépréciation des terrains
est telle que, mises en vente, elles courraient
risque de ne point trouver acquéreur.

De sorte que, parmi ces propriétaires, ceux
qui voudraient bien mettre à la disposition soit
d'une société de bienfaisance, soit d'un canton,
soit d'un département, quelques-unes de ces
fermes restées en friche, feraient une bonne
affaire, en même temps qu'une bonne action.

De quels moyens pratiques faudrait-il se servir?... On ne peut guère les déterminer; ils sont
nombreux et varieraient suivant les régions,
les parties contractantes et les œuvres à organiser; c'est l'*idée* seule que je mets en avant.

De petites écoles comme celles de *Sainte-Foy*
et du *Boisseau* qui donnent d'excellents résultats, ne sont ni très difficiles, ni très coûteuses

à établir ; on trouverait aisément les fonds nécessaires pour la mise en valeur des terrains
concédés. Ces entreprises restreintes et toutes
locales attireraient les legs et les dons des particuliers. On ne songe pas à laisser quelques
milliers de francs et quelques arpents de terre
à un établissement dont le budget est considérable ; mais à un refuge modeste, on ne rougit
point de donner une somme modeste. On ne
saurait demander au public qu'il s'intéresse à
des œuvres éloignées, dont il ignore le fonctionnement, sinon l'existence ; mais il s'inté-
ressera à des enfants de son pays, qu'il connaît, qu'il coudoie chaque jour et dont il peut
suivre les progrès.

Ces institutions basées sur le système de la
famille, permettraient de supprimer le placement chez les fermiers, supérieur certes, au
placement dans les grandes écoles, mais qui
néanmoins offre de nombreux inconvénients.
Les paysans peuvent être de très braves gens,
mais ils sont, pour la plupart, de piètres éducateurs. Si l'on veut élever le niveau intellectuel
et moral de la classe ouvrière, ce n'est pas à
eux qu'il faut s'adresser. Dans les fermes-écoles,
au contraire, l'enfant prendrait des habitudes
d'hygiène, de propreté, de dignité personnelle
qui le placeraient au-dessus de la moyenne actuelle de nos ruraux ; et, grâce au petit effectif,
le principe familial serait sauvegardé.

Les colonies agricoles, ainsi disséminées sur tous les points du territoire, offriraient l'avantage de pouvoir conserver les pupilles dans un milieu qui est le leur, pour lequel ils sont organisés et à la culture duquel un certain nombre sont déjà initiés ; de laisser le Normand à ses prairies, le Bordelais et le Bourguignon à leurs vignes, le Beauceron à la plaine, l'Auvergnat à sa montagne et l'enfant des côtes à la mer.

Je ne parle pas, des criminels ou des êtres foncièrement vicieux. Pour ceux-là, au contraire, dans bon nombre de cas, l'éloignement s'impose, ne fût-ce que dans le but de les soustraire à une famille indigne. Mais les orphelins, les enfants assistés et les moralement abandonnés, ceux qui sont envoyés jeunes en correction restent à pourvoir.

Et maintenant, que ces colonies de préservation et de réforme soient confiées à des congréganistes ou à des laïques, peu importe ! Le point principal est qu'elles soient établies à la campagne, et qu'elles n'abritent qu'un petit nombre de pupilles. Il faut encore qu'on y fasse autre chose que de garder les enfants ; qu'on les y instruise convenablement, qu'on leur apprenne un métier, si bien qu'à leur sortie, ils soient capables de gagner leur vie, ce qui, à l'heure actuelle, est l'exception.

Quant aux filles, qu'on en fasse des jardi-

nières, des fermières qui, plus tard, seront les
compagnes intelligentes de nos modernes cultivateurs ; mais, à moins de cas exceptionnels,
que l'on réduise la couture aux simples opérations que nécessite un ménage. L'atelier leur
est absolument contraire, et ne les prépare en
rien à la vie. Le travail de couture se trouvant
de ce fait à peu près supprimé dans les couvents, les femmes qui doivent vivre de leur
aiguille arriveraient peut-être à manger du
pain.

Pour les fillettes vraiment réfractaires à la
vie rurale, il y a une carrière toute trouvée. Il
va sans dire que je parle ici des enfants ayant
un passé de misère, mais indemne de toute
tare, et que l'on peut sans risques introduire
dans les familles.

Chacun se plaint de la difficulté que l'on a à
se procurer des domestiques... mettons toléra-
bles. A Paris, surtout, où vient échouer toute
l'écume de la province, il faut se contenter de
filles, non seulement sans culture, mais préparées à tous les vices. Quand il s'agit de celles
à qui l'on doit confier des enfants, leur ignorance et leur entêtement deviennent un véritable
danger. A la longue, quelques-unes arrivent
bien à se former, mais Dieu sait de quels dé-
sastres leur apprentissage peut être semé !

Si l'on veut une gouvernante convenable et
sachant son métier, il faut la faire venir d'An-

gleterre, de Suisse ou d'Allemagne, parce que
dans ces pays on instruit tout spécialement les
jeunes filles pour le service auquel elles se
destinent.

A l'orphelinat anglais de Neuilly (*English
and American orphan children*), les fillettes
sont dressées, dès le jeune, âge à faire, selon
leurs aptitudes, des *parlour-maids*, des *under-
governess*, ou des *cooks* (1).

La manière dont on s'y prend est excessivement simple et pratique. Les plus petits enfants — les garçons sont admis à l'orphelinat
jusqu'à cinq ans — sont confiés aux fillettes
déjà grandes qui, sous la direction d'une *nurse*
expérimentée, les habillent, les baignent, les
nettoient, arrangent leurs cheveux, s'occupent
de leur lingerie et de leurs vêtements, les font
manger, les veillent dans leurs petites indispositions, leur donnent en un mot tous les soins
nécessaires.

D'autres sont, à tour de rôle, affectées au
service de la directrice; elles font les chambres
et le salon, servent à table, répondent à la
porte, tout cela d'après les règles établies dans
les maisons bien tenues. Elles portent déjà le joli
costume des *maids* anglaises : corsage ajusté,
tablier blanc à bretelles, bonnet légèrement
posé sur la chevelure; si bien que, dès leur

(1) Femmes de chambre, bonnes d'enfants ou cuisinières.

première place, elles ne sont ni empruntées, ni tout à fait novices.

L'unique cuisinière pour soixante personnes est secondée par une escouade de jeunes *hitchen-maids* (1) qu'elle initie au secret du *roastbeef* et du *plum-pudding,* en leur laissant ignorer, bien entendu, le saut de l'anse du panier.

Une telle éducation serait précieuse pour nos petites Françaises, qui, bien dressées, font d'incomparables femmes de chambre, très estimées à l'étranger pour leur habileté et leur bon goût.

Si avec cette révolution dans le recrutement on arrivait à supprimer l' « étage des domestiques », ce foyer de dévergondage et d'infection — car il est parfaitement démontré que c'est là un des points d'élection de la tuberculose, le problème si épineux de la domesticité se trouverait bien simplifié. Ce serait encore le meilleur moyen de relever un peu cette profession tombée si bas, parce que, trop souvent, elle est le partage d'êtres incapables ou indignes, et qui en somme n'a d'avilissant que la manière dont on l'exerce.

Les philanthropes nombreux qui s'intéressent au sort de l'enfance malheureuse ont là un vaste champ d'études pratiques : et les admi-

(1) Aides de cuisine.

nistrations feraient sagement de s'en rapporter
à l'initiative privée, en la soutenant au lieu de
l'entraver.

Renonçant à des essais qui lui coûtent fort cher
et qui sont loin de toujours réussir, l'Etat pourrait peut-être pratiquer ce qui se fait en Angleterre. Le gouvernement n'y a pas d'écoles à proprement parler, mais il subventionne toutes
celles qui sont bien tenues ; et il convient de préciser que les écoles de réforme sont subvention-
nées comme les écoles d'enseignement pur, les
écoles catholiques comme les protestantes.
L'obligation de certains programmes (*forms*),
le droit de contrôle et d'inspection lui semblent
des garanties suffisantes, et le champ reste libre
à la concurrence, c'est-à-dire au progrès.

XI

LES PETITS TRAVAILLEURS

Dans toutes les catégories d'enfants qui souffrent, une est particulièrement intéressante : c'est celle des petits travailleurs, de ces pauvres mioches que la misère accumulée, l'abandon, les pires exemples, trouvent quand même debout, essayant de faire face à l'existence, c'est-à-dire, pour eux, à l'ennemi.

Je dis *essayant*, car trop souvent leurs efforts demeurent vains, faute d'un peu d'aide ; heureux encore si la mauvaise volonté des autres ne les replonge pas définitivement dans le gouffre d'où, livrés à eux-mêmes, ils auraient peut-être fini par se tirer.

C'est de ceux-là que nous allons nous occuper. Nous verrons si, tout en ne leur imposant pas de lisières trop étroites, tout en les laissant prendre l'habitude de la responsabilité et de l'initiative personnelle qui font les caractères, il n'y a point lieu de faciliter leur tâche, ou tout au moins de les mettre en état de la remplir.

Dans ces livres admirables : *David Copperfield* et *Olivier Twist*, où la détresse enfantine sous toutes ses formes est exposée d'une manière si touchante et si terrible à la fois, et qui sont un formidable réquisitoire contre la société — je n'ajouterai pas *anglaise*, car Dickens a observé chez lui ce qui, hélas ! se produit plus ou moins chez les autres — deux épisodes surtout me semblent frappants.

C'est d'abord celui-ci :

Le petit Olivier, faible, exténué de privations, n'ayant jamais entendu une parole affectueuse, entre néanmoins en apprentissage chez Sowerberry, le marchand de cercueils, *avec la volonté ferme d'être un brave garçon et de travailler*.

Mais, las d'être nourri des restes du chien Trip, las surtout d'être battu, injurié par la patronne, la servante Charlotte, l'ouvrier Noé Claypole, une fois qu'on avait grossièrement outragé sa mère morte, il se sauve « dans la nuit froide et sombre », rencontre un de ses anciens petits camarades, son *ami*: « ils avaient été tant de fois affamés, battus, enfermés ensemble ! » Alors s'engage entre eux ce poignant dialogue :

« Cher Dick, fit Olivier, il ne faut pas dire

que tu m'as vu. Je me sauve; on me bat, on me maltraite, et je vais chercher fortune si loin..., si loin que je ne sais où... Comme tu es pâle...!

— J'ai entendu le médecin dire que j'allais mourir, et je suis bien content de t'avoir vu avant, mon cher ami.

— Oui, oui; mais je te reverrai, Dick, j'en suis très sûr; et tu seras alors heureux et bien portant.

— Je serai heureux quand je serai mort, Olivier, pas avant... Embrasse-moi... Adieu, mon cher ami, et que Dieu te bénisse! »

Tout le monde a lu *Olivier Twist* et sait, par conséquent, que sa fugue le mène chez des malfaiteurs. Dans les cas semblables, c'est la solution la plus fréquente. Heureusement, s'il existe des êtres de perdition, il existe aussi des êtres de miséricorde, et Rose Maylie est l'ange sauveur du petit Olivier.

Passons maintenant à David Copperfield. Voici ce que l'autobiographe écrit textuellement :

« Je connais trop le monde pour m'étonner beaucoup de ce qui se passe; mais je suis surpris, même à présent, de la facilité avec laquelle j'ai été abandonné à un âge si tendre. Il me semble extraordinaire que personne ne soit intervenu en faveur d'un enfant très intelligent, doué de grandes facultés d'observation, ardent, affectueux, délicat de corps et d'âme...;

mais personne n'intervint, *et je me trouvai, à dix ans, un petit manœuvre au service de Murdstone et Grimby.* »

Après avoir narré en termes tragi-comiques son existence avec ses compagnons Mik Walker et *Fécule de Pommes de Terre*, il ajoute :

« Je n'exagère pas, même involontairement, les difficultés de ma vie. *Je sais que je travaillais du matin au soir*, que j'errais dans les rues de Londres mal nourri et mal vêtu ; et que, sans la miséricorde de Dieu, l'abandon dans lequel on me laissait aurait pu me conduire à devenir un vagabond et un voleur. »

Celui-là s'enfuit également, et sa bonne étoile le fait atterrir chez la tante Betsy Trotwood qui l'accueille et le protège.

Mais, dans la vie réelle, ce n'est pas ainsi que les choses se passent couramment. Pour un de sauvé, combien succombent ! Combien échouent à la prison, ou à l'hôpital ; et c'est une chose cruelle à dire, ceux qui, à force de misère, meurent jeunes sont les plus heureux.

De même que la *Case de l'oncle Tom* a plus fait pour l'affranchissement des esclaves que tous les discours des sénateurs américains, il est hors de doute que les ouvrages si vivants de Dickens ont été pour beaucoup dans la réforme des lois anglaises concernant l'enfance pauvre. Qu'ils soient donc bénis, ceux-là qui consacrent leur talent — leur âme plutôt — à la défense de droits si intéressants, si légitimes !

Sommes-nous mieux organisés en France? L'enfance malheureuse y est-elle protégée plus efficacement? Hélas! on n'ose pas trop l'affirmer, en dépit des efforts accomplis. On a fait beaucoup, ce n'est que trop juste de le reconnaître; mais il reste encore tellement à faire...!

Je trouve dans des notes prises un peu partout cette confidence que m'a faite un vieux marin, et je la livre telle quelle :

« A huit ans, on m'a embarqué comme mousse sur un bateau qui faisait la saison de Torbay pour la raie bouclée; c'était trois ou quatre mois sans descendre à terre. Pendant ce temps, je ne me nettoyais jamais, et personne ne me disait de le faire, ni comment le faire. La vermine m'incommodait tellement que j'arrivais à ne plus pouvoir dormir. Quand je tombais sur le pont, assommé par la fatigue ou par la fièvre, les matelots m'*amarraient*, puis me jetaient des seaux d'eau en criant : « Un paquet de mer, sauve qui peut! » Encore mal éveillé, je cherchais à me relever, à la grande joie des autres qui riaient de ma frayeur et de mon impuissance; et je restais mouillé jusqu'à ce que le grand air eût séché mes habits. L'hiver, j'avais les mains gercées jusqu'aux os, et des engelures qui saignaient au moindre mouvement. La manœuvre était rude, mais il fallait la faire quand même. Oh! le pain dur que j'ai mangé sans rien avec...! les coups que j'ai reçus et que je n'avais pas mérités...! mais, plus encore, les moqueries, les méchantes paroles que j'ai entendues...! Tout cela, voyez-vous, je l'ai gardé sur le cœur, et c'est en grande partie cela qui m'a empêché de me marier. Une supposition que j'aie eu des enfants et que je sois venu à leur manquer, ils auraient donc enduré des horreurs semblables...; ah! ma foi non! »

Pour apprécier toute l'ignominie d'un traitement pareil, il faut connaître les choses de la mer, le dur labeur auquel sont astreints les mousses, le danger perpétuel qui les menace, pauvres enfants dont nul n'a pitié...!

Je n'incrimine pas trop les matelots; la vie a toujours été cruelle pour eux, ils la font cruelle aux autres, sans préméditation de malice. Ils mettent en pratique ce vieux précepte de la marine : « Les mousses...; il faut que le métier leur entre dans le corps à coups de botte au derrière » Et, Dieu merci, ils doivent l'avoir dans le corps, les petits malheureux, si l'on en juge par les coups qu'ils reçoivent.

Espérons que le nouveau mode de recrutement pour les capitaines de la marine marchande, en faisant des patrons d'une éducation supérieure, plus éclairés, plus instruits, et par-

tant plus humains, produira une amélioration
sensible dans le sort des équipages.

Mais je ne veux pas m'arrêter à cette question tout à fait spéciale de l'assistance aux marins. S'il y a une classe de travailleurs qui mérite de l'intérêt, ce sont bien eux, ces grands
enfants terribles toujours prêts à se transformer en héros, et il n'en est pas dont on se
préoccupe moins. J'ai voulu seulement signaler
en passant le cas des jeunes mousses qui pei-
nent autant que les hommes et sont plus acca-
blés. Il est juste d'ajouter que l'embarquement
ne peut plus se faire qu'à treize ans, alors
qu'autrefois, l'âge de huit ans était la règle.

Occupons-nous maintenant des petits ouvriers de la ville.

Le gamin des campagnes qui, très tôt, doit
gagner sa vie, est infiniment moins à plaindre.
En général, il garde les bêtes aux champs où les
distractions ne lui manquent pas, où il respire
un air sain et où, surtout, il n'est pas tyrannisé.
Le soir, sa journée finie, il est sûr de trouver
à la ferme une assiettée de soupe chaude et
un nid bien abrité dans le foin de l'étable ou
de la bergerie.

Mais que dire de ces tristes marmots, qui ont
le choix entre les longues heures passées à
l'atelier, dans une atmosphère corrompue, et les
stations interminables aux carrefours où ils

essayent de vendre leur marchandise, l'hiver
dans le vent glacé, l'été à l'ardeur du soleil;
qui, au retour, ont pour tout réconfortant un
logis sale, puant, jamais rangé, une nourriture
insuffisante, des coups à la volée! Encore,
ceux-ci peuvent-ils à la rigueur être qualifiés
d'heureux, car ils ont un *home*, alors que beaucoup d'autres n'en ont point.

Voici quelques cas d'observation personnelle
qui éclaireront la question mieux que tous les
discours.

Emile a quatorze ans; il est petit chasseur
chez un chapelier à la mode. Il porte une livrée
verte à boutons d'argent, une casquette ga-
lonnée, une cravate blanche, et, l'hiver, des
gants. On lui donne vingt sous par jour.

Pendant près d'un an, il s'est très bien conduit; puis, une fois qu'on l'a envoyé livrer un
chapeau et toucher douze francs, il disparaît
avec les fonds et le costume. Après trois jours
de vagabondage, on le retrouve derrière les
baraques de la foire du Trône. Bien entendu,
les capitaux sont dilapidés et le costume forte-
ment défraîchi. Emile a mangé de la vache en-
ragée, il se repent de son escapade; le voilà
dans les meilleures dispositions du monde pour
écouter le langage de la raison.

— Pourquoi as-tu fait cela, mon pauvre
garçon? cette vilaine chose de vagabonder et

de voler...? Car tu as volé... Tu ne sais pas combien j'en ai honte pour toi...

Émile baisse la tête et ne répond rien.

— Tu n'étais donc pas plus heureux d'être bien habillé, d'avoir au moins un bon repas par jour, et surtout, d'être en paix avec ta conscience...?

Le garçonnet pousse un soupir qui en dit long sur ses regrets du passé.

— Voyons, veux-tu que je demande à ton patron de te reprendre...? Si tu me promettais de ne plus recommencer...

Émile me regarde bien en face, et très crânement :

— Ça, je veux pas le promettre, parce que je suis pas sûr de le tenir... Je gagne ma vie, n'est-ce pas? on pourrait bien me laisser me débrouiller avec mon argent... Savez-vous que je couche dans un cabinet noir, sur un tas de vieux sacs, sans couverture...? Quant à manger le soir en rentrant et le matin avant de partir, *c'est pas vrai;* maman n'est pas rentrée ou bien elle n'est pas encore levée..., et elle me prend jusqu'à mon dernier sou *pour rigoler avec des types...* J'ai juste le repas de midi parce que c'est la maison qui me le donne... Alors, quoi...? crever pour crever, autant rire un peu.

Je demande au lecteur pardon pour les expressions un peu brutales qu'il me faut employer; mais je tiens à ne rien changer aux propos de mes jeunes sujets, parce qu'ils donnent la mesure exacte de leur état d'âme.

Louis a quinze ans; il est apprenti menuisier. Assez beau garçon, intelligent, adroit, son patron était content de lui; mais, depuis trois mois, il se dérange, manque l'atelier, découche, bref, tourne au mauvais sujet. Un jour de bamboche, il tombe sous une voiture, a la jambe brisée et est conduit à l'hôpital; c'est là que je le trouve.

Nous avons causé beaucoup ensemble pendant six semaines; au moment de lui faire mes adieux, je lui adresse un dernier encouragement.

— Donc, il est entendu que tu vas te remettre au travail comme un brave garçon, gagner honnêtement ta vie...

Louis, étendu sur le dos, les mains croisées derrière la nuque, laisse errer ses yeux au plafond.

— Ah ouiche! fait-il après un instant de réflexion, pour que papa se saoule et qu'il me flanque des raclées... *Pus* que je travaille, et que je rapporte de galette, *pus* qu'y boit et que je reçois de torgnoles... Ça ne serait tout de même pas à faire.

Aux environs de Saint-Médard, je rencontrais

souvent un gamin d'une dizaine d'années qui
vendait des paquets de « légumes à pot-au-feu ».
Sa mine hâve et défaite prouvait amplement
qu'il ne mangeait pas tous les jours à sa faim ;
de sordides haillons couvraient à peine ses
membres grelottants ; et, un jour de grande
gelée, j'aperçus, par une déchirure plus large, la
peau délicate de sa poitrine qui se gerçait. Je
m'approchai alors et nous liâmes conversation.

— Tu as bien froid, mon pauvre *tiot?*

— Oui, un peu...

— Voyons, combien te reste-t-il de paquets
de légumes? trois... A deux sous, cela fait
six sous. Tiens, voici cinquante centimes; cède
ton fonds à ta voisine qui n'en sera pas fâchée
et rentre te mettre au chaud.

Au chaud...! ce mot ne semblait pas pour
le gamin d'une évocation bien nette. Je pour-
suivis mon interrogatoire.

— Où demeures-tu?

Alors défila une histoire assez embrouillée,
que pourtant on devinait réelle, et si navrante !
Son père..., il ne savait pas, il n'en avait jamais
entendu parler...; sa mère était en prison...
Une voisine l'avait recueilli — recueilli est ici
une manière de parler — et, en échange des
sous qu'il gagnait à vendre ses légumes et qu'il
devait rapporter intégralement, lui donnait la
nourriture et le logement.

Or, vérification faite, la voisine est une

effroyable brocanteuse du quartier Mouffetard ;
la nourriture se compose de restes qu'il partage
avec le chien ; le logis est un hangar mal clos,
où l'enfant couche sur la terre dure, en compagnie de la ferraille, de vieux meubles ver-
moulus, d'une literie infecte, et surtout des
rats qui lui font grand'peur.

Laurence est une robuste fillette de onze ans ;
elle vend des épingles et des poignées à repasser.

On prévoit qu'elle sera jolie, et, dans toute sa
petite personne, se devine un certain soin, le
désir de parer les guenilles dont elle est vêtue.
Cette enfant m'intéresse et je fais quelquefois
des affaires avec elle, rien que pour causer et
mieux la connaître.

Elle demeure avec sa grand'mère qui coud
des draps pour « l'administration » ? sa mère et
deux jeunes tantes qui « font les traînées » dans
le quartier des Gobelins.

On frémit en songeant à ce que la pauvre
Laurence a déjà dû voir et entendre. Pourtant,
il y a encore beaucoup d'innocence dans ses
grands yeux bruns... Combien cela durera-
t-il... ?

— Et toi, qu'est-ce que tu aimerais faire ?

Laurence me regarde avec effarement. Jamais,
bien sûr, son imagination n'a rêvé autre chose
que « faire la traînée » tant qu'elle sera jeune, et

« coudre des draps pour l'administration »
quand elle sera vieille.

— Moi, dit-elle enfin, hésitant un peu pour
une prétention si énorme, j'aimerais être blanchisseuse...

— C'est un bon état ; tu as raison.

— Oh ! oui, dit la fillette avec élan ; savonner
du linge..., et puis repasser..., taper les fers...
Quand j'ai vendu mes épingles pas trop tard, je
m'arrête aux boutiques à regarder les ouvrières... ; c'est moi qui voudrais être à leur
place... !

Voici donc quatre enfants, désireux de travailler, de gagner honnêtement leur vie, et
dont nul ne prend soin. Le jour où, décou-
ragés, ils abandonneront la bonne voie pour
devenir, les garçons des vagabonds et des voleurs, la fille une débauchée, on s'apercevra
soudain qu'ils existent pour les punir.

Je sais bien ce que l'on pourra objecter, qu'il
existe des asiles et des refuges de préservation
pour les enfants dits en « danger moral ». Mais,
du moins pour les cas dont nous nous occupons
en ce moment, c'est un moyen que je réprouve
carrément ; il y a mieux à faire.

De ces quatre enfants, un seul s'accommode-
rait volontiers de la tutelle : c'est le petit marchand de légumes ; les autres ont déjà le sens
de leur personnalité, et un légitime désir d'in-

dépendance. « Si je suis assez grand pour
gagner ma vie, je suis assez grand pour en dis-
poser comme il me convient. » Ils se sentent
suffisamment forts pour se tirer d'affaire tout
seuls, la tyrannie injuste les révolte ; ce sont des
sentiments qu'il faut encourager au lieu de les
éteindre, parce qu'ils font les hommes d'action.

Quant à la fillette, dont la nature robuste et
saine, peut-être influencée par un atavisme favorable, a su résister au mauvais exemple de
son entourage, et qui ne demande qu'une chose :
transformer en un travail honnête, l'énergie
qu'elle sent en elle, elle aussi mérite qu'on
l'encourage, sans lui imposer une protection
trop étroite : il y a des chances pour qu'elle devienne une brave femme.

Toutefois, en affirmant qu'il faut les laisser
faire, je ne viens pas dire qu'on doit les abandonner complètement à eux-mêmes, loin de là.
Quand un poupon essaye ses premiers pas, il
y a autour de lui des mains tendues pour prévenir ou atténuer les chutes probables ; mais
les gens sensés ne le ligottent pas, ne l'en-
ferment point dans ces chariots protecteurs
qui l'empêchent de prendre conscience de ses
forces, et de les exercer. Il en va de même pour
nos petits travailleurs ; qu'on leur déblaie un
peu le chemin, qu'on les remette sur leurs pieds
s'ils viennent à trébucher, soit ! mais qu'on
laisse avancer tout seuls ceux qui se sentent

assez solides sur leurs jambes. Ils feront des
écoles quelquefois pénibles, mais ces écoles leur
serviront plus que tous les conseils du monde.

M. Rollet, le si dévoué, si intelligent fondateur de la *Maison du Travail* me dit : « J'évalue
de 1,000 à 1,300 le nombre des jeunes garçons
entre treize et dix-huit ans qui se trouvent
actuellement sur le pavé de Paris, sans asile
ni ressources et qui ont *plus ou moins* le désir
de se relever par le travail. A ce chiffre, il
convient peut-être d'ajouter 4 à 500 garçons
qui ne font *aucun effort* pour se tirer d'affaire.

Personne n'est en meilleure posture que
M. Rollet pour juger la situation. J'accepte
donc ces chiffres les yeux fermés, certaine qu'ils
sont exacts. Ainsi donc, il se trouve dans ce
grand Paris de 1,000 à 1,500 gamins commme
Emile et Louis, comme mon petit marchand
de légumes — les fillettes comme Laurence
étant momentanément écartées — qui voudraient
travailler, employer leurs jeunes forces d'une
manière utile, devenir de braves gens, et que
l'indifférence ou l'égoïsme rejette froidement
au ruisseau; ce qui — pour n'envisager qu'un
des côtés de la question — constitue une perte
effroyable de capital humain.

M. Rollet dit : « les uns désirent *plus ou
moins* se relever, les autres ne font *aucun
effort*, » Je suis sûre que ceux qui veulent

moins, voudraient bientôt *plus* et que ceux qui ne font *aucun effort*, en feraient, s'ils se sentaient soutenus et encouragés. Mais ne nous occupons que des vaillants qui souffrent de leur inaction et de leur impuissance. C'est pour ceux-là que la *Maison du Travail* a été fondée.

La Maison du Travail reçoit tous les garçons de 12 à 18 ans qui déclarent être sans asile et sans pain. Quels que soient leur culte et leur nationalité, qu'ils aient ou non des papiers d'identité, ces jeunes gens sont acceptés immédiatement : leurs déclarations ne sont contrôlées qu'après leur admission.

La *Maison* leur offre un travail des plus simples : confection d'étiquettes pour compagnies de chemin de fer, écritures, courses, etc.; on ne leur impose jamais plus de huit heures de travail par jour.

La durée du séjour n'est pas limitée. L'OEuvre ne veut pas remettre sur le pavé les garçons qui se sont confiés à elle. Son devoir n'est accompli que lorsqu'elle a placé convenablement ses protégés suivant leur caractère et leurs aptitudes. Et l'on tâche d'en envoyer le plus possible à la campagne.

Pendant leur séjour à la *Maison du Travail*, on s'efforce d'assurer aux jeunes garçons l'assistance morale et religieuse, tout en respectant la liberté de conscience de chacun. Chaque soir, le travail fini, avant le dîner, une cause-

rie, une lecture ou une conférence sont données aux jeunes gens par un étudiant de la
Sorbonne, de l'École de Droit, de Médecine,
de l'École Normale ou de la Faculté catholique.

Je demande alors à M. Rollet s'il ne serait
pas à désirer que de nombreuses *Maisons du
Travail* fussent fondées à Paris et dans les
grandes villes.

— Avant de songer à créer dans Paris
d'autres *Maisons du Travail*, me répond-il,
il serait peut-être plus sage d'assurer d'une
manière définitive le fonctionnement de celle
qui existe déjà, et d'en améliorer les différents services. Ce qu'il faudrait pour compléter la *Maison du Travail*, c'est avoir des
correspondants, par toute la France et même
aux colonies, et sur certains points, de petits
asiles dépositaires. A mon avis, dans chaque
grande ville, et même à Paris, une seule *Maison
du Travail* pour jeunes gens suffit. »

Il est évident — nous avons déjà eu l'occasion de le voir — que les patronages bien
organisés sont les mesures les plus efficaces
pour maintenir les mineurs dans la bonne voie
ou les y ramener s'ils s'en sont écartés, et que
ces patronages, de quelque nature qu'ils soient,
devraient être en communication directe et...
sympathique. De cette façon, le tri entre les
bons et les mauvais sujets s'opérerait de lui-

même, et la bienveillance irait spécialement
à ceux qui en sont dignes.

Mais, à côté de ces *Maison du Travail* qui
pourraient donner des résultats si précieux, il
y a encore autre chose à faire.

On s'y occupe de caser convenablement les
enfants qui ont un réel désir de travailler, c'est
très bien; on multiplie les placements à la
campagne, c'est encore mieux. Là, au moins,
l'enfant a un toit assuré, il se trouve pour ainsi
dire en famille.

Mais que deviennent les jeunes travailleurs de
la ville, que les patrons ne se chargent point
de loger? Il faut s'occuper de leur assurer un
gîte, et l'opportunité de ce gîte est subordonnée
à bien des circonstances. Un gamin peut travailler aujourd'hui à la Villette et demain à
Montrouge; il ne faut pas qu'il soit trop éloigné
de son ouvrage. Pour d'autres, comme Emile
et comme Louis, c'est la maison paternelle qui
les dégoûte de bien faire. Enfin, il y a toute
une catégorie qui, comme les petits marchands,
n'ont, à proprement parler, ni maîtres ni
patrons.

D'autre part, les hôtels meublés des grandes
villes sont tellement abjects au point de vue de
la moralité et de l'hygiène, les pensionnaires
y sont exploités avec un tel cynisme, qu'on
doit en écarter les jeunes gens avec le plus
grand soin.

Alors..., la solution... ?

La solution, la voici. C'est la *Children's aid Society* de New-York qui nous la fournit.

« En 1878, la « Cité Impériale » ne contenait pas moins de 30,000 enfants abandonnés, dont les pouvoirs publics ne semblaient s'occuper qu'en cas de délit pour les jeter en prison, et cette masse lamentable s'accroissait d'une façon inquiétante. Au lieu de gémir stérilement sur la coupable indifférence de l'autorité, de braves gens se cotisèrent, se vouèrent à cette rédemption de l'enfance, et, pour secourir ces « rats du ruisseau », fondèrent la *Children's aid Society* qui, par la seule persuasion, en s'adressant à ce qui restait de bon dans le cœur de ces enfants, à leur dignité, à leur amour-propre plus encore qu'à leur intérêt, a fait, dans cette armée de l'enfance misérable, abandonnée ou fautive, d'innombrables sauvetages, a réalisé une incalculable somme de bien (1). »

La *Children's aid society* débuta par des *meetings* de moralisation : ce fut un four noir. Les gamins de New-York agirent comme agiraient à l'occasion nos gamins de Montmartre où de Belleville : les interruptions facétieuses, les lazzis, les farces de toute nature

---

(1) Gaston Cadaux. — *Revue philanthropique.*

rendirent les meetings impossibles ; il fallut y renoncer.

On ne se rebuta pas pour ce premier échec, et la *Children's aid Society* organisa pour les « rats du ruisseau » un gîte propre et relativement confortable. Mais, afin de sauvegarder un sentiment de dignité et un désir d'indépendance tout à fait légitimes, elle ne proposa pas son office comme une aumône ; on exigea trois cents (trente centimes) pour la nuit.

Les gamins eurent d'abord de la méfiance ; — quelque-uns qui avaient déjà eu maille à partir avec la police craignaient un piège — et ils rôdèrent longtemps autour de l'hôtel avant de se hasarder à y pénétrer. Enfin, les plus hardis se décidèrent. Mais la conduite de ces premiers occupants fut loin d'être un sujet d'édification. En manière d'amusement, ils se mirent à couper les tuyaux du gaz et à faire dans l'obscurité un tapage infernal. L'exécution fut rapide et vigoureuse ; on les envoya dehors réfléchir en grelottant sur les inconvénients qui existent à créer des dangers d'explosion dans un logis hospitalier, et l'expérience ne se renouvela pas.

Dans le monde des *news boys* (petits marchands de journaux), des *boots blackers* (décrotteurs) et autres industries analogues, la réputation se répandit bientôt de cet hôtel — *Fulton-Lodge* — où, moyennant trois cents,

on trouvait non seulement un bon lit, mais
encore des peignes, des brosses, du savon, de
l'eau chaude pour la toilette ; avec trois autres
cents, un déjeuner substantiel avant le départ.
La clientèle afflua, à tel point que la Société
dut établir des succursales.

Aujourd'hui l'hôtel des petits marchands de
journaux (*News boys lodging house*) est installé dans un superbe immeuble qui a coûté
500,000 francs à la *Society*. En une seule année,
il a été fréquenté par 7,600 enfants qui ont
contribué pour plus du quart (22,000 francs
sur 80,000) aux charges de l'établissement.

Ceux qui sont momentanément dans la gêne,
et offrent quelque surface, trouvent du crédit
à la maison ; mais l'aide se fait plutôt entre camarades. Si l'un d'eux est malade ou endetté,
les « capitalistes » lui font des avances qui sont
scrupuleusement remboursées.

Les parties principales de l'hôtel sont : l'immense dortoir où chaque enfant possède, au pied
de son lit, un coffre comme celui des marins, fer-
mant à clé. Il y peut ranger ses effets, son
linge de rechange — s'il en a — et le matériel
de sa petite industrie ; le lavabo et la salle de
bains, dont l'aspect engageant invite le jeune
vagabond à des habitudes de propreté aussi
précieuses pour le moral que pour la santé ; un
réfectoire très vaste et très clair, une salle de
gymnastique avec tous les agrès nécessaires.

enfin la caisse (*saving-bank*) où les clients dé-
posent leurs économies.

Le linge est lavé et entretenu gratuitement
par les *maids* irlandaises qui font le service
du *lodging*. Les portes sont fermées à dix
heures du soir, et tout le monde doit être
dehors à huit heures du matin.

Il y a à New-York cinq hôtels semblables.
La règle, à la fois paternelle et stricte, est autant dire la même dans tous ; mais les propen-
sions nomades des jeunes vagabonds font qu'ils
ne peuvent s'accoutumer à fréquenter régulièrement le même *lodging*. Ils vont et viennent de
l'un à l'autre sans jamais avoir à donner les raisons de leur caprice. Leur petite dette réglée, ils
ne se croient pas tenus de rendre de comptes
et l'on respecte leur liberté. Tout ce qu'on
exige d'eux, c'est la déclaration de leur âge, de
leur nationalité, de leur profession, de leur
état de famille et de leur degré d'instruction.

Pour les illettrés, on a fondé une école dans
l'hôtel même ; mais, toujours soucieux de la liberté individuelle, on ne l'impose à personne ;
on préfère user de diplomatie. Voici comment
fut établie la première école.

Le surveillant dit un jour à ses pensionnaires : « Un gentleman a besoin d'un boy
pour son bureau ; il offre trois dollars par
semaine. » Tous de vouloir courir chez ce gentleman inconnu. « Mais, continue le malin sur-

veillant, il faut avoir une belle écriture. » Et
tous de se regarder penauds. « Vous ne savez
pas écrire... ? eh bien, si vous voulez, je vous
apprendrai, moi. » Les plus courageux des
news boys et des *boots-blackers* vinrent à ces
cours du soir et l'école fut ainsi constituée. Il
y en a maintenant une dans chacun des nouveaux *lodgings* dès leur fondation.

« La *Children's aid Society*, tout en respectant l'indépendance de ses jeunes clients, ne
leur ménage pas sa protection; elle leur procure du travail, des situations, et cherche surtout à les placer chez des fermiers. En une
seule année, elle en a envoyé 3,200 dans les
ranches de l'ouest (1). »

Si l'on demande quelle différence il y a entre
les patronages tels qu'ils fonctionnent généralement et ces *lodgings* où l'enfance est, en
réalité, *patronnée*, c'est-à-dire protégée, je répondrai qu'il y a la liberté laissée à chacun de
choisir son *home*, d'en changer autant qu'il lui
plaît, et l'idée très salutaire que, le prix de sa
pension acquitté, il ne doit rien à personne.

Cette indépendance est à considérer, parce
qu'elle habitue les enfants à ne compter que
sur eux, à faire la comparaison entre ce qui est
mieux et ce qui est moins bien. Enfin, elle est

(1) Georges Cadaux. — *Revue philanthropique.*

équitable et prudente : équitable, parce que, encore une fois, celui qui gagne son pain a le droit de le manger comme il lui plaît ; prudente, parce que des enfants, qui retourneraient au vagabondage si le régime *imposé* ne leur convenait pas, ont le loisir d'en essayer un autre.

Il faut respecter les goûts de chacun : celui-ci sera attiré par le soin de la literie et des lavabos, celui-là par une nourriture plus substantielle, un autre par le bon accueil, un autre encore par la nature et la variété des distractions. Qu'on les laisse donc choisir ; il n'est rien de tel que la concurrence, même en matière de charité, pour faire naître les améliorations et le progrès.

Si ces enfants, ainsi livrés à eux-mêmes en dehors des heures de travail, venaient à mal tourner, il serait toujours temps de les interner ; mais c'est une hypothèse qui offre ici peu de probabilités ; une besogne assidue et régulière étant le plus efficace des préservatifs.

Peut-être objectera-t-on que cette liberté accordée à des enfants, très jeunes en somme, court risque de devenir dangereuse. Très certainement ils seraient mieux dans une famille honnête et vigilante où ils trouveraient de bons soins et de l'affection. Mais il faut considérer ce qui est, et non ce qui devrait être. Il est hors de doute que ces mêmes enfants seront mieux dans un *lodging* bien tenu que chez des parents ivrognes ou débauchés ; qu'ils dormiront plus à l'aise dans un bon lit propre que sur de vieux sacs ou sous un hangar glacé ; qu'une soupe chaude leur donnera plus de cœur à l'ouvrage que des injures et des coups.

Les mineurs auraient tout avantage à passer de la tutelle de parents indignes à celle d'une *Société protectrice*, convenablement organisée. Car on doit bien s'imaginer que l'enfant ne serait pas complètement livré à lui-même ; les *lodgings* américains dépendent de la *Children's aid Society ;* il en serait de même pour les nôtres.

En ce qui est de l'autorité paternelle, j'ai dit déjà ce que j'en pense quand, au lieu d'être une sauvegarde, elle est un danger.

Mais, il faut le déclarer à l'honneur du genre humain, les cas de déchéance seraient plus rares qu'on ne le pense ; la majorité de ces petits miséreux est faite d'orphelins, de *déracinés* et d'étrangers.

Que ceux qui ont lu le livre superbe d'Hector Malot, *Sans famille* — et c'est tout le monde — se souviennent du *padrone* Garofoli, de la rue de Lourcine, et qu'ils se disent bien que ce n'est pas là une pure invention de romancier. Les usines d'Ivry renferment encore un grand nombre de petits Italiens qui souffrent et meurent de misère parce qu'on ne les nourrit pas et qu'on les assomme.

C'est pour cela que je réclame la création de

« foyers » destinés aux « gamins des rues »,
comme on dit encore avec un mépris si peu justifié ; *home for homeles children,* gîtes tutélaires
et non tyranniques, où ils seraient convenablement soignés, mais où on ne les retiendrait pas
de force, où on les instruirait, où on les mora-
liserait sans les ennuyer.

Fidèle au système des petits effectifs, je dési-
rerais que ces « foyers » fussent restreints à une
cinquantaine d'enfants, tout au plus ; les institutions qui les concernent, de quelque nature
qu'elles soient, devant se rapprocher de la
famille plus que de la caserne.

Il faudrait encore ne négliger rien de ce qui
peut élever le niveau moral et intellectuel des
petits clients. L'habitude de la propreté les
conduira à la dignité, au respect de soi ; des
lectures, des conversations, des conférences fa-
milières, comme cela se pratique à la *Maison
du Travail,* leur donneront le goût de ce qui
est bon et de ce qui est beau.

Mais, pour cela, ne vous croyez pas obligés
de prendre un ton pompeux ni des allures solen-
nelles ; vous seriez sûrs d'ennuyer votre jeune
public et il ne vous l'enverrait pas dire. Laissez
donc ces gamins, quand ils ont fini leur journée
d'un labeur parfois très dur, déballer un peu
de cet esprit qui court les rues et qu'ils attrapent
si aisément. Les propos seront quelquefois un
peu... vifs ; bah! nous sommes Gaulois... ; et il

est, bien heureux que tout le monde ne l'ait pas
oublié. Le rire a longtemps sonné très franc et
très clair, dans notre France ; nos pères, pour
cela, valaient-ils moins que cette génération
qui dénigre et se lamente? Je ne crois pas.

Que la tournure générale de la conversation
ne soit ni grossière, ni vicieuse, c'est tout ce
qu'il faut désirer. En la surveillant, en la diri-
geant sans lui imposer des limites trop étroites,
on atteindra le but beaucoup mieux qu'avec
des sermons..., que du reste les enfants n'écouteraient pas et qui les mettraient en fuite.

Et maintenant, le résultat immédiat, c'est-à-
dire la soustraction de l'enfance pauvre à la
misère et à la corruption, étant obtenu, qui dit
que les conséquences ne seraient pas d'une
portée plus longue, plus puissante...? que ce
rayon de soleil sur de petites âmes obscures
n'amènerait pas des éclosions inattendues..., la
mise en évidence de qualités et d'aptitudes qui,
sans cela, auraient toujours été ignorées...?

La rude école de la nécessité avec des haltes
régulières où l'énergie se retrempe, ce sont des
conditions excellentes pour parcourir le chemin
de la vie...

XII

LES PETITS MALADES DES HOPITAUX

Je n'entends point parler ici des enfants atteints de maladies aiguës : rougeole, scarlatine, pneumonie, etc., des fièvreux, en un mot. Ceux-là, il n'y a qu'à les laisser tranquilles avec leurs surveillantes, et à recommander aux parents ou aux voisines — à ces dernières surtout — de ne point les accabler de visites ni de gâteries, lesquelles, la moitié du temps, vont à l'encontre du but.

Mais, aux services de chirurgie, il y a de pauvres marmots que la tuberculose osseuse maintient pendant des mois, des années quelquefois, dans des prisons de plâtre ; d'autres, victimes d'accidents qui exigent l'immobilité, mais non le silence et le recueillement : ceux-là, il ne faut pas les abandonner.

Aux Enfants-Malades, il y a dans le service

15

du Dr Brun, aux salles *Molland, Bilgrain, Archambaut,* un service de visiteuses qui fonctionne à merveille. Voyons en quoi il consiste.

Il est trois heures. Les lits sont redressés après le repas de midi, les pansements urgents refaits. Les enfants, depuis longtemps éveillés, commencent à se lasser de la sagesse, — si tant est que cette sagesse ait jamais existé ; — ils deviennent, selon leur humeur, bruyants ou grognons.

Soudain, de l'autre côté de la porte vitrée, se profile une silhouette élégante et sympathique. Ceux des petits malades qui sont les plus proches de l'entrée poussent un cri d'avertissement :

— Une dame !

Et tous, de tendre le cou pour voir laquelle de leurs amies vient prendre sa garde. Puis, de chaque lit, part un cri joyeux :

— Bonjour, *M'zelle.*

Pour les garçons, en effet, toutes les visiteuses, quel que soit leur âge, sont des *demoiselles ;* les filles font mieux la différence.

M'zelle passe entre la double rangée de lits, envoyant à droite et à gauche de rapides bonjours. Elle se dirige vers la salle des pansements pour enfiler la blouse de toile que *le chef* exige, avec raison.

Puis, quand elle est en tenue de service, elle

s'arrête à chaque lit pour faire sa distribution : à celui-ci un livre, à celui-là un cahier et des crayons, à ce tout petit un mouton blanc, à quelques-uns, parmi les plus habiles, du bristol perforé et de la soie, à la majorité, des perles.

Les cadeaux équitablement répartis et chacun occupé selon ses goûts, on commence une seconde tournée dans laquelle on s'arrête un peu plus longtemps. Des conversations s'échangent entre *M'zelle* et ses petits amis.

Elle s'occupe d'abord des entrants, des nouveaux, de ceux qui appellent *maman* avec de grosses larmes, et qui, à tout prix, veulent « rentrer chez nous. »

— Dis que tu vas aller la chercher, *ma maman ?*

— Mais, comment donc, mon chéri... ! tout de suite, en partant d'ici...

Et, pour donner plus de poids à la promesse, on prend des informations minutieuses sur le nom, l'adresse, la profession des parents. On peut s'avancer sans trop de risques ; bientôt, le petit va s'endormir ; et, au réveil, il se trouvera acclimaté, jasant avec ses voisins. Il ne faut pas vingt-quatre heures aux plus farouches.

Avec les grands, on entre dans des explications d'une autre nature ; et si l'enquête, menée très discrètement dénote une situation de famille digne d'intérêt, on intervient dans la mesure du possible.

Puis *M'zelle* passe aux *anciens* qui regardent avec un peu d'envie les stations prolongées auprès du lit des camarades.

— Comment vas-tu, mon grand garçon... ? Souffres-tu... ? Non, pas trop... Voyons ta feuille de température...! Bien... plus l'ombre de fièvre... Te voilà guéri, et tu vas bientôt nous quitter... Te souviendras-tu de nous, au moins... ?

Quelquefois, les choses ne vont pas si bien, et la visiteuse s'apitoie — pas ostensiblement, pourtant; — ces pauvres gamins que la souffrance fait haleter, devront s'ils guérissent, prendre, très tôt, une part active à la rude mêlée de la vie; il ne faut pas les amollir. Mais rien qu'une paume douce et fraîche appuyée sur leur front brûlant, un regard affectueux, le ruban clair tranchant sur la toile grise de la blouse,... tout cet ensemble *soigné* dont il n'a pas l'habitude, est pour le petit malade un précieux réconfort.

D'autres fois, la vision est plus lamentable encore; la sinistre planche accrochée au lit pour parer aux sursauts de l'agonie annonce une fin prochaine. *M'zelle*, si elle est réellement une jeune fille, est tout impressionnée et passe en détournant la tête; mais s'il s'agit d'une mère, — surtout d'une mère qui elle-même a perdu des enfants, — son cœur se crispe devant cette chose poignante et injuste qu'est la mort des petits.

Alors, remplaçant la surveillante qui, entre temps, doit accomplir une tâche que cet événement ne supprime point, la visiteuse s'installe auprès du petit mourant, éponge la sueur visqueuse et sans cesse renouvelée qui mouille ses tempes, rafraîchit la bouche qui se dessèche et s'empâte, presse doucement les mains qui s'égarent sur le drap, et, d'un regard qu'elle s'efforce de rendre confiant, calme en ce petit cerveau des affres dont on ignore l'étendue. Elle remplit en un mot le rôle de la mère qu'une cruelle nécessité éloigne de son enfant agonisant et qui, dans son chagrin, sera bien aise de penser que les yeux du pauvre chéri ont été fermés par une autre mère.

Par bonheur, tous ceux qui entrent à l'hôpital n'en sortent pas dans leur cercueil, et il faut s'occuper de ceux qui doivent guérir.

A cinq heures, une fille de salle circule autour des lits, avec un gros pain qu'elle distribue suivant l'ordonnance; puis elle remplit les timbales d'eau rougie ou de lait. La visiteuse la suit pour les derniers préparatifs, débarrasse et aplanit les draps, mouche les nez et attache la serviette au cou. Puis elle fait manger la soupe à ceux qui ne peuvent le faire seuls, soit parce qu'ils sont trop petits, soit qu'un appareil les tienne sur le dos tout à fait à plat. Elle se hâte, car il faut être prête pour couper la viande à tout le monde. En effet, à l'hôpital, on ignore la fourchette et le couteau ; de crainte d'accidents, on mange tout avec la cuiller, et il arrive que, sans l'intervention de *Mzelle,* on se sert volontiers de ses doigts.

Une dernière tournée pour faire boire les plus impotents, essuyer les mains et les petits becs, rouler la serviette sous le traversin, et, comme disait un jeune apprenti peintre échoué à *Molland* avec une fracture de cuisse, « faut pas que *les dames* mettent leurs deux pieds dans le même soulier ».

Après une station devant le lavabo roulant pour faire couler un liquide antiseptique sur des mains qui en ont grand besoin — inutile de porter ailleurs ce qu'on a pu recueillir ici de germes mauvais — le service est fini.

Cette corvée, qui du reste n'a rien de pénible, est plus importante qu'elle n'en a l'air. Parmi ces petits malades, beaucoup manquent d'appétit, et leur organisme a si grand besoin de réparation que cet état de choses peut arriver très rapidement à leur être funeste. La surveillante et les filles de salle font ce qu'elles peuvent ; mais le service est compliqué, elles sont trop peu nombreuses, c'est alors la visiteuse qui, patiemment, habilement, encourage le petit, ruse avec sa volonté et, grâce à une maternelle diplomatie, arrive à ses fins sans causer ni révolte ni larmes.

Toutefois ce résultat, si appréciable qu'il soit, d'un peu de bien-être et de joie apporté à des enfants malades, n'est pas le seul que se proposent les visiteuses. Leur but est d'une portée plus générale, plus haute. Je ne parle pas de l'aide et des secours de toute nature donnés aux misères que dévoilent les propos des jeunes malades ; ni du vestiaire que l'on entretient soigneusement — car les effets apportés par les marmots ne valent souvent pas le nettoyage, outre que, dans la majorité des cas, ils sont devenus trop étroits quand on doit s'en servir de nouveau. Ce qu'il faut considérer encore, c'est l'occasion qui se présente, et qu'il ne faut pas laisser perdre, de moraliser, de consoler surtout ces pauvres gamins que la vie soufflette avant l'heure ; de leur donner une impression qui restera en eux, qu'ils ne sont point tout-à-fait abandonnés, que d'autres êtres mieux partagés leur portent intérêt, les aiment, leur veulent du bien.

Pour donner une idée de la douce influence que l'on peut exercer sur de petites âmes tristes ou révoltées, je citerai au hasard deux traits, trouvés parmi les notes que je prends chaque fois que je rencontre un cas intéressant.

Tout au fond de la salle, dans le dernier lit, une petite malade de onze ans, la tête enveloppée d'un savant pansement d'ouate et de gaze.

est en proie à une violente colère. Sa pancarte
indique :

MAL DE POTT

Abcès de la région sous-occipitale.

Madeleine est la plus méchante des fillettes. Sa bouche ne profère que des injures ou
des menaces. Toutes les voies de fait dont sont
capables ses membres de petite blessée, elle
les accomplit avec une sorte de joie. Elle est la
terreur de ses voisines.

De-ci de-là, tout en faisant ma tournée habituelle, je recueille des indications : la surveillante, les filles de salle, les jeunes convalescentes qui circulent autour des lits, chacune m'a
renseignée à sa façon, et j'arrive auprès de
Madeleine avec un réquisitoire complet. Elle a
déchiré en morceaux le bristol perforé qu'une
dame visiteuse lui avait donné..., roulé en boule
l'écheveau de soie qu'elle a ensuite mâché, et
dont ses lèvres sont encore tachées...; elle a
bouchonné sa feuille de température, l'a mise
dans son bol de soupe et a jeté le tout à la
tête de Françoise...; elle a juré que, sitôt debout, elle mettrait le feu au lit de Geor-
gette...

— Et elle serait bien capable de le faire, con-
clut la surveillante, si l'on n'y prenait garde.

Je m'approche de la petite fille, j'essaye de
lier conversation, et je suis aussitôt gratifiée

d'une épithète dont la dernière des créatures hésiterait à se servir pour une de ses semblables. Mais il m'en faut d'autres pour me rebuter et je commence, tout de même, mon petit discours.

Un compliment, très mérité d'ailleurs, sur ses yeux — les beaux yeux qu'ont assez souvent les enfants atteints de scrofule : grands, doux, humides, avec une frange de cils longs et pressés — marque une étape sérieuse dans notre bonne entente.

Après une causerie prolongée, et de minute en minute plus intime, je demeure convaincue que cette petite harpie a le cœur excessivement tendre..., que sa méchanceté vient de l'instinct confus du tort qu'on lui fait en la frustrant d'une affection à laquelle elle a droit..., que ses cris et ses menaces sont inspirés par une jeune dignité — dignité mal comprise, mais réelle cependant — qui veut cacher aux autres et à elle-même tout ce que les déceptions la font souffrir...; que les paroles de débauche qu'elle jette à tout venant ont passé directement de ses oreilles à ses lèvres sans salir son âme...; et que, en dépit des apparences, tout son petit être moral n'est pas encore infecté par l'écume et les scories qui flottent à la surface.

Quand se termina notre premier entretien, les mains de Madeleine étaient dans les miennes, et nos deux têtes tout près l'une de l'autre sur la toile rude de son chevet d'hôpital, et elle me racontait que « jamais... jamais... *rien* l'avait aimée ». Elle s'était attachée à un chat — comme le pauvre Gerty de l'*Allumeur de réverbères* — on le lui avait volé... ; à une petite sœur, et elle était morte... Ses parents...? Madeleine cherchait consciencieusement dans sa tête si elle pouvait se souvenir de quelque douceur venant d'eux... Non, aucune...

Et elle concluait avec la logique implacable des enfants :

— Pourquoi qu'ils m'ont mise au monde, s'ils ne voulaient pas m'aimer ?

Le don d'une poupée qu'elle adora de tout l'amour dont elle n'avait jamais trouvé l'emploi, acheva de transformer Madeleine ; et le jour où je pris congé d'elle pour partir en vacances, quand je m'informais de ce qu'elle désirait que je lui rapportasse, elle me demanda comme une chose extrêmement précieuse :

— Je voudrais la photographie du pays où vous allez, et je serais si contente qu'on pût y voir votre maison !

Mais quand je revins à l'hôpital avec le petit album, la pauvre Madeleine n'était plus là ; elle, et plusieurs de ses compagnes, étaient parties pour le grand voyage.

— .... la chaleur, m'expliqua distraitement l'infirmière à laquelle je m'adressais pour avoir quelques renseignements ; elle a fait de la température..., n'a plus voulu manger...; c'est toujours comme cela au fort de l'été.

J'avais le cœur bien gros; mais il me venait une consolation à penser que Madeleine, avant de mourir, avait du moins, connu la douceur d'aimer et d'être aimée.

Comme elles sont lamentables ces petites âmes en détresse! On s'indigne, et à bon droit, d'une taloche trop rudement appliquée; mais ne sont-ils pas bien à plaindre aussi, ces pauvres marmots qui offrent de si bon cœur une affection dont personne ne veut?

Maintenant, dans une salle de garçons amenés là en grande partie par des accidents, un apprenti serrurier est étendu pour un *écrasement du mollet*.

Celui-ci a la méchanceté plus concentrée que Madeleine. Il n'injurie pas ses camarades. accepte assez volontiers les services du personnel, mais il a déclaré une fois pour toutes qu'il ne veut pas que *les dames* l'embêtent —; il a été beaucoup plus énergique.

Quand on essaye de le raisonner doucement, il se met à déballer des théories où la brutalité le dispute à l'incohérence. Sa haine ne s'adresse pas à des gens, mais à des castes, ou pour mieux dire, à la société tout entière.

— Des idées à le mener tout droit au bagne, vous savez, me dit la surveillante. Aussi, j'ai prié qu'on ne lui adressât la parole que pour l'absolue nécessité.

Je regarde à la dérobée ce gamin qui a la figure intelligente et pas sournoise. Il m'intéresse et je veux tenter de connaître le fond de son cœur.

Je m'arrête au lit le plus proche du sien ; ce lit est occupé par un bon petit gars que les autres appellent *Rouget* à cause de sa chevelure flamboyante, et auquel je persuade qu'il a envie de dessiner. Rouget ne semble pas convaincu, mais cela m'est égal ; je prends tout mon temps pour tailler un crayon, préparer un cahier, faire un modèle..., pour causer surtout. Nous sommes de très bonne humeur, Rouget et moi ; nous avons l'air de nous amuser beaucoup, et mon petit malade est à cent lieues de se douter que tous ces frais sont destinés à son farouche voisin.

Quand Rouget est installé devant une *grecque* où l'esthétique a fort peu de part, je me retourne vers Georges, et je lui dis comme une chose à laquelle on n'attache pas grande importance.

— Donc, rien à faire, nous deux... ?

— Pourquoi ?

— Dame ! tu as déclaré que tu ne veux pas qu'on t'ennuie.

— Je ne veux pas qu'on m'*embête* — l'expression s'était déjà atténuée — mais vous n'embêtez pas les gosses, vous.

— Alors, tu veux que je te fasse une visite?

— Oui.

— Je peux m'asseoir?

— Bien sûr.

On ne s'assied pas souvent à l'hôpital : on est sans cesse appelé à tous les bouts de la salle pour enfiler les aiguilles, réunir les perles éparpillées sur la couverture, ramasser les menus objets tombés par terre, ou faire les commissions d'un lit à l'autre...; il faut des circonstances sérieuses pour que l'on prenne une chaise, et c'est une faveur dont le privilégié se montre très fier.

Je n'ai pas de peine à faire parler Georges qui, avec l'assurance des ignorants, me fait une confession complète. Quel fatras, bon Dieu! de théories — où, tout de même, il entre une part de justice, et d'équité — mais mal enseignées, mal comprises, mal assimilées par ce jeune cerveau...! La surveillante avait raison, de quoi le mener tout droit au bagne s'il les mettait en pratique.

— Où as-tu pêché tout cela, mon pauvre vieux ?

Georges m'apprend, non sans fierté, qu'il va au café avec son père et qu'il entend des hommes qui parlent *rudement bien.*

Tranquillement, sans indignation, je me mets à discuter avec lui.. Je ne condamne pas ses idées en bloc; d'abord ce serait injuste et.

puis ce serait un mauvais système ; mais nous les prenons l'une après l'autre, nous les disséquons, et, petit à petit, la lumière se produit, l'apaisement se fait dans ce jeune cœur déjà ulcéré.

Pendant les sept semaines que Georges demeure à l'hôpital, je m'assieds chaque samedi auprès de son lit, sarclant de mon mieux la mauvaise herbe qui étouffe cette jeune âme, dont vraiment il y a quelque chose à faire. Et quand il part en convalescence à *La Roche-Guyon*, nous sommes tellement amis, qu'il veut à toute force me donner un petit chien.

Je décline l'offre, mais j'obtiens la promesse qu'il n'ira plus au café et qu'il forgera son fer comme un brave garçon, sans se préoccuper d'autre chose.

Tiendra-t-il parole ? Hélas ! quand la vie l'aura ressaisi, qui sait ce qu'il restera de nos causeries et de la promesse qu'il m'a faite si volontiers ! Néanmoins je persiste à croire que de ce bon grain jeté à la volée, tout ne sera pas perdu, et qu'il en germera bien quelque chose.

Les visites aux hôpitaux d'enfants peuvent donc avoir d'excellents résultats pour les petits malades. Mais, de plus, elles forment un admirable champ d'observation pour ceux que préoccupent les questions sociales. Elles permettent de surprendre avec toute leur vérité

des situations que, dans les circonstances ordinaires, les intéressés arrangent et présentent à
leur façon.

Les petits se méfient d'autant moins qu'ils
ignorent l'usage, qu'on veut faire de leurs
confidences. Il arrive souvent même que l'on
n'a pas besoin de leurs confidences : les faits
parlent assez haut pour que ceux que cela regarde songent à chercher immédiatement le
remède.

Je citerai encore une note écrite sous l'impression du moment. Il s'agit d'un fait lamentable qui a eu pour conséquence l'amélioration
de toute une catégorie d'enfants très dignes
d'intérêt.

Il est six heures du soir ; nous descendons
lentement la jolie avenue qui longe l'hôpital
des Enfants-Malades — l'*Enfant-Jésus,* comme
on continue à dire dans le peuple. — Les deux
charmantes jeunes filles que j'y rencontre
chaque samedi, et moi, nous causons de nos
petits amis avec la plus entière satisfaction : ni
malades en danger immédiat, ni grands opérés ;
pas de ces misères devinées qui vous serrent
le cœur comme dans un étau... L'air est pur,
léger, délicieux, malgré le vent un peu frais
qui commence à s'élever...; les giroflées brunes
et les violettes des plates-bandes éclosent de
toutes parts...; le printemps s'annonce proche...

C'est pour cela sans doute, pour cette douceur qui nous entoure et nous pénètre, que nous nous sentons le cœur si allègre. Nous sommes dans un de ces instants de répit et de miséricorde où il semble que le mal ne peut pas être définitif.

Nous allons donc nous séparer sous une impression où — contre l'habitude — ne se mêle aucune idée pénible, quand, de l'autre côté de la grille, nous voyons s'arrêter en avant-garde un groupe de curieux; et, tout aussitôt, un homme entre, portant dans ses bras un enfant qui, sur son passage, laisse une grande traînée de sang.

La cloche sonne pour l'interne de garde qui arrive en pressant le pas; et, une minute plus tard, nous entendons l'employé du bureau dire au porteur du petit blessé :

— ... Rez-de-chaussée... premier pavillon à gauche.

Rez-de-chaussée, premier pavillon à gauche, c'est *Molland*, c'est notre salle, celle où nous venions de quitter nos petits amis, dont celui-ci vient grossir la phalange. Nous le considérons comme déjà nôtre, et nous attendons le cœur plein de tristesse. L'enfant est tombé par la fenêtre, ou a été écrasé...

C'est la seconde hypothèse qui est la vraie. L'employé du bureau, en retournant à son poste, nous donne le renseignement que nous demandons.

— La voiture lui a passé sur le ventre... il n'en a pas pour longtemps...; il va leur filer dans les mains pendant qu'ils le panseront...

Notre satisfaction de tout à l'heure complètement enfuie, nous nous dirigeons de nouveau vers la porte, quand une femme entre hagarde, les yeux fous. Il n'y a aucune hésitation à avoir : c'est la mère. Son regard erre un instant autour d'elle, puis, devinant sans doute en nous un groupe sympathique, c'est à nous qu'elle s'adresse.

— Il est mort...?

— Non, il n'est pas mort, répondons-nous sans être sûres de ne point mentir. On est en train de le panser.

— Je veux le voir.

— Pas maintenant; on ne vous laissera pas près de lui pendant l'opération; vous le verrez dès qu'il sera prêt.

Mais la pauvre femme ne veut rien entendre et cherche à passer outre.

— Comprenez bien, lui expliquons-nous en opposant une douce résistance; vous ne pouvez pas approcher d'une plaie béante vêtue comme vous l'êtes, venant de la rue où vous avez ramassé des poussières. Nous-mêmes n'entrons dans les salles que vêtues de blouses de toile; c'est dans l'intérêt des petits malades.

Tout en la raisonnant ainsi, nous sommes arrivés dans le vestibule où, de l'autre côté de la porte vitrée, sous la vive lumière du gaz, on voit s'allonger la double rangée de lits blancs devenus subitement silencieux.

Des filles de salle circulent en hâte, apportant l'une un ballon d'oxygène, l'autre une bouteille de champagne, une troisième les paquets d'ouate et de gaze aseptisée. Tout le personnel est mobilisé; on agit avec méthode, promptitude, sympathie; et cet enfant du peuple est soigné comme un fils de roi.

Les deux jeunes filles ont dû nous quitter, déjà fort en retard, et je reste seule avec la mère qui se cramponne désespérément à mon bras.

Elle ne parle plus, elle ne crie plus, elle demeure immobile, les traits figés en une indicible horreur. De ses dents serrées sort une plainte continue, dans laquelle je devine un *oh mon Dieu! mon Dieu,* répété sans fin.

Je l'ai fait asseoir sur un tabouret emprunté à l'office, le dos à la porte vitrée, et je la renseigne sur la marche de l'opération, du moins en ce qui peut peut tromper son attente et lui donner un léger espoir.

Pendant que les femmes déshabillent et lavent le petit corps, les internes, manches retroussées devant le lavabo roulant, font largement couler sur leurs mains et leurs bras une solution antiseptique. Puis, commence la longue, la terrible besogne. Le ventre est ouvert, la hanche broyée ; comment ce pauvre moucheron de quatre ans supportera-t-il de pareilles tortures ?

Les internes semblent craindre qu'il ne leur « file entre les mains », ainsi que l'avait dit l'employé du bureau ; et, de temps en temps, l'un d'eux s'arrête pour le piquer au sérum, lui administrer du champagne ou lui faire respirer de l'oxygène.

Tout à coup, la mère dit, comme une chose qu'elle aurait totalement oubliée :

— La petite...

— Quelle petite...?

D'une voix rauque qui sort avec peine des mâchoires contractées, elle me fournit des explications très vagues, dans lesquelles je débrouille qu'elle a un nourrisson resté seul au logis.

Je jette un coup d'œil sur la pauvre femme. Quand le malheur est arrivé, elle était au lavoir ; c'est là qu'on est allé la chercher, et elle est accourue sans prendre garde à ses bras nus, à son col déboutonné, à son tablier de grosse toile, tout mouillé de lessive.

— Comment ! vous avez un enfant au sein, et vous restez ainsi découverte dans le courant d'air !

Je fais alors ce que j'aurais dû faire depuis longtemps : les manches sont baissées, le col boutonné et relevé, le tablier ôté ; et la malheu-

reuse est si peu accoutumée aux prévenances,
que ce simple geste d'une maman, qui elle-
même a été nourrice, amène enfin la crise salutaire.

Elle éclate en sanglots, agrippe mes vêtements, et ses larmes coulent pressées et brû-
lantes sur le drap de ma jaquette. Alors, d'un
ton coupé de longs silences, elle me raconte
sa triste vie.

Elle a quatre enfants : l'aîné a sept ans, le
plus jeune trois mois... Son mari a été longtemps sans ouvrage; pendant des semaines et
des semaines, toutes la maisonnée a dû vivre
sur son salaire de blanchisseuse... Elle a eu
une fin de grossesse particulièrement pénible ;
il lui a fallu pourtant travailler jusqu'à la der
nière minute. Sortie de la Maternité au bout de
neuf jours, le dixième elle était au lavoir.
Mais ce n'était rien tout cela...; la misère, on
s'en tire toujours..., il avait fallu que le pauvre
petit gars...

J'écoutais, sans l'interrompre, cette confession où, sauf ce qui concernait l'accident arrivé
au petit, ne se devinait nulle révolte, et qui me
causait à moi un douloureux frisson.

La nuit était tout à fait venue; la brise fraî-
chissante s'était changée en une rafale qui ba-
layait violemment le ras du sol, et tordait les
branches encore nues des marronniers. Les
dispositions optimistes de tout à l'heure avaient

disparu, remplacées par un profond découragement.

— Du malheur, pensais-je, de la souffrance, de l'injustice, il y en aura toujours sur cette terre maudite..., les gens de bonne volonté auront beau faire.

Mais ce n'est là qu'une courte impression. Je sais bien que si le mal existe, il existe aussi des remèdes qui l'atténuent et le réparent : le tout est de savoir les employer.

— Voyons, dis-je après une minute de réflexion, pourquoi laissez-vous vos enfants seuls à la maison, quand vous êtes obligée de travailler dehors? Le poupon devrait être à la crèche, les autres à l'école de garde jusqu'à votre retour.

— C'est bien ce que je fais d'ordinaire, madame; mais ils viennent d'avoir la rougeole, on n'en veut nulle part. Ils ont beau être guéris, il faut attendre vingt-cinq jours.

A ce moment, on vint appeler la mère pour qu'elle pût embrasser son enfant. Restée seule un moment, je me mis à réfléchir.

C'est vrai, pourtant, tous ces petits convalescents de fièvres éruptives, que deviennent-ils pendant la quarantaine — très justifiée d'ailleurs — qu'on leur impose?

Ceux qui étaient soignés à l'hôpital ont dû être licenciés pour faire place à d'autres. Ceux qui étaient restés à la maison échappent aisé-

ment à la surveillance dès qu'ils ne sont plus
astreints au lit. Il faut en convenir aussi, les
parents, pour qui le chômage a été un lourd sacrifice, ont hâte de reprendre leur travail ; il n'y
a guère à les incriminer de ce qu'ils rendent
prématurément à la vie ordinaire des enfants
qu'ils supposent guéris. On peut donc établir
que, dans ces cas, le vagabondage est presque
de règle.

Or, il n'est pas besoin d'être médecin pour
savoir que la convalescence des fièvres éruptives, même les plus bénignes, doit être étroitement observée. Une alimentation défectueuse,
un excès de fatigue, le moindre refroidissement
peuvent avoir des suites graves et aisément
mortelles. Il est donc de toute évidence que
pendant cette période critique, l'enfant ne devrait, sous aucun prétexte, être livré à lui-
même.

La création d'asiles spéciaux pour ce genre
de petits convalescents s'impose donc. Outre
qu'elle préserverait beaucoup de vies humaines, elle ferait un complément aux mesures
de désinfection si légitimement imposées pour
restreindre les dangers de la contagion. J'ajouterai même que ces établissements arriveraient
à constituer une sérieuse économie.

En effet, les rougeoleux, abandonnés trop
tôt à eux-mêmes, rentrent à l'hôpital au bout
de peu de temps avec des bronchites ou des

otites; les scarlatineux, avec de l'albuminerie ;
et mieux vaut certainement mutiplier des asiles
de convalescence que les hôpitaux pour la tuberculose, la scrofule et autres maladies lamentables auxquelles il n'y a plus de remède. Entre
une dépense quelconque devant, dans un grand
nombre de cas, demeurer inutile, et une dépense à peine plus élevée qui sera tout bénéfice, il n'y a pas, je crois, à hésiter.

L'enfant écrasé, auquel pendant trois semaines, je me plais à le reconnaître, les soins
les plus excessifs ont été prodigués et qui tout
de même a fini par mourir, a coûté plus, à lui
seul, que dix convalescents dans un asile d'où
ils seraient sortis tous guéris.

La dernière fois que j'ai vu mon petit blessé,
comme j'insistais doucement pour lui faire boire
du champagne, il me regarda de ses beaux yeux
que la mort commençait à embrumer, fit une
petite lippe chagrine, et, d'une voix déjà loin-
taine, il me dit :

— C'est la grosse voiture qui m'a fait
bobo.

— Oui, mon pauvre petit, c'est la grosse
voiture...; tu ne t'en approcheras plus, des
grosses voitures...

Mais, à part moi, je pensais : « La grosse
voiture » n'est pas seule coupable. C'est notre
égoïsme, notre lâcheté à envisager une situation dès qu'elle nous apparaît fâcheuse, notre

mollesse devant tout ce qui ressemble à un
effort, à une contrainte ; c'est tout cela qui crée et
entretient le mal. Si chacun apportait sa part de
bonne volonté, il serait bientôt, je ne dis pas disparu, mais du moins considérablement atténué.

Quelques semaines plus tard, le Conseil supérieur de l'Assistance publique décidait la fondation d'asiles de convalescence pour les enfants atteints de fièvres éruptives.

Simple coïncidence, peut-être... J'aime mieux
croire que le pauvre petit homme, dont le regard
souffrant et navré m'avait si fort émue, a payé,
de sa jeune vie, la rançon de frères aussi à
plaindre que lui.

Voilà une excellente occasion à la bienfaisance privée de se manifester. Des asiles
installés dans quelques-unes des fermes restées sans culture, ne constitueraient pas une
très forte dépense, et il en sortirait un si
grand bien !

Sans doute, beaucoup de personnes se diront
qu'il n'est pas très difficile de faire manger la soupe aux petits éclopés, et que, en
somme, la tâche de la visiteuse est à la portée
de tous. C'est une erreur : il n'en est pas de
plus malaisée, je ne dis pas à remplir, mais à
bien remplir, pas qui exige plus de tact et de
discrétion, parce qu'il faut tenir compte d'intérêts tout à fait opposés.

On est placé entre les petits malades et les services administratifs : pour les premiers, on désirerait un maximum de confortable, et l'on doit se souvenir que le pouvoir et les ressources des seconds sont assez étroitement limités.

La visiteuse a donc le devoir strict de n'adresser au personnel ni un blâme ni une observation. Mieux que cela, une fois sortie, hormi ce qui concerne les enfants, elle doit oublier ce qu'elle a vu et entendu. La moindre critique serait un manque absolu de courtoisie.

On *n'appelle* pas les visiteuses, on les *tolère* pour le bien qu'elles peuvent faire aux petits malades ; mais si elles viennent à l'hôpital poussées par un besoin d'inquisition, ou par cette curiosité perverse et malsaine — très répandue — qui fait rechercher l'aspect de choses tristes, laides, cruelles..., si leur présence dans les salles est la source de commérages et de rapports sur des choses que, la moitié du temps, elles ont mal observées ou mal comprises..., alors loin d'être un bienfait, les visiteuses sont un fléau, et il n'y a plus qu'à les mettre à la porte.

C'est pourquoi il faut que « les dames » déjà en fonction ne présentent que celles de leurs amies dont elles sont absolument sûres. On peut avoir les qualités les plus éminentes et être une *visiteuse* déplorable.

C'est précisément la peur des indiscrétions,

d'une ingérance trop marquée dans le service,
qui fait que le personnel redoute un peu les
« dames ». Les attributions des internes et des
surveillantes d'une part, celles des visiteuses
d'autre part, sont nettement différentes; que
chacun se tienne dans son rôle, et nul conflit n'est à craindre. Si donc, au début, les
« dames » sont accueillies... fraîchement,
qu'elles n'en prennent pas trop souci : ce n'est
point à elles que s'adressent les mines rébar-
batives, mais aux maladroites qui les ont
précédées. Qu'elles agissent avec beaucoup de
tact, de discrétion, de bonne humeur : elles
verront bientôt l'hostilité faire place à une
cordiale sympathie, parce que tout le monde a
intérêt à ce que les petits malades aient la plus
grande somme possible de bien-être et de joie.

Mais avant de quitter mes petits amis de
l'hôpital — mes préférés parmi les enfants qui
souffrent — je veux dire ici, bien hautement,
toute la satisfaction qu'on éprouve à les servir.

J'ai souvent entendu traiter les « enfants des
rues » de sauvages, de brutes... pis encore. On
s'imagine qu'ils sont un petit tas de corruption
et de malice dont il n'y a rien de bon à tirer.

Hélas ! il est vrai que leur être moral est rarement intact; mais est-ce leur faute, s'ils ont été,
dès le berceau, abandonnés, rudoyés, battus... ?
si leurs yeux et leurs oreilles ont été souillés

par le mauvais exemple...? si trop souvent, et malgré eux, ils ont été mêlés à de vilaines actions... ? Est-ce leur faute, en un mot, si, depuis leur premier jour, ils ont été malheureux... ?

Et en dépit de tout cela, quand on cherche bien, on découvre chez presque tous des choses délicates et bonnes qui dorment au fond de leur âme, et dont personne, pas même eux, — surtout eux — ne soupçonnait l'existence : de la tendresse, de la fierté, une incroyable dignité parfois, un impérieux besoin de dévouement...

Je ne parle pas de l'esprit : nos gamins français, les Parisiens surtout, en ont à revendre ; mais, à côté des boutades qui partent en fusées et dérideraient les plus moroses, je voudrais citer des mots tout à fait exquis, touchants, d'une profondeur quelquefois à faire réfléchir ceux qui les entendent. Je voudrais raconter des traits complètement inattendus, venant de ces jeunes natures frustes et un peu brutales... ; et les petites cours gentilles qu'ils font à celles de leurs visiteuses qu'ils préfèrent... ; le goût très sûr qu'ils manifestent pour ce qui est joli, élevé, délicat, juste...

Comment tout cela a-t-il pu germer en pleine dépravation...? Comme au milieu de terres ingrates, en plein fumier, croissent parfois les fleurs les plus fraîches et les plus élégantes ?

Mais cet embryon de sentiment ou d'énergie, il faut savoir le découvrir, car les enfants le cachent avec plus de soin que leurs mauvais penchants. Accoutumés au vice, ils ne sont pas éloignés de croire que tout ce qui n'est pas le vice est une faiblesse et une tare.

C'est à nous de la cultiver, cette précieuse petite plante, de lui donner l'air, la lumière, la rosée dont elle a besoin pour s'épanouir. La maladie, en abolissant momentanément la volonté des jeunes sujets, les tient à notre merci : c'est une excellente occasion qu'il ne faut pas laisser perdre.

Et qui sait si, plus tard, le souvenir d'un visage ami penché sur leur douleur d'enfant ne calmera pas chez quelques-uns une mauvaise colère..., n'arrêtera pas un bras près de frapper..., ne fera pas dire à l'un de ceux que l'injustice ou le mauvais sort exaspère jusqu'à la fureur : « Il y a tout de même de braves gens parmi ceux qui nous dirigent ; pour ceux-là faisons quartier aux autres » ?

TROISIÈME PARTIE

MATERNITÉ

I

FILLES-MÈRES

Ceci s'adresse aux femmes et surtout aux mères.

Elles savent bien que, même pour les plus favorisées, même pour celles qui sont choyées, adorées comme des reines, la grossesse est un temps de malaise continu, de dépression, de lassitude toutes spéciales et si pénibles que rien ne saurait en donner l'idée... Qu'elles prennent donc en pitié les malheureuses qui, aux indispositions inhérentes à leur état, joignent la fatigue d'un labeur sans répit, et, plus encore, la crainte d'être privées d'ouvrage parce

16.

qu' « elles n'en font pas assez ». Que les privi-
légiées se rappellent les heures terribles de l'enfantement que redoutent les plus vaillantes, pour
plaindre celles qui, à ce moment, souffrent
seules, et privées des soins les plus nécessaires... Qu'elles se souviennent des égards
attendris dont elles étaient l'objet dans leur lit
d'accouchées, pour se dire que d'autres, au
bout de peu de jours, alors que leur état néces-
siterait encore d'infinies précautions, recom-
mencent à gravir leur pénible calvaire... ;
qu'elles doivent — pauvre chair meurtrie, lasse,
douloureuse ! — rentrer à l'atelier, passer les
nuits à coudre sous la lampe, ou plonger leurs
bras dans l'eau glacée des lavoirs.

Encore celles-là sont-elles relativement heureuses : elles ont un toit, et le travail qui les
fait vivre — ou du moins les empêche de mourir trop vite. — Mais les pauvres créatures qui
vont par les rues, sans asile et sans pain, portant sur des bras trop faibles, leur chétif et
lamentable fardeau !...

Ces choses-là arrivent, pourtant ; les faits-
divers des journaux nous le prouvent chaque
jour. Je cite celui-ci, entre mille, non parce
qu'il est plus extraordinaire que les autres,
mais parce qu'il est plus récent :

« Deux gardiens de la paix, en faisant leur
ronde l'autre nuit, ramassaient, rue Borromée,

à demi morte de froid, une malheureuse jeune
femme d'une trentaine d'années qui avait perdu
connaissance et tenait étroitement serré dans
son tablier de cretonne, un enfant nouveau-né
complètement nu.

» Transportée tout d'abord avec son enfant
chez un épicier de la rue Blomet, la jeune mère,
après avoir reçu les soins urgents que néces-
sitait son état, revint peu à peu à elle et
put faire le récit de l'aventure qui lui était
arrivée :

» — Je me nomme Marie Lécuyer, dit-elle ;
j'ai vingt-neuf ans, et je vis comme je peux en
exerçant ma profession de marchande ambu-
lante. J'avais loué une toute petite chambre
dans un hôtel meublé du quartier; je fus surprise dans la soirée, vers onze heures, et
une heure plus tard, sans le secours de personne, je mettais au monde la gentille petite
fille que voici. J'eus la force de descendre les
quatre étages pour montrer mon enfant à l'hô-
telière, espérant que ma maternité exciterait sa
pitié.

» Il n'en fut rien. A la vue de mon enfant,
elle m'injuria en me disant que j'aurais dû
aller me faire soigner à la Maternité, que
j'avais détérioré son matériel; puis brutale-
ment, comme je défaillais, à bout de forces,
elle me saisit par les épaules et me jeta dans
la rue. »

Et cet autre dont M. Lucien Descaves a été témoin et qu'il raconte avec l'indignation émue qui s'empare de tous les braves gens au spectacle de pareilles horreurs :

« Donc, un soir de la dernière quinzaine, une jeune femme qui avait l'air moins d'une femme, à la vérité, que d'une grande enfant malade en portant un autre plus petit, sur les bras, se présentait au poste de police établi dans une mairie de Paris, et demandait à l'officier de paix la faveur de passer la nuit avec son fardeau sur les planches du poste. Sortie le matin de la Maternité, onze jours exactement après sa délivrance, sans domicile, sans ressources et sans forces, elle n'avait plus, si on la repoussait, qu'à aller se jeter à l'eau avec son bébé.

» — Voyons, dit l'officier de paix, il est impossible qu'on vous ait laissée partir comme cela sans un secours.

» — La Maternité n'en accorde un de quinze francs qu'aux femmes mariées, répondit la malheureuse; je n'y ai pas droit. Mais on m'a adressée à l'*Assistance publique*, avec laquelle ont affaire les filles dans ma situation...

» — Eh bien ?

» — Eh bien, avenue Victoria, j'ai été fort mal reçue par une dame qui ne doit pas être souvent de bonne humeur. Comme je sollicitais le secours de trente-cinq francs pour le premier mois et de vingt francs pour les mois suivants,

affecté aux filles-mères, cette dame m'a dit :
« Avez-vous vingt-deux ans ? — Non. — Vos
parents habitent-ils Paris depuis deux ans ? —
Non. — Alors, nous ne pouvons rien pour vous.
Allez. »

» Que penser de cette Assistance publique
qui dispose, par an, d'un million, rien que pour
les enfants assistés, et qui réduisait cette malheureuse au suicide, si elle ne m'avait pas rencontré ce soir-là ?

» Le cas n'est pas exceptionnel, loin de là !
Il n'est pas, à mes yeux, de situation plus
effroyable, plus émouvante, que celle de ces
pauvres filles jetées dehors par les *maternités*
de Paris ou de province, dans quelle faiblesse
et dans quel abandon ! Rien d'étonnant, si elles
traversent les ponts, à ce que la Seine les
attire, à ce que l'eau noire et rapide les appelle. »

Un autre encore dont j'ai eu personnellement connaissance et que j'ai raconté en son
temps dans la *Revue Philanthropique*.

Une servante de ferme d'un des départements
de l'Ouest accouche clandestinement, avec
l'espoir, peut-être, que son enfant ne vivra pas.
Mais, au premier cri du marmot, l'instinct maternel se fait jour, et elle n'a qu'une idée, celle
de le conserver. Ses patrons la mettent à la
porte le troisième jour — et il ne faut pas leur

jeter la pierre, ils l'ont gardée quarante-huit heures alors que d'autres l'auraient chassée sur-le-champ. — Donc elle s'embarque pour Paris, avec l'idée de trouver une place de nourrice, fait vingt heures de chemin de fer, arrive au petit jour, et se présente au premier bureau qu'on lui enseigne. Elle est pâle, défaillante ; son enfant — un enfant né avant terme et pesant 1,750 grammes — enveloppé dans un jupon, sans couches ni langes, et ayant du muguet jusqu'au bord des lèvres... On la renvoie sans plus d'examen. Elle erre ainsi tout le jour dans le brouillard glacé, vêtue de cotonnade avec un fichu de laine. Une accouchée de trois jours ! Vers le soir, elle tombe accablée sur un banc du quartier des Ternes, et un agent la conduit au bureau le plus voisin, où par pitié on lui donne un lit. Le lendemain, elle entre à Beaujon.

La très intelligente et très dévouée surveillante de la Crèche me disait : « Si vous aviez vu son pauvre corps... ! Pensez qu'elle et son enfant n'avaient pas reçu le moindre soin d'hygiène et de propreté... ! Elle était excoriée jusqu'aux genoux... ! et, malgré ma grande habitude, je ne savais comment m'y prendre pour la nettoyer et la panser... Son lait, du reste, était complètement tari. »

Le lamentable voyage a emporté toutes les ressources de la mère. L'Assistance de Paris ne veut rien entendre, parce que la fille est accouchée en province, et l'Assistance du département, parce qu'elle est partie à Paris. Se représente-t-on la journée atroce de cette femme mourante, exténuée, sans un sou, perdue dans Paris avec son enfant...! moi je m'étonne qu'elle ait eu le courage de la vivre tout entière.

Pour terminer, ce dernier fait, le plus effroyable peut-être, parce qu'il indique un mépris absolu de la souffrance et de la pudeur féminines :

« Une femme Saule, habitant le vingtième arrondissement, sur le point d'accoucher, et se trouvant dans la misère la plus complète, était partie avec son mari pour demander l'admission à la Maternité.

» On lui répondit qu'il fallait s'adresser à l'*Assistance publique,*

» Du boulevard de Port-Royal à l'avenue Victoria, il y a loin. La malheureuse, quoique soutenue par son mari, mit longtemps et eut bien du mal à faire le trajet. Se sentant trop faible pour monter l'escalier, elle s'assit sur une brouette, et attendit le retour de son mari qui, lui, entra.

» M. Saule attendit une heure dans l'antichambre, sans pouvoir exposer le motif de sa visite. Inquiet, il redescendit. Il aperçut alors

un rassemblement. Sa femme venait de mettre
au monde deux jumeaux.

» La voiture des ambulances fut appelée.
Mais elle tardait à arriver, et la malheureuse
mère, avec ses deux nouveau-nés, restait là, en
plein air, sans secours. Par bonheur, le secrétaire général de la Préfecture de police, passa
en voiture. Il s'arrêta, et, sur son ordre, deux
brancards portèrent la mère et les bébés à
l'Hôtel-Dieu. »

Je le demande aux gens de bonne foi : est-il
un criminel qui endure des supplices pareils à
celui de ces mères pauvres...? N'est-ce pas la
honte des civilisations qu'il y ait une loi pour
protéger les animaux domestiques et point
pour protéger la maternité...?

Car ces cas-là sont extrêmement nombreux;
on ne cite pas tout. On ne parle point des
femmes qui, faute de soins, restent infirmes
toute leur vie, ou meurent d'épuisement...:
tout cela, pourtant, constitue un sérieux déchet, et, mettant à part la question d'humanité, il serait bon que l'on y songeât un
peu.

« Ce sera l'un des étonnements de nos arrière-
neveux que, pendant une période aussi longue,
les mœurs et les lois aient laissé la femme dans
une telle servitude, l'abandonnant sans défense
en pleine crise de grossesse et de maternité.

» D'abord sentimentale et théorique, la protection de la femme enceinte et de la mère délaissée est entrée hier dans la phase positive; elle est à peine ébauchée, bien qu'elle repose sur les principes les plus solides et les moins contestables (1). »

Espérons que les choses iront vite, car nous sommes bien en retard; je ne dis pas seulement en France, mais dans toutes les nations civilisées, puisqu'avec la civilisation marche, pour les femmes, la monstrueuse obligation de déserter le foyer et de ne plus élever leurs enfants.

La maternité divise les femmes en deux catégories : celle des filles-mères et celle des épouses légitimes, aussi intéressantes, bien que très différentes dans leur essence même, et dans la manière dont il faut les secourir.

Voyons d'abord les filles-mères. Elles se recrutent principalement parmi les domestiques et les ouvrières des villes. Si je ne parle point des filles de la campagne, c'est que, pour elles, la misère est moins grande, et surtout que le père, en général, « répare sa faute ».

La bonne qui arrive de province est, dans la majorité des cas, séduite par un domestique du sixième, ou un employé des fournisseurs de la

_____

(1) Paul Strauss : *L'enfance malheureuse.*

maison. Je note en passant cette particularité
que je ne m'explique point mais que de nombreux cas d'observation me permettent d'affirmer exacte : les garçons épiciers font beaucoup plus de ravages que leurs confrères,
laitiers, bouchers, etc. Comme presque tous ont
l'intention de s'établir, ce qui nécessite des
fonds, et par conséquent une dot, l'abandon de
la femme et de l'enfant est chez eux la règle.

Dans les quartiers où il existe une caserne,
les militaires jouent le rôle prépondérant. Les
pompiers et les gardes municipaux surtout,
avec l'appât d'une haute paye et d'une situation plus stable, attirent les pauvres filles comme
la lumière attire les papillons. Ceux-là non plus
n'épousent pas : l'apport réglementaire de la
fiancée étant fixé, pour les gardes, à un chiffre
que les économies des servantes atteignent rarement. Quant aux troupiers, ils retournent au
pays où les attend souvent une promise, et ne
s'encombrent ni de scrupules, ni de remords.

Il peut arriver que le coupable soit « Monsieur » ou le fils de la maison ; mais le cas est,
je crois, plus rare qu'on ne pense. Dans ces
circonstances, la séduction est particulièrement, odieuse et la réparation morale très difficile ; mais il n'est que trop juste que le père
pourvoie aux besoins immédiats de la femme,
et à l'avenir de l'enfant. En attendant que la
recherche de la paternité soit admise, les tri-

bunaux donnent presque toujours gain de
cause à la plaignante.

L'ouvrière qui reste dans son quartier cède
le plus souvent à un camarade, à un voisin,
travailleur comme elle. Il faut le dire à la
louange de ces moineaux francs du pavé parisien, leur amour est plus loyal, ils sont moins
réfractaires au mariage. Le berceau de l'enfant les attendrit vite ; et, avec un peu de diplomatie, une femme du monde, intelligente
et bonne, enlève assez facilement le *oui* définitif.

L'ouvrière des grands quartiers, couturière,
modiste, demoiselle de magasin, se laisse enjô-
ler par des hommes d'une classe plus élevée et
pour lesquels la « réparation » est tout à fait
exceptionnelle.

Quant aux institutrices et aux employées
d'administration, de jour en jour plus nombreuses et pour lesquelles la hiérarchie joue
un si grand rôle, nous n'en parlerons point.
D'abord, chez elles, la faute est moins fréquente ; ensuite, plus éclairées, plus instrui-
tes, elles savent mieux se défendre. N'empêche que celles qui succombent sont bien
dignes d'intérêt et de pitié !

Car si toutes ne sont pas astreintes à la
misère, aucune n'échappe à l'opprobre dont on

couvre les filles-mères. A bien examiner les
choses pourtant, il n'est rien de plus injuste ni
de plus illogique.

Si l'amour hors du mariage est une faute,
est-ce que cette faute n'est point partagée...?
Pourquoi alors, de ces deux coupables, le plus
faible seul est-il châtié ? La nature ne se montre-
t-elle pas assez cruelle envers les femmes, en
leur imposant les douleurs et les risques de
l'enfantement... ?

Même dans les familles strictement honnêtes,
il est admis que, pour les garçons, « il faut que
jeunesse se passe ». Et comment, s'il vous plaît,
se passera-t-elle la jeunesse des fils de la
bourgeoisie, si ce n'est au détriment et pour le
malheur des filles pauvres? En vérité, on est
tenté de dire aux farouches intransigeants de la
morale : « Cet enfant naturel que vous traitez
en paria, que vous mettez hors de toute loi et
de toute pitié, savez-vous seulement s'il n'est
pas de votre sang? »

Que les honnêtes femmes fassent donc un
retour sur elles-mêmes, et elles seront plus
indulgentes. Mariées jeunes à un homme
qu'elles ont librement choisi, entourées depuis
leur naissance d'affection et d'égards, elles
n'ont pas grand mérite à rester vertueuses. Il
en va tout autrement pour ces tristes créatures
que leur famille exploite, que leurs maîtres
rudoient ou méprisent...; un homme vient à

elles avec des paroles affectueuses, elles croient tout ce qu'il veut bien leur faire croire...; ce n'est pas si extraordinaire!

J'ai quelquefois entendu faire aux abandonnées cette surprenante réflexion : « Vous avait-il promis le mariage ? — Non. — En ce cas, vous n'avez point d'excuses. » Mon Dieu! il a pu promettre ou ne pas promettre, c'est tout comme. Elles ont cédé dans un élan de passion, parce qu'elles aimaient, voilà tout. C'est même cette absence de calcul, cette négligence à assurer leur situation qui les rend intéressantes. On ne va pas leur faire un crime d'avoir été amoureuses ou faibles; est-ce que c'est leur faute? Il y a des natures pour lesquelles la privation absolue d'affection et de caresses est un supplice intolérable, et personne n'osera soutenir que ce sont les plus mauvaises. Si ces pauvres filles avaient pu se marier à leur goût, elles auraient sûrement fait d'excellentes compagnes et des mères dévouées.

Je ne viens pas dire par là que toutes les filles-mères soient à donner en exemple. Certes! il y a parmi elles des vicieuses et des débauchées, comme il y en a parmi les épouses légitimes de toutes les classes. Mais ce n'est pas la maternité qui fait leur honte; c'est elle, au contraire, qui les relève et les absout.

Que l'on n'aille pas voir dans cet appel à la

clémence une apologie de l'union libre. Je crois que nul, parmi ceux qui ont vraiment à cœur le bien-être et le relèvement de la femme, ne peut concevoir une pareille pensée. Paul et Victor Margueritte le disent en excellents termes :

« Plus que partout ailleurs, on en constate, dans les milieux ouvriers, les désastreuses, les dégradantes conséquences. Privées de ce qui est la force, la raison d'être éternelle du mariage, c'est-à-dire la mise en commun de deux courages et de deux volontés et l'appui parfois rude, mais constant, de l'homme, les femmes n'ont plus que des compagnons précaires ; elles sont à la merci d'un caprice, d'une lassitude ; épouses sans contrat, sans droits, d'autant plus assujetties que l'abandon les guette. L'union libre, pour elles, a toute l'instabilité morne de la prostitution, à laquelle elles finissent par tomber trop souvent. »

Il faut donc par tous les moyens possibles encourager le mariage dans la classe ouvrière, surtout quand il y a des enfants à légitimer, parce que ceux-ci sont les premières, les plus intéressantes victimes.

Mais ce n'est pas en accablant la fille-mère, ce n'est pas en la poussant au ruisseau, elle et son petit, que l'on atteindra le but. C'est bien plutôt en la relevant à ses propres yeux, et surtout aux yeux de l'homme qui, le plaisir passé, n'a trop souvent pour elle que du dédain et de l'aversion. Peut-être ses idées changeraient-elles, s'il voyait les gens des classes supérieures soutenir et encourager sa compagne, réservant leur mépris pour lui, le lâche, qui, déjà exempt de douleur physique, trouve encore moyen de se soustraire aux embarras et aux responsabilités d'une faute dont il a été le complice, sinon le promoteur.

Quant au reproche fait aux miséricordieux d'encourager le vice, vaut-il vraiment qu'on s'y arrête? Ce n'est pas encourager le vice que de protéger la maternité. Les débauchées sont rarement mères; et quand, par hasard, elles le deviennent, leur enfant ne les gêne ni beaucoup ni longtemps. Tout notre intérêt se porte donc sur ce groupe lamentable d'une femme abandonnée avec un nourrisson sur les bras. Ce dernier, en tout cas, est innocent; or, c'est défendre sa vie que défendre sa mère.

Pour ceux — ou plutôt *celles*, car, dans cette occurrence, les femmes surtout se montrent implacables — qui croient la maternité hors du mariage forcément indigne, je veux citer quelques traits dont j'ai eu personnellement connaissance. Je les raconte tels quels, sans les embellir, ni même les choisir, car ces histoires-là sont de tous les jours.

Lucie a perdu sa mère quand elle était toute jeune et son père s'est remarié. La seconde femme n'est pas précisément mauvaise, mais elle déteste Lucie; et elle la déteste davantage à mesure que la petite grandit et devient plus jolie. Lucie est chargée des plus rudes besognes du ménage; ses frères et sœurs, dûment stylés par leur mère, sont méchants pour elle, et son père lui-même, pour éviter les scènes, a fini par la traiter avec la plus parfaite indifférence.

Mais le chef de famille, qui est jardinier dans une propriété aux environs de Paris, a un aide de dix-huit ans, qui aime Lucie parce qu'elle est charmante et qu'elle est malheureuse. De son côté Lucie l'aime parce qu'il est bon, le seul qui ait pour elle des paroles affectueuses et des égards. Après un assez long temps d'amitié purement fraternelle, il arrive enfin ce qui devait arriver.... et la petite devient enceinte...

Un beau jour qu'on a imposé à Lucie une tâche plus lourde que de coutume — du gros bois à fendre — la fillette tombe sans connaissance. La belle-mère doit la déshabiller, et tout se découvre.

— Mais, Dieu me pardonne! tu es enceinte!

Puis, sans plus tarder, courant vers le père, elle lui apprend la fameuse nouvelle.

— C'est du propre...! voici maintenant que ta fille est enceinte...!

Le père parle d'abord de tuer Lucie; c'est le

début ordinaire de ces sortes d'explications ; puis, se ravisant, il met la pauvre petite à la porte, *pour éviter les affronts.*

La fillette se réfugie chez une vieille tante plus pitoyable que les autres, mais si malheureuse que, chez elle, on ne mange pas tous les jours à sa faim.

Le jeune homme, désespéré d'une situation dont, avec raison, il se croit le principal auteur, avoue tout à sa famille, et prie, supplie qu'on le laisse épouser la petite : c'est peine perdue. On le traite de fou ; un mari de dix-neuf ans, une femme de quinze ans et demi, et un enfant sur les bras, voilà de beaux débuts pour un ménage... Est-il seulement sûr que cet enfant soit de lui...? Et Dieu sait les épithètes dont Lucie est qualifiée...!

Le garçon respecte et craint ses parents; il se soumet donc momentanément. Mais le jour où il voit la jeune mère, pâle, faible et si triste, tenant le petit dans ses bras — son petit à lui, — l'audace lui revient; il va trouver son père, et très résolument :

— Lucie est ma femme, dit-il, et l'enfant est à moi; je serais un lâche de les abandonner. Si vous ne voulez pas nous laisser marier, c'est bon..., il y a encore de l'eau à la rivière.

Cette fois, les parents qui, au fond sont de braves gens, cèdent; et le mariage se fait, légitimant le premier-né. Ils ont beaucoup de courage et de bonne volonté, les pauvres petits, mais bien de la misère aussi. Bref, quand le jeune père part au service, Lucie est enceinte pour la seconde fois ; ils n'ont à espérer aucun secours : le garçon est l'aîné d'une nombreuse famille qui n'a que juste de quoi vivre, et le père de Lucie n'a point pardonné. Il faut s'occuper d'elle, la placer au *Refuge-ouvroir* de l'avenue du Maine, puis à la *Pouponnière* et poursuivre activement la libération de son mari. Je vais bien étonner les partisans de la repopulation : ce garçon qui arrive au corps avec deux mioches à son actif n'est sans doute pas considéré comme soutien de famille, car, après dix-huit mois de service, les démarches n'avaient encore donné aucun résultat. Il y a gros à parier qu'il fera tout son temps.

Lucie est une fille-mère. Or, je voudrais bien que l'on me dît en quoi elle est coupable. Les coupables, les criminels, ce sont les brutes qui, pour un point d'honneur si bizarrement entendu, l'ont jetée dehors, mettant en péril deux existences humaines.

En plein Paris, maintenant, à Montrouge, dans un de ces sixièmes des constructions modernes, si favorables aux promiscuités, Marguerite habite avec son père. La mère est morte voilà cinq ans, et depuis, l'homme s'est mis à boire. Quand il est ivre, la pauvre fille est injuriée, battue, exposée au spectacle le plus répugnant.

Un peu plus loin, dans le couloir, loge un jeune ouvrier peintre. Lui non plus n'a pas à se louer de la famille. Son père est parti sans dire où, et ne pouvant vivre avec celui qui le remplace illégalement, le garçon a quitté sa mère. Rien d'étonnant à ce que ces deux enfants, de dix-sept et dix-neuf ans unissent leurs communes détresses et en fassent une amitié très tendre.

— Mais, il n'y avait rien entre nous, m'affirme énergiquement la petite; rien, rien, pas cela...

Une nuit que la scène était plus écœurante qu'à l'habitude, Marguerite se sauve du logis paternel. La porte du voisin s'ouvre pour la recevoir et se referme définitivement sur elle. « Ils se mettent ensemble », suivant l'expression pittoresque des gens du peuple.

Quand le jeune peintre rejoint son régiment, lui aussi est père d'un bébé de trois mois, et il vient d'épouser Marguerite. Comme pour l'autre la demande de libération anticipée rencontre des obstacles. Est-ce qu'il ne devrait pas être établi en principe que les pères de famille ne resteront sous les drapeaux qu'un minimum de temps, comme les fils de veuve, les aînés d'orphelins, etc.?

Voilà encore une fille-mère qui mérite d'être traînée aux gémonies, sans doute... Je la connais, c'est une petite ouvrière très tranquille, très vaillante, ne parlant de son mari qu'avec des larmes silencieuses et si touchantes qu'on ferait l'impossible pour les sécher par une réunion définitive.

Si l'on objecte que ces cas sont des exceptions, je répondrai ceci :

Il y a peu de temps, j'étais à l'une de nos grandes crèches parisiennes à l'heure de l'allaitement. La salle contenait cinq mères ; sur ce nombre, trois avaient moins de dix-huit ans. Elles m'ont raconté séparément leur histoire ; l'une est blanchisseuse, l'autre « fait la couronne de perles », la troisième accompagne sa grand'mère qui vend du poisson au panier. Leur aventure est à peu de chose près semblable à celle de Marguerite ; les jeunes pères sont au régiment : on se mariera à leur retour. Je l'espère pour elles et pour les petits, mais peut-être sera-t-il nécessaire d'aider les bonnes résolutions.

C'est ce que me dit la Sœur de la crèche, une excellente femme pleine de tendresse pour ses « petites mamans », comme elle les appelle.

— J'entretiens les pères dans cette idée-là ; quand ils sont en congé, je m'arrange pour qu'ils viennent ici, et nous causons comme il faut.

— Vous admettez donc, ma Sœur, que, n'étant pas mariés, ils voient quand même leurs bonnes amies?

La brave religieuse lève les mains avec indulgence.

— Dame! il y a des moments où l'on doit se contenter d'un à peu près .., même pour la vertu. Il vaut mieux qu'ils continuent à les voir que de les abandonner avec l'enfant... Alors..., je fais la part du feu...

Dans les deux cas précédents, un mariage ultérieur a remis les choses en état et fait rentrer la femme sous la loi commune; mais il n'en est pas toujours ainsi; et, trop souvent, l'homme se dérobe sans scrupules, aux conséquences d'une situation qu'il a pourtant lui-même créée. Faut-il en conclure que la femme est indigne de commisération et d'intérêt? Non certes. L'égoïsme masculin n'entraîne pas pour elle une culpabilité plus grande; l'abandon dont elle est victime est une expiation suffisante et au-delà. Le courage qu'il lui faudra déployer pour élever l'enfant toute seule la remettra au niveau des plus honnêtes. Non, elles ne sont pas plus vicieuses que les autres; en voici deux traits seulement.

J'ai devant moi une fille de vingt ans, qui sort de la *Pouponnière* où elle est restée dix-huit mois en qualité de nourrice. Marie-Reine est timide, faible de volonté, mais dévouée comme un chien à ceux qu'elle aime. Elle me raconte son histoire, sans la moindre animosité. Voilà :

— L'instituteur était veuf avec trois enfants, et il m'a prise pour que je m'occupe d'eux... Je les aimais beaucoup, ces petits...; je les soignais de mon mieux, et eux aussi m'aimaient bien... Le maître était gentil..., il me disait de belles paroles...; moi, cela me faisait plaisir... Si on m'avait dit que je *fauterais* avec un homme, j'aurais répondu que ce n'était pas vrai... Seulement, le maître, il me semblait que ce n'était pas pareil...

— Et quand il vous a vue enceinte...?

— Il m'a conseillé de m'en aller à Paris, parce que là, au moins, personne n'en saurait rien.

— Mais, il vous a donné quelque chose..., un peu d'argent...; c'était bien le moins.

— Non, rien... Il m'a affirmé que je trouverais une bonne place.

— Et vos parents...?

— Mes parents sont bien *regardés* dans le pays..., très *dévotieux* même; mon père est sacristain... J'ai mieux aimé partir, pour ne pas les *affronter*.

Et pendant que la pauvre enfant peine durement pour que le petit ne manque de rien, M. l'instituteur prêche sans doute la morale

avec de grands mots solennels, Ah! les hypocrites!

Et, pour finir, la plus intéressante, à mon
avis, de ces victimes de l'amour, une jeune
Auvergnate qui, elle aussi, sort de la *Pouponnière;* — parce que j'en ai placé une comme
nourrice sèche, elles croient que je peux les
placer toutes. — Elle ne ressemble guère à sa
passive camarade, Marie-Reine ; elle n'est pas
résignée, celle-là ; oh non !

Peut-être n'est-elle pas régulièrement jolie,
mais elle est tout à fait charmante : elle a des
yeux, des cheveux et des dents superbes ; sa
taille est bien prise, élégante même, et ses mains
très fines. Elle parle correctement, sans aucun
accent, d'une voix chaude et sympathique. On
comprend l'attrait qu'elle a dû exercer sur un
homme ; c'est l'abandon qui ne s'explique pas.

J'entame la conversation habituelle pour voir
le parti que l'on peut tirer de chacune.

— Le père ne fait rien, ni pour vous, ni
pour l'enfant ?

A ce mot, *le père,* la figure de Charlotte se
contracte douloureusement, et elle fait un effort
visible pour me dire *non.*

— Il vous a abandonnée avant...?

Cette fois, il lui est impossible de parler ; ses
lèvres se serrent, son menton tremble ; elle ne
peut qu'incliner affirmativement la tête.

— Et cela vous a fait de la peine...? vous l'aimiez beaucoup...?

Ah ! la petite malheureuse ! le cri étouffé qui lui sert de réponse, un gémissement où il y a de la révolte, des regrets et tant d'amour encore... Après deux ans de séparation, la plaie saigne toujours ; on le voit de reste.

Et, se sentant dans un milieu sympathique, elle laisse tomber sa tête sur son bras replié et sanglote éperdument.

Je la laisse tranquille, sachant bien que ces larmes la soulageront ; mais, à part moi, je pensais à l'homme, aussi imbécile que lâche, qui avait pu abandonner cette belle fille, saine, fraîche, intelligente, et qui par surcroît l'adorait... Il n'y avait que l'argent capable d'inspirer un acte semblable.

Je ne me trompais pas ; quand elle fut un peu calmée, Charlotte acheva d'elle-même la confession :

— Il devait épouser une de ses cousines..., riche..., qui a du bien dans la Limagne... Il voulait continuer encore avec moi..., quand il serait marié... ; c'est pour cela surtout que je suis partie.

— Vous ne vouliez pas, vous ?

— Oh non ! cela aurait été si mal... !

Est-ce encore une débauchée, cette fille courageuse qui s'enfuit de peur de céder à la tentation et de détourner un mari de ses devoirs...?

cette jeune mère charmante, qui pendant vingt
mois se condamne à une vie presque claus-
trale pour ne pas être séparée de son enfant... ?

Les intransigeants, ceux qui ne veulent pas
désarmer même devant les meilleures raisons,
ne manqueront pas d'objecter :

— Celles-là, oui, peut-être...; mais les
autres...!

Seulement, comme chacun, dans son entourage, a une ou plusieurs abandonnées dont on
peut en dire autant, il me semble que le total
des « celles-là » constitue un lot dont il faut
tenir compte.

II

LES SECOURS

J'ai peut-être insisté beaucoup sur la situation morale des filles-mères, mais c'est à
dessein. En effet, tant que nous ne verrons
point la maternité sous son véritable jour, tant
que nous traînerons après nous ces odieux
boulets : l'hypocrisie et l'égoïsme, nous n'avan-
cerons point, nous ne ferons rien qui vaille.

Voyons un peu, maintenant, le côté matériel.
La servante cache son état aussi longtemps
qu'elle peut le faire ; elle sait si bien qu'elle
sera congédiée dès que *Madame* se doutera de
quelque chose... ! Je ne dis pas que les patronnes
sont dans l'obligation de garder jusqu'au bout
leurs domestiques enceintes ; mais j'affirme
qu'elles sont coupables si elles les renvoient
sans s'inquiéter de ce qu'elles vont devenir.

La pauvre fille quitte donc la maison où, mieux surveillée, traitée plus maternellement, elle fût peut-être restée sage. Bien entendu, elle ne trouve pas d'autre place et ses maigres économies sont vite épuisées.

L'ouvrière n'est guère plus heureuse ; mal nourrie, fatiguée, chagrine, elle a bien de la peine à atteindre le moment de sa délivrance ; et toutes deux, la provinciale et la Parisienne — sœurs en misère — entrent à l'hôpital, épuisées, prêtes au désespoir.

A ce tableau pitoyable, il faut ajouter une note plus lugubre encore : l'accouchement clandestin avec son « coup de folie », et l'infanticide qui trop souvent en est la conséquence.

Si les tribunaux acquittent, dans la majorité des cas, les filles qui tuent leur enfant, ce n'est pas qu'ils approuvent le meurtre, c'est qu'ils savent fort bien qu'ils n'ont pas devant eux les principaux coupables.

La *Ligue d'affranchissement des femmes* a, dans le temps, lancé un manifeste qui se terminait ainsi :

« Attendu que l'état social actuel, non content de faire à la fille-mère une honte de sa maternité, lui laisse ses enfants à élever, bien que lui ôtant tout moyen de subvenir par son travail à leur subsistance..., déclare que l'état social actuel donne ainsi à la femme le droit de l'avortement... »

'La conclusion est brutale, et dangereuse ; mais on ne peut nier qu'elle soit parfaitement logique.

La société, qui refuse son appui aux femmes en pleine crise de maternité, a-t-elle vraiment le droit de punir une faute dont en quelque sorte elle est complice ? Je sais bien qu'il reste à la mère pauvre la ressource de l'abandon ; triste ressource en tout cas ! mais, tous les médecins-accoucheurs le diront, elle est dans un état mental qui l'empêche de calculer la portée de ses actes.

Mettons les choses au mieux. La mère a passé à l'hôpital les neuf jours réglementaires, qui ont été pour elle une halte, un temps d'apaisement et de repos... ; mais il faut se remettre en marche... Je demande aux femmes du monde de quoi elles étaient capables au bout de neuf jours d'accouchement... Encore étaient-elles convenablement alimentées et soignées...

L'ouvrière arrivera-t-elle à se procurer immédiatement du travail... ? Ce n'est pas sûr. Quant à la domestique, il n'y a point l'ombre d'un doute ; pour qu'elle trouve à se replacer, il faut d'abord qu'elle reprenne de la mine...

Mais comment attendre... ? Avec les secours de grossesse, d'accouchement, d'allaitement, auxquels beaucoup s'imaginent avoir droit...

D'abord les professionnels de l'administration

vous répondront que *nul n'a le droit à un secours, de quelque nature qu'il soit.* La seule assistance obligatoire est celle des malades, sanctionnée par les lois de 1851 et de 1893.

Pour le reste, il n'y a que des règlements, mais agrémentés d'exceptions si nombreuses, que tout le monde fait partie des exceptions et personne des règlements. Il faut être très débrouillard ou avoir beaucoup d'aplomb pour arriver à se faire classer dans une catégorie quelconque. Les timides et les ignorants s'en retournent toujours les mains vides.

Et pourtant, ainsi que le fait judicieusement remarquer M. Paul Strauss, durant la « période d'instruction » des réservistes, c'est-à-dire pendant qu'ils accomplissent un devoir civique, leur famille touche une indemnité contre laquelle personne ne s'élève. Or, s'il est une tâche pénible, dangereuse et en même temps profitable à la nation, c'est bien celle de la maternité !

Alors, le remède...? Le remède existe, mais il est loin de suffire à tous les besoins. Il comprend les refuges-ouvroirs pour les femmes enceintes, les maternités et les maisons de convalescence.

La fondation des *refuges-ouvroirs* est tout à fait récente. Le 24 mai 1890, sur la proposition de M. Paul Strauss, le Conseil municipal de Paris décidait en principe l'établissement d'un *asile-dortoir* destiné aux femmes arrivées à la dernière période de leur grossesse. Pour diverses causes, la réalisation de ce projet rencontra quelque retard, et c'est seulement en novembre 1893 que l'*asile Michelet* ouvrait ses portes rue de Tolbiac. Le nombre de lits, d'abord de cent, a bientôt été doublé, et peut-être sera-t-il augmenté si l'on y adjoint, comme il est question de le faire, une Maternité pour certains cas spéciaux.

Mais, dix-huit mois plus tôt, Mme Béquet de Vienne, présidente-fondatrice de la *Société pour la propagation de l'allaitement maternel*, inaugurait, avenue du Maine, un refuge subventionné par la ville de Paris et qui pouvait recevoir trente-six femmes.

D'un autre côté, la *Société philanthropique* avait, dès 1885, annexé à son *asile de nuit* de la rue Saint-Jacques, un dortoir de seize lits pour les femmes enceintes.

Si l'on ajoute à ces établissements purement gratuits deux autres similaires où une pension modique est exigée : l'*asile Sainte-Madeleine*, boulevard Montparnasse, avec trente lits, et l'*Œuvre de Saint-Raphaël*, rue Saint-Jacques, avec trente lits également, le compte est fait. Il donne un total de trois cents lits recevant chaque année trois mille femmes environ. C'est peu pour une ville où, sur 60,000 accouchements annuels, 27,000, soit 45 pour 100, sont gratuits.

Il faut dire aussi que Paris étant la seule
ville où les filles-mères sont sûres — ou du
moins se croient sûres — d'être hospitalisées
sans enquête préalable, toutes y accourent des
points les plus éloignés. On en a vu venir à pied
de Brest ou de Lille et arriver mourantes à ces
portes de salut qui, faute de place, ne s'ou-
vraient point pour elles.

En 1899, l'*asile Michelet*, pour cause de
réparations importantes, a été fermé pendant
quelques mois, laissant sur le pavé une foule
de malheureuses que naturellement, les autres
asiles ne pouvaient recevoir.

Je me souviendrai toujours du matin que
j'avais accompagné au *refuge du Maine*, une
jeune mère — précisément la petite Lucie
dont j'ai raconté l'histoire. — La salle d'attente était encombrée de pauvres créatures
alourdies, dolentes, causant l'impression d'une
immense lassitude mise en commun. Assises,
effondrées plutôt sur les banquettes du pour-
tour, le coude appuyé sur leur chétif paquet de
hardes, il fallait voir le coup d'œil d'effroi
hostile dont elles enveloppaient chaque nouvelle venue qui, pour elles, était une concur-
rente...; et la consternation avec laquelle fut
accueillie la directrice, quand, navrée, elle
aussi, elle vint leur dire :

— Nous n'avons plus de place... plus une
seule...; les dortoirs sont déjà encombrés de

brancards...; nous ne suffisons pas depuis que
Michelet est fermé...

... et le gémissement désespéré qui répondit
de tous les points de la salle :

— Qu'allons-nous donc devenir?

Oui, qu'allaient-elles devenir...? On frémit à
y songer. J'avais un peu de remords à voir ma
petite protégée accueillie quand même, alors
que tant d'autres devaient s'en retourner;
pourtant, elle aussi était bien intéressante...

Le jour où l'assistance maternelle sera obligatoire, et que tous les départements seront
tenus d'avoir des *refuges d'attente*, des *maternités* bien organisées et des *maisons de
convalescence*, la répartition sera mieux faite;
et les établissements hospitaliers de la capitale
pourront alors dégorger une partie de leur
trop-plein. La ville de Paris est bonne fille et la
province en abuse un peu.

Il faudrait assez de *refuges-ouvroirs* pour
qu'aucune femme enceinte n'ayant point de
domicile — fille-mère ou épouse délaissée —
n'en puisse être repoussée faute de place.

Les expériences, récentes et limitées pourtant, qui en ont été faites jusqu'ici, ont donné
les meilleurs résultats. Les enfants d'une
femme ayant séjourné six semaines dans un
asile maternel donnent un poids supérieur de
300 grammes à ceux des mères qui ont travaillé
jusqu'au dernier moment. De plus, les précau-

tions hygiéniques qui leur sont *imposées* — j'accentue le mot *imposées*, car il faut parfois user d'énergie pour les y contraindre — ont amené la suppression presque complète de certaines affections des nouveau-nés et notamment de l'ophtalmie congénitale.

D'autre part, la mère, sachant qu'elle sera soutenue, n'a plus la hantise de l'avortement et de l'infanticide, au moment dangereux où son cerveau est incapable de résister à l'impulsion —, circonstance qui atténue sa responsabilité dans la faute, mais ne supprime point les conséquences sociales de cette même faute.

Elle entrerait donc à la Maternité dans les conditions les plus favorables pour mettre au monde un enfant vigoureux, et se rétablir promptement elle-même.

La Maternité... ! il faut savoir de quelles horreurs ce mot, qui devrait être sacré entre tous, a longtemps évoqué l'image..., il faut remonter un peu en arrière pour constater les progrès accomplis, et ne point désespérer de l'avenir.

Avant la Révolution, il n'y avait pas à Paris d'hôpital réservé aux femmes en couches; elles étaient admises, au neuvième mois de leur grossesse, à l'Hôtel-Dieu, dans une salle spéciale au service de laquelle était attachée une *ventrière* ou sage-femme, « en un lieu destourné et clos, non pas en apparent comme les autres malades ». Or, ce *lieu destourné et clos* était une véritable cave, prenant jour par des fenêtres en ogive presque au ras des eaux de la Seine, et que l'on pouvait voir encore dans les substructions du vieil Hôtel-Dieu, tout près du Petit-Pont.

Un peu plus tard, et jusqu'en 1788, les services d'accouchement furent établis au-dessus des salles des blessés ; et l'on devine le résultat à une époque où l'antisepsie était totalement inconnue. De plus, quatre malades occupaient le même lit, et l'on considéra comme un progrès énorme l'espace de deux pieds et demi qui fut attribué à chacune d'elles dans un lit double. Aussi, en temps normal, quand il ne régnait point d'épidémie, la mortalité des accouchées de l'Hôtel-Dieu était de 1 sur 13. Pendant les années 1774 et 1775, la fièvre puerpérale régna avec une telle intensité que, sur 12 accouchées, 7 au moins payaient leur tribut à la contagion.

La maison de la Maternité fut fondée par un décret de la Convention — 7 ventôse an II — d'abord dans le couvent du Val-de-Grâce, puis à l'abbaye de Port-Royal. On avait fait un grand pas ; mais tout n'était point gagné, et les épidémies continuaient à exercer de terribles ravages. En 1856, entre autres, du 1er avril au 10 mai, pour 347 accouchements, il y eut

64 décès ; soit 1 sur moins de 6. Du 1er au 10 mai, la proportion fut plus effroyable encore ; il y eut 31 cas de mort sur 32 accouchements. On se décida alors à fermer provisoirement la Maternité — la *Bourbe*, comme disait le peuple avec un angoissant mépris.

Les expériences du grand accoucheur autrichien Semmelweis, du célèbre chirurgien anglais Lister, des savants français Tarnier, Lucas-Championnière, Budin, de tant d'autres encore, ont réduit presque à néant les chances d'infection ; et, à l'heure actuelle, pour qu'une femme meure en couches, il faut un concours de circonstances lamentable et heureusement très rare.

Toutefois, ne nous récrions pas trop sur ce que faisaient nos pères, car nos fils, à leur tour, s'indigneront de ce que nous faisons nous-mêmes. Je le souhaite vivement parce que ce sera la preuve qu'ils valent mieux que nous.

C'est que, en effet, si les progrès sont très marqués à Paris et dans certaines grandes villes, il n'en est pas de même partout. Après une enquête datant de plusieurs années, M. le Dr Henri Napias, aujourd'hui directeur de l'Assistance publique, a signalé l'infériorité navrante de la plupart des maternités de province :

« Ici, la maternité est dans une salle basse,

moitié cave et moitié casemate, à peine éclairée par deux étroites fenêtres, sans lavabo ni dépendances d'aucune sorte; la provision d'air est de 18 mètres cubes par lit.

» Là, une chambre exiguë, voisine d'une pièce empuantie par les émanations de deux vieilles gâteuses, sert aux accouchements et aux soins consécutifs. Toutes les salles de l'hôpital possèdent des lits à sommiers; seules les femmes en couches ne disposent que de paillasses rarement renouvelées.

» Dans une autre localité, à côté d'une geôle pour les femmes de mauvaise vie, au premier étage d'une construction qui tombe en ruines, un escalier vermoulu conduit à une pièce unique dont le carrelage est inégal et défoncé. Quatre lits et leurs berceaux sont bizarrement rangés dans cette salle, où l'on a imaginé de mettre trois petits lits pour des enfants malades. Tous ces lits sont en bois avec des paillasses. La même infirmière, vieille et malpropre, va du dispensaire spécial à la salle maternelle, propageant les germes dangereux et semant la contagion.

» Autre part encore, tous les lits de l'hôpital ont des sommiers métalliques, sauf ceux de la Maternité, où l'on achève d'user les vieilleries de la maison. Dans une autre, le dépôt mortuaire se trouve auprès de la maternité, et la cellule destinée aux aliénés de passage y est attenante.

» S'il y a quelque rez-de-chaussée obscur et humide, sans autre emploi possible, on y met les femmes en couches. En tout cas, le plus vieux mobilier, le plus infecté et le plus infectable : anciens lits en bois vermoulu, paillasses et matelas hors de service, tout est bon pour les femmes en couches.

» Dans de tels milieux, la moindre étincelle puerpérale détermine une explosion infectieuse; l'épidémie gagne de proche en proche, l'ophtalmie purulente atteint et aveugle les nouveau-nés. Le *gésine,* comme on appelle encore d'un nom archaïque et méprisant ces maternités rudimentaires, est bien placé à côté de la salle des morts (1) ».

Voici donc notre accouchée au bout de ses onze jours réglementaires. C'est à contre-cœur que le médecin lui donne son *exeat ;* elle est en voie de guérison, mais il sait bien qu'elle n'est pas guérie.

Je demande au professeur Pinard :

— A quel moment de sa grossesse estimez-vous qu'une femme doit quitter l'atelier et s'abstenir de tout travail fatigant?

Il me répond nettement et sans la moindre hésitation :

— Au début du sixième mois.

(1) Paul Strauss : *L'Enfance malheureuse.*

— Et après...? Quel est le minimum de repos nécessaire?

— Trente jours...; je devrais dire six semaines, mais il faut se contenter d'un à peu près...; en tout cas, trente jours sont indispensables.

Afin de parfaire l'œuvre des *refuges-ouvroirs* et des *maternités*, il reste donc vingt jours de soins à donner à la mère. Pour les *asiles de convalescence* comme pour les *refuges-ouvroirs*, les ressources sont maigres ; encore n'existent-elles que depuis fort peu de temps.

Jusqu'en 1892, c'est seulement au *Vésinet* que l'on pouvait envoyer quelques convalescentes ; mais cette mesure offrait de graves inconvénients, ne fût-ce que les quatre heures de voiture imposées à une malade encore très faible. Le 24 mai 1890, sur la proposition de M. Paul Strauss, — dont on trouve le nom chaque fois qu'il s'agit des intérêts de la mère et de l'enfant pauvres, — le Conseil municipal décidait que la propriété léguée à la Ville de Paris par Mme Ledru-Rollin serait transformée en maison de convalescence pour les accouchées sortant des hôpitaux. *L'asile Ledru-Rollin*, situé à Fontenay-aux-Roses, au milieu de la verdure et des fleurs, était ouvert le 1er janvier 1892. Il contient quarante-huit lits, et abrite, par an, un millier de femmes à peu près. On les y garde un temps plus ou moins long, suivant l'état de leur santé.

La *maison Georgina Roze*, passage Raimbaut, qui dépend de la *Société philanthropique*, comme l'asile de la rue Saint-Jacques, reçoit avec leurs enfants les femmes indigentes, mariées ou non, principalement celles qui sortent de la Maternité, trop faibles pour reprendre leur vie de travail. Elle les garde gratuitement pendant dix jours, veille au placement de leur enfant en nourrice quand elles ne peuvent l'allaiter elles-mêmes; et, si elles sont sans place, cherche à leur en procurer une. La *maison Georgina Roze* dispose de trente-trois lits qui abritent en moyenne sept cents femmes par an.

L'asile-ouvroir Gérando, rue Blomet, a pour but de recueillir temporairement et gratuitement les filles-mères qui, en sortant des hôpitaux, se trouvent sans place et sans ressources. Elles sont admises entre seize et vingt-quatre ans, restent à l'asile plus ou moins longtemps, suivant les circonstances, et sont ensuite placées par les soins de l'OEuvre. *L'asile Gérando* contient cinquante-deux lits.

Avec quelques établissements où l'on exige une légère rétribution, qui ont une allure confessionnelle et qui, du reste, disposent de peu de lits, c'est tout..., et c'est trop peu.

Il faudrait multiplier les *refuges d'attente* et de *convalescence;* c'est là que, pour le moment, doit se porter le gros de l'effort tenté en faveur de la maternité pauvre.

Cela entraînerait à de grosses dépenses...; tant pis! on ne marchande pas avec l'accomplissement d'un devoir.

Encore, par dépense, faut-il entendre un déplacement, une avance bien plutôt qu'une augmentation réelle. M. le professeur Pinard affirme que les femmes insuffisamment soignées avant et après leurs couches rentrent à l'hôpital, un peu plus tôt, un peu plus tard, avec des maladies qui les immobilisent longtemps, exigent souvent des opérations coûteuses, en tuent un grand nombre, en tout cas, les rendent infirmes pour le reste de leur vie.

D'autre part, on s'alarme de la dépopulation qui menace l'avenir de la France, et l'on imagine toutes sortes de moyens pour encourager l'accroissement des familles. Avant de s'occuper des enfants à naître, ne serait-il pas très sage de s'occuper de ceux qui sont déjà au monde? Or, voici à ce sujet l'opinion de M. le professeur Budin :

« Les femmes qui accouchent dans nos salles nourrissent leur enfant pendant qu'elles y séjournent; si elles pouvaient encore les nourrir pendant quatre ou cinq semaines, elles ne se résigneraient pas facilement ensuite à se séparer de lui, elles n'iraient plus aussi aisément le déposer aux *Enfants-Assistés*, et ce serait un nouveau bénéfice pour l'Assistance publique. Un grand nombre d'entre elles feraient de bonnes nourrices, et leurs enfants, au lieu d'être exposés, comme ils le sont, à bien des causes de mortalité, auraient grande chance de survivre. »

Des soins bien entendus, loin d'être un gaspillage, forment, au contraire, une économie réelle.

Les filles-mères qui sortent de l'asile après six semaines de convalescence, et qui ont un métier suffisamment lucratif, peuvent donc reprendre leur tâche, à condition, bien entendu, qu'elles seront aidées par l'assistance administrative ou la bienfaisance privée. Une femme a déjà assez de peine à se tirer d'affaire si elle n'a qu'elle à penser; il lui est matériellement impossible de suffire en plus aux besoins d'un enfant.

Là encore le secours opportun est tout bénéfice; car si la mère abandonne son enfant pour ne pas le voir mourir de faim, il faudra bien que l'Assistance en prenne la charge. Or, dans son livre, l'*Enfance malheureuse*, M. Paul Strauss constate que, à Paris, un enfant assisté coûte de sa première à sa treizième année 3,506 fr. 50, alors qu'un enfant secouru pendant la période d'allaitement ne coûte que 397 fr. 90. A Besançon, l'enfant élevé à l'hospîce revient à 2,683 fr. 50, l'enfant secouru 444 francs. Dans la Dordogne, la dépense pour un enfant abandonné est de 1,500 francs, pour un enfant secouru de 360 francs. L'hésitation est donc une faute non seulement contre l'humanité et la morale, mais encore contre la logique.

Et celles qui n'ont point de métier, la catégorie des domestiques qui fournit un si gros appoint aux naissances illégitimes, faut-il donc qu'elles soient irrévocablement condamnées à une séparation douloureuse pour elles, et préjudiciable à l'enfant? Je ne le crois pas. Avec un peu d'ingéniosité, on s'en tire dans bien des circonstances. En voici la preuve :

« Un des moyens auxquels recourt Mme Béquet de Vienne, présidente de l'*Œuvre de l'Allaitement maternel,* est celui de l'association provoquée entre deux delaissées, dont l'enquête a révélé les sentiments honnêtes.

» Une giletière très habile était entravée dans son travail par les soins à donner à son enfant, tandis qu'ailleurs, une domestique, ne sachant que faire de ses dix doigts, ne parvenait pas à payer sa chambre. La Société les rapproche et les engage à mettre en commun leur aiguille et leur tablier ; désormais une chambre assez grande avec deux berceaux leur suffit.

» L'ouvrière qu'aucun souci n'interrompt

gagne ses quatre francs par jour; la bonne
fait le ménage, savonne, reporte l'ouvrage,
soigne les bébés. Au premier terme, on les a
aidées; puis on leur a donné une petite voiture pour promener les nourrissons. A la fin
de la première année, la gêne avait disparu,
le budget s'équilibrait, les enfants étaient mis
à la crèche, et la domestique, dégrossie, ap-
prenait à son tour le métier de giletière (1). »

La *Pouponnière de Porchefontaine* nous
donne encore un exemple bon à suivre. Non
seulement on y reçoit les filles-mères comme
nourrices, mais encore on *n'y reçoit que les
filles-mères,* laissant ainsi les épouses à leur
mari et à leur ménage. Aussi toutes les malheureuses qui désirent garder leur enfant se
tournent-elles vers la *Pouponnière* comme vers
un port de salut. Quelques *maternités* des hôpitaux admettent également le nourrisson avec
la mère, mais tout cela ne donne pas beaucoup
de places, infiniment moins qu'il n'y a de demandes. Il y aurait un remède très simple à
appliquer, et qui, vraiment, ne serait guère
plus onéreux que le régime actuel.

Toutes les prédications en faveur de l'allaitement maternel n'empêcheront pas malheureusement que certaines femmes se trouvent
dans des conditions physiologiques ou sociales

(1) Paul Strauss : *L'Enfance malheureuse.*

telles qu'il leur est presque impossible de garder leur enfant. Or, l'envoi en nourrice est jugé,
il est désastreux, il n'y a qu'à le restreindre le plus
possible, si l'on ne peut le supprimer tout à fait.

Le seul moyen pratique qui soit à notre portée est la fondation de *pouponnières* nombreuses et très peu peuplées, où les filles al-
laiteraient, avec leur propre enfant, un autre
qui leur serait confié, et pour lequel la famille
payerait une mensualité quelconque. Cette rétribution, qui pourrait être différente d'un établissement à l'autre, devrait en tout cas être
modique, puisqu'il s'agirait surtout de travailleurs, d'ouvriers, d'employés et petits commerçants.

J'ai dit qu'il faudrait des pouponnières *très
peu peuplées* et j'accentue bien ma pensée. En
effet, la puériculture faite en grand, et à bon
marché, ne peut amener que des résultats déplorables : quinze à vingt femmes, ce qui
entraîne de trente à quarante nourrissons, c'est
largement assez; s'il ne fallait tenir compte
des frais généraux, je dirais que c'est trop.

Ce serait, une mesure d'humanité et de clémence, que de ne point séparer brusquement
les mères de leurs nouveau-nés; et, pour
beaucoup d'entre elles, ce serait la rédemption.

On s'imagine volontiers que les filles sont
pour la plupart de mauvaises mères et qu'elles
ne demandent qu'à être débarrassées de leur

enfant ; mais c'est là une opinion que l'expérience dément chaque jour. Certaines, il est vrai, l'abandonnent avec insouciance, mais la majorité n'agit que poussée par l'extrême misère, par effroi de l'avenir.

Il y a quelques années, le fait suivant s'est produit dans une petite localité où les pupilles de l'administration sont encore sous la tutelle de l'hospice.

Deux filles assistées accouchent presque en même temps, l'une d'un enfant faible et malingre, l'autre d'un enfant très vigoureux. La première déclare d'emblée qu'elle ne veut pas avoir la charge de son petit, la seconde se révèle comme une mère très dévouée. Elle supplie qu'on lui laisse son enfant, offrant d'allaiter en même temps celui de sa compagne. La supérieure, se retranchant derrière un de ces règlements que les autorités tiennent en embuscade pour appuyer leurs propres décisions, refuse net. En vain le docteur, touché du chagrin de la pauvre fille, intercède pour elle.

— Laissez-lui son enfant, dit-il à la religieuse ; elle a assez de lait pour nourrir l'autre avec le sien, et il n'en coûtera pas plus de lui donner à elle ce que l'on donnerait à deux nourrices... On pourrait peut-être s'arranger avec l'administration...

La sœur, persuadée que les théories du mé-

decin, étaient « un encouragement au vice »,
ne voulut rien entendre. Et voici ce qui arriva :

Les deux enfants furent envoyés à la campagne où, contre toute prévision, le chétif, l'abandonné vécut, l'autre succomba au bout de peu de mois. La mère fut très affligée; et, n'ayant plus rien qui le rattachât au devoir, elle tomba dans la galanterie, où, comme elle était fort belle fille, elle se fit une certaine réputation. A quelques années de là, le médecin qui l'avait accouchée à l'hospice eut l'occasion de la soigner de nouveau.

— Vous n'avez plus eu d'autre enfant? lui demanda-t-il.

Le visage de la fille devint subitement farouche.

— Non, répondit-elle d'un ton très dur; et si j'en avais un autre, je vous réponds que je l'étranglerais, avant de l'entendre crier... Le chagrin que j'ai eu quand on m'a enlevé le premier..., la bile que je me suis faite pendant qu'il était loin de moi..., et le nouveau chagrin quand... quand il est... parti...; ce ne serait tout de même pas à recommencer... Certes oui, si j'en avais un autre, je le tuerais...

Et la pauvre femme éclata en sanglots. Le docteur qui me racontait ce fait ajoutait pour conclure :

— Elle avait l'instinct et le sens de la maternité jusqu'au bout des ongles : son *moucheron*

l'aurait sauvé. La sœur, avec son rigorisme, est
certainement responsable de la mort de l'enfant et de la chute de la mère.

J'ai souvent l'occasion de passer par une rue
assez déserte où il y a deux bureaux de nourrices ; et le hasard m'a fait quelquefois assister à
des scènes très émouvantes, celle-ci entre autres.

Devant la porte du bureau, un attelage des
plus corrects, le cocher sur son siège, le valet
de pied à la tête des chevaux ; dans la victoria,
une dame très élégante, et déjà d'un certain
âge, une grand'mère certainement.

Sur le trottoir, un groupe étroitement uni :
la nourrice que l'on vient d'engager, son poupon, et la paysanne qui doit emmener ledit
poupon. De la première, on voit seulement les
épaules que soulèvent des hoquets de chagrin.
La dame s'impatiente légèrement :

— Allons, ma fille, allons... ; soyez donc
raisonnable.

La fille, pour « être raisonnable », se sépare
de l'enfant qu'elle ne reverra peut-être pas ; et,
après une dernière recommandation à la me-
neuse, prend place à côté de sa nouvelle patronne. Mais, soudain, avant que le cocher ait
eu le temps de toucher ses chevaux, elle saute
de la voiture, arrache son petit des bras de
celle qui va la remplacer, et le couvre encore de
baisers fous. Puis, avec une résignation déses-

pérée, elle revient s'asseoir auprès de « Madame » ; et, comme si ne pouvant plus voir cette petite créature qui est la chair de sa chair. elle ne voulait plus voir rien d'autre, elle enfouit son visage dans le drap marron de la victoria, et son chagrin éclate en sanglots éperdus.

Je n'ose pas affirmer que, dans un certain temps, le manteau solennel et le bonnet à couronne, les équipages, et les *meetings* de nourrices aux Champs-Elysées n'émousseront point cette grande douleur; mais ils n'en sont que plus coupables, ceux dont l'égoïsme détruit le lien si sacré, si puissant et si doux de l'amour maternel.

Voici maintenant le triple avantage que l'on pourrait retirer de *pouponnières* bien dirigées et bien surveillées.

D'abord, les enfants y seraient mieux soignés que chez des nourrices ignorantes, entêtées et pour lesquelles le contrôle est si difficile.

Ensuite, ces établissements, disséminés autour des grandes villes, des centres industriels surtout, permettraient de ne point éloigner l'enfant de sa famille. La visite dominicale au nourrisson deviendrait promptement une habitude remplaçant des distractions moins morales et moins saines, ne fût-ce que les stations au cabaret.

Enfin, ce serait pour les filles une excellente
école d'élevage. L'inexpérience des nourrices,
sèches et autres, dépasse tout ce que l'on peut
imaginer. En voici deux exemples :

Dans le tramway *Bastille-Gare-Montpar-
nasse*, j'ai vu, il y a quelque temps, cette chose
effarante : une jeune maman, une gamine
presque, qui sortait de la Maternité, campant
debout un poupon de neuf jours pour lui arranger son bonnet. La petite tête, n'étant pas
soutenue, ballottait de tous côtés, sans que la
mère y prît garde. J'intervins avec un empres-
sement sympathique.

— Mais, petite malheureuse, a-t-on idée de
tenir un enfant au maillot autrement qu'é-
tendu, et la nuque bien calée... ?

La pauvre fille me regardait avec la plus profonde surprise. Je continuai :

— C'est votre premier enfant... ?

— Oui.

— Cela se voit.

Et, poursuivant la conversation, elle m'ap-
prit qu'elle allait envoyer le petit chez sa mère
pour chercher une place de nourrice.

Eh bien ! le bébé qui lui sera confié sera en
bonnes mains... ! S'il ne se trouve là quelque
grand'mère expérimentée pour parer aux circonstances, il faut s'attendre à de jolies écoles !

Un autre trait. Cet hiver, en allant voir une

accouchée, j'ai trouvé la nourrice qui changeait le nouveau-né devant un grand feu de bûches, *la tête de l'enfant du côté de la flamme qui était très vive.*

Sur un ton plein d'égards, afin de ne point froisser la susceptibilité professionnelle, je hasardai une observation.

— Nounou, avez-vous fait bien attention à la manière dont s'y prenait la sage-femme quand elle était ici ?

Croyant qu'il s'agissait de la façon de mettre les langes, la Berrichonne riposte, non sans aigreur :

— Je fais tout juste comme elle m'a dit de faire.

— Vous n'avez pas remarqué, par exemple, si c'était la tête ou les pieds de l'enfant qu'elle présentait au feu ?

— Cela, ma foi, je n'en sais rien.

Donc, tant que les femmes du monde ne consentiront pas toutes à allaiter leurs enfants, elles auraient avantage à prendre, dans les *pouponnières,* des nourrices dégrossies et convenablement éduquées. A moins de natures stupides dont on ne saurait jamais rien tirer, les deux cent dix jours imposés par la loi Roussel suffiraient à les mettre à point; et l'enfant pauvre ne serait pas tout à fait sacrifié; parce qu'un nourrisson qui a doublé sans encombre le cap du septième mois a grand'chance de se tirer d'affaire. Sans compter qu'un certain nombre de mères pourraient rester à l'établissement jusqu'au sevrage complet et faire ensuite des nourrices sèches ou des gouvernantes expérimentées : c'est une combinaison dont, assurément, personne ne se plaindrait.

Quant à l'emplacement de ces *pouponnières* de l'avenir, il est tout indiqué : ce serait un excellent emploi pour quelques-unes des fermes et métairies actuellement sans locataires. Que l'initiative soit officielle ou privée, peu importe! bien que je penche plutôt pour le second régime avec une subvention aux établissements les mieux installés et les mieux tenus ; les choses que l'Etat se mêle d'organiser de fond en comble coûtent toujours plus cher et fonctionnent moins bien.

La question des filles-mères se trouvant suffisamment réglée avec les *refuges-ouvroirs* qui forment une digue sérieuse à l'avortement et à l'infanticide, et les *asiles de convalescence* qui permettent à la femme de se rétablir complètement, réduisent, dans de larges proportions, l'abandon des nouveau-nés, favorisent l'allaitement maternel, et peuvent devenir une excellente école d'élevage, passons aux épouses légitimes.

III

LES ÉPOUSES

Elles sont intéressantes entre toutes, et l'assistance doit revêtir pour elles une forme très
différente de celle des filles-mères. Il faut, autant
que possible, les maintenir au foyer dont elles
sont l'âme, et faire en sorte qu'elles ne quittent
point leur mari, pour si peu que ce soit. Il y a
des hommes que la séparation rend très malheureux; d'autres, au contraire, qui en prennent
trop aisément leur parti, et ce sont ces derniers
qui sont le plus inquiétants.

Pourtant, si elles passent leurs couches dans
un taudis étroit, malsain, et qu'elles soient
insuffisamment soignées, les risques d'infection
seront pour elles ce qu'elles étaient pour les
parturientes au temps où l'antisepsie était
inconnue. Si elles travaillent jusqu'à la der-

nière minute, et qu'elles reprennent trop tôt leur collier de misère, elles seront exposées à des maladies douloureuses et trop souvent mortelles.

M. le professeur Pinard, qui est plus qu'un grand médecin, qui est un apôtre, le défenseur éloquent et convaincu de la maternité pauvre, est très affirmatif sur ce point.

— La femme, dit-il, doit être secourue et protégée à partir du sixième mois de sa grossesse. Elle est comme un soldat en campagne qui exige plus de soins qu'un soldat au quartier.

Mais que l'une d'entre elles se rende aux bureaux de l'*Assistance publique* et présente sa requête :

— Je suis dans mon sixième mois de grossesse et complètement dénuée de ressources, je viens donc réclamer de vous, secours et protection.

... Dieu sait comme elle sera reçue.

On lui répondra sans doute ce que j'ai déjà entendu maintes fois, que *nul n'a droit à l'assistance*. J'en suis fâchée pour la hiérarchie de l'avenue Victoria, mais c'est une chose qui n'est point exacte. J'ignore ce que vaut le droit strict, mais l'équité est pour les nécessiteux contre l'administration.

Du moment où l'Assistance publique accepte d'être l'intermédiaire entre les donateurs généreux et la misère; du moment, surtout, où

19.

elle prélève certaines taxes dites « droits des
pauvres », ceux-ci sont parfaitement fondés
à réclamer une partie de cet argent *qui
leur est donné à eux;* il suffit pour cela que
leur situation soit dûment établie. Or, s'il existe
une détresse patente, absolue, c'est bien celle
de la femme enceinte qui ne peut pas, *qui ne
doit pas* se livrer à des travaux pénibles pour
la sauvegarde de la jeune vie dont elle est dépositaire,

Il est monstrueux qu'on soit obligé de dire
des choses à ce point évidentes et humaines.

J'ai sous les yeux un très bel article écrit
par M. Marcel Prévost à propos de cette pauvre
femme Saule qui accoucha de deux jumeaux
dans une brouette, aux portes de l'Assistance
publique. Je tiens à en citer quelques passages
qui sont ici bien à leur place :

« La première condition à remplir pour
qu'une Assistance publique soit vraiment secourable, c'est qu'elle soit aisément accessible;
et, c'est le contraire qui a lieu. Alors, imaginez
un homme du peuple, un illettré, un ouvrier
allant se heurter là contre ! Nous autres encore,
les gens en redingote, nous nous en tirons par
de la diplomatie, de la patience, et, de temps
en temps, en montrant les dents aux bureaucrates. Mais le tâcheron habitué à recevoir des
ordres de tout le monde, à effacer sa blouse

devant les habits bourgeois, concevez sa misérable odyssée de guichet en guichet, d'antichambre en antichambre, de garçon de bureau
en gratte-papier, tout ce monde-là se fichant
absolument de lui et ne demandant qu'à être
débarrassé de sa présence.

» Qu'il en soit ainsi dans une poste aux
lettres dans un ministère, dans un bureau de
recrutement, c'est déjà fâcheux; mais enfin, on
n'y risque que du temps et de l'argent. Seulement, à la porte d'un hôpital et surtout à la
porte de la Maternité, c'est intolérable. Mettez-y
qui vous voudrez à cette porte; mettez-y les
meilleurs gynécologues et donnez-leur pour
cela trois cent mille francs par an; mais bon
Dieu! qu'il y ait là un homme qui sache ce que
c'est qu'une femme enceinte. Et ne venez pas
nous raconter qu'il n'y a pas de fonds pour cela,
qu'on est obligé de restreindre les frais. C'est
absurde! Ces frais sont les plus nécessaires.
Une Maternité qui n'y pourvoit pas, c'est un
bateau où l'on fait l'économie d'un gouver-
nail.

» De même ce bureau de l'Assistance publique
où le pauvre Saule attendit une heure qu'on
voulût bien accueillir sa requête, mettez-y cent
employés, s'il le faut, décuplez le personnel,
mais qu'on soit tout de suite entendu et secouru
quand on s'y présente.

» Être charitable par voie d'impôts et se tenir

quitte du reste, c'est une formule égoïste et malsaine. Nous savons ce qu'elle donne à l'application : des bureaucrates pompeux et rageurs dans la maison, et dehors, sur le trottoir, des miséreuses qui font leurs enfants en plein air. »

Ce plaidoyer de M. Marcel Prévost en faveur de la maternité pauvre était très éloquent, avec cette netteté qui décèle le mathématicien, et je crois bien qu'en haut lieu, on y a tout de même pris un peu garde. Depuis ce moment, en effet, on voit aux portes des hôpitaux, un cadre de bois portant l'avis suivant :

Les femmes enceintes sont reçues à toute heure de jour et de nuit.

Mais, à part cela, on pourrait récrire aujourd'hui le même article, sans y changer un mot. Pourtant M. Marcel Prévost a raison ; la protection de la maternité et les dépenses que cette protection exigent sont de première nécessité. C'est une question vitale pour le pays.

« La France se dépeuple, ayez donc des enfants ! » clament à l'envi les philosophes et les moralistes. Vraiment ! pour ce qu'on fait de ceux qui sont au monde, cela vaut-il bien la peine ?...

Madame l'Assistance est une vieille personne très solennelle et difficile à émouvoir. Quand on crie trop fort, elle se bouche les oreilles et jure ensuite qu'elle n'a rien entendu. Ce n'est donc pas sur elle qu'il faut compter pour des réformes immédiates. Si la charité privée ne vient pas à la rescousse, nous courons risque d'attendre longtemps. Allons donc de l'avant : nous finirons peut-être par entraîner la puissante et massive locataire de l'avenue Victoria.

La défense des mères pauvres et de leurs petits appartient aux femmes éclairées qui sont maîtresses de leur temps. Avec des moyens très simples, très peu onéreux, elles pourront obtenir des résultats extraordinaires.

Mme Schmahl, dont l'esprit très large et en même temps très pratique voit les choses exactement sous l'aspect qui leur convient, m'a raconté ceci :

Dans la ville d'Angleterre où elle a été élevée, fonctionnait une œuvre charitable appelée « le Sac de l'accouchée (1) ». Douze femmes ayant des loisirs s'étaient réunies pour former un fonds de layette que les participantes entretenaient à tour de rôle. Chaque mois, le « sac » changeait de mains ; et sa réception était, pour les mères de famille, le signal d'un inventaire sérieux dans les armoires et la garde-robe. Tout ce qui était devenu inutile aux enfants passait au

(1) Plus exactement : *Dorcas society's monthly bag.*

« sac » ; et l'on y ajoutait les pièces confectionnées par les amies, à des réunions hebdomadaires, que leur but philanthropique ne rendait point moroses, loin s'en faut.

Mais là ne s'arrêtaient pas les devoirs de la dépositaire du sac. Une fin de grossesse lui était-elle signalée, elle allait voir ce qui manquait dans le pauvre ménage pour ce très dur moment, assurait à la mère une nourriture convenable, s'occupait de placer les enfants si leur nombre ou l'exiguïté du logis en faisait une gêne, s'inquiétait de trouver la sage-femme, fournissait la layette, le berceau et, par occasion, rhabillait les autres mioches : bref, se faisait la tutrice de la famille, jusqu'à l'entier rétablissement de la mère, jusqu'au jour où, suffisamment robuste, elle pouvait de nouveau faire face à ses devoirs.

D'autres femmes se joignaient à ces douze protagonistes. Toutes n'étaient pas assez riches pour être titulaires du « sac », mais toutes avaient des armoires une aiguille et un dé ; elles contribuaient pour leur part à la prospérité de l'œuvre.

Autour de cette fondation-type, d'autres groupes semblables s'étaient formés ; or, chose remarquable et très différente de ce qui se passe chez nous, aucun ne cherchait à s'étendre, et leur action était d'autant plus puissante et efficace qu'elle était nettement délimitée.

L'association des Dames mauloises, créée récemment par le Dr Pecker, a de nombreux points d'analogie avec le *sac de l'accouchée* : même simplicité de moyens, rapports immédiats entre les intéressées, femmes du monde et ouvrières, assistance à domicile — cette dernière considération d'une haute portée morale, puisqu'elle empêche la dislocation momentanée de la famille.

Le temps n'est plus aux réserves dans les armoires ni les garde-robes, et les femmes ne cousent plus si volontiers qu'autrefois ; d'autre part, les récentes découvertes de l'hygiène imposent des obligations qu'on ne soupçonnait pas alors ; mais les grandes lignes subsistent toujours, et l'*association des Dames mauloises* est un *sac de l'accouchée* rajeuni et modernisé.

Il est à souhaiter que des groupes semblables se forment sur divers points de la capitale, dans les quartiers ouvriers où la population très dense, augmente les risques de contagion. Pour cela, il ne faut qu'un peu d'argent, de temps et de bonne volonté.

L'argent..., je ne m'en inquiète pas ; il s'en trouve toujours pour faire face aux besoins nettement définis. Le temps, on l'obtiendra en rognant un peu sur les stations aux grands magasins, sur les essayages chez le

couturier, la lingère, la modiste, sur le *jour*
des « chères amies ». Quant à la bonne volonté, elle viendra aux moins tendres dès
qu'elles voudront bien ouvrir les yeux ; on les
mettra au régime des *leçons de choses* qui vaut
mieux que toutes les théories.

Le groupe bienfaisant devrait être strictement limité, sous le rapport du personnel et des
attributions.

Il demeure donc entendu :

1° Qu'il ne dépassera jamais le nombre de
douze titulaires, avec quelques néophytes plus
jeunes, moins expérimentées, qui feraient ainsi
leur stage à bonne école ;

2° Que leur action charitable s'exercera seulement sur les femmes en couches ;

3° Qu'elles se réserveront pour un nombre
déterminé de cas : un chaque semaine, par
exemple.

Ce serait le meilleur moyen de savoir au
juste sur quelle dépense il faut compter, d'éviter
pour les membres actifs le surmenage et l'éner-
vement presque aussi à craindre que l'inertie.

On fera peut-être observer que cinquante-
deux femmes secourues, c'est bien peu pour
une ville comme Paris où il y a tant de misère.
C'est vrai, hélas ! mais que l'on se rassure. Dès
que l'Œuvre première ne suffira plus, il s'en
formera aussitôt d'autres semblables — meilleures même, puisqu'elles auront profité de

l'expérience de leurs devancières. Ce sont les besoins qui créent les ressources ; et la concurrence, même en matière de charité, est une bonne chose, un précieux stimulant pour le progrès.

Passons maintenant au mode d'opération. M. le professeur Pinard demande, et avec raison, que dans toutes les mairies des communes de France, *l'armoire aux accouchements* soit obligatoire, de même que la pompe à incendie. Au moment voulu, l'institutrice, l'épouse du notaire, la mère, la sœur du curé, peu importe, pourvu que ce soit une femme plus éclairée que les autres, sortirait de la dite armoire les objets nécessaires, et accompagnerait le médecin ou la sage-femme, pour les seconder si besoin en était.

Ce ne serait ni plus étrange, ni plus pénible que le service du feu accompli, en cas de sinistre, par les pompiers volontaires.

Le petit port de mer où j'ai passé mon enfance est situé à l'embouchure d'un fleuve qui charrie des sables et de la vase en grande quantité. Au temps où les dragues étaient encore rudimentaires, on arrivait quelquefois à l'obstruction presque complète. J'ai souvent entendu raconter à mon grand-père que, dans un cas particulièrement menaçant, le service ordinaire des vasiers ne suffisant plus, les citoyens les plus considérables, non seulement

offrirent leur personnel, mais tinrent à payer
eux-mêmes de leur personne. Chaussés de
bottes imperméables, ils descendaient à tour de
rôle dans l'avant-port ; et, à l'aide de grandes
pelles, ils rejetaient les boues dans un chenal,
que des chasses violentes nettoyaient ensuite.
Leur dévouement — d'ailleurs intéressé — fut
couronné de succès, et une fois de plus le port
fut sauvé.

Il y a des circonstances où il ne faut pas
avoir peur de mettre la main à la pâte ; le salut
commun dépend parfois d'une intervention
générale et énergique.

C'est ce qui se présente, à l'heure actuelle,
pour la défense de la maternité. Il ne s'agit
plus d'un petit port de mer, c'est la France
entière qui est en péril ; et ce n'est pas à des
discours qu'elle devra son salut, mais bien à
des individus et à des actes.

Il demeure donc entendu que notre groupe
fonctionne avec des rouages extrêmement sim
plifiés : ni statuts, ni bureau, ni titres honorifiques, le siège social réduit au minimum in
dispensable, mais installé en plein quartier
ouvrier, au centre même des opérations, avec
une permanence pour les événements imprévus.

Dès qu'une femme dans les conditions vou-
lues viendra réclamer l'assistance de l'*Œuvre*.

une titulaire sera désignée pour s'occuper d'elle jusqu'à son entier rétablissement.

Le premier acte d'intervention sera la visite au pauvre logis, entraînant presque toujours un nettoyage complet, la remise en état du trousseau et de la garde-robe, la réfection de la literie. Cette dernière question est très importante; le repos des travailleurs, et, à plus forte raison celui des malades, doit être pris en considération presque au même titre que l'alimentation.

Puis, on accompagnera la future mère à la consultation du docteur, un gynécologue autant que possible. A Paris, dans les grandes villes, rien de plus aisé avec les hôpitaux et les dispensaires; dans les localités moins importantes, on se contentera du médecin du bureau de bienfaisance; mais j'insiste pour que la « dame » soit présente et reçoive les conseils de la bouche même du docteur. Il pourrait se faire que, volontairement ou non, la malade n'en rendît pas un compte tout à fait exact. Puis, on veillera à ce que les prescriptions médicales soient rigoureusement exécutées, en donnant bien entendu à la protégée les moyens de le faire.

Les mesures d'hygiène et de propreté spéciales s'appliquent à toutes, et sont d'urgence absolue. Mais il y aura à lutter pour obtenir des femmes leur soumission à certaines pratiques qu'elles jugent inutiles ou tout au moins exagérées. La *tutrice* devra faire preuve de beaucoup de vigilance et de fermeté persuasive, si elle veut arriver à ses fins.

Les accidents les plus communs dans la grossesse, ceux auxquels on ne prend pas trop garde, parce qu'ils « n'arrêtent » point celles qui en sont atteintes : les varices, l'albuminurie, etc., seront combattus par le repos et le régime lacté.

Le repos... ! c'est aisé à dire ; mais à ce conseil, donné parfois à l'étourdie, beaucoup vous répondront : « Et manger? » C'est vrai qu'il faut manger ; et, comme tout se tient dans la protection des mères pauvres, c'est encore l'*Œuvre* qui devra y pourvoir. L'ouvrière qui va ordinairement en atelier s'arrangera pour travailler chez elle ; et, dans le cas où son salaire intégral serait indispensable à faire vivre la maisonnée, on imitera la *Crèche de Saint-Séverin*, en lui fournissant l'appoint..., mais seulement l'appoint ; car ceux mêmes qui affirment avec le plus d'énergie la nécessité du repos pour les femmes enceintes, n'ont jamais prétendu qu'elles doivent se croiser les bras. Ce procédé ne serait peut-être pas désagréable, mais il serait d'une application difficile, et d'un mauvais entraînement pour l'avenir : on prend très vite et très aisément l'habitude de ne rien faire.

Il y a une différence énorme entre le travail à

domicile et le travail de l'atelier. Chez elle, du
moins, si l'ouvrière se sent trop fatiguée, elle
peut s'arrêter et prendre un temps de repos;
tandis qu'à l'atelier, c'est la besogne hâtée,
sans relâche, qui épuise et qui tue. L'amélioration sera donc assez sensible pour qu'on s'en
tienne là, du moins dans les circonstances
ordinaires.

Aux albuminuriques on assurera la qualité
et la quantité nécessaires du lait dont elles ont
besoin. Cette question du lait m'amène à en
traiter une tout à fait capitale : celle de la forme
qu'il convient de donner à l'assistance matérielle.

Tout d'abord, il faut écarter le secours en
argent, l'aumône brutale à laquelle on ne doit
avoir recours que dans les cas d'urgence
absolue. Les dons en nature valent certainement mieux; encore faut-il se montrer judi-
cieux dans leur emploi.

Tous nous n'apprécions réellement que ce
que nous avons payé, et qui représente à nos
yeux une somme quelconque d'efforts et de
peine. Il y a donc beaucoup de chances pour
que le lait fourni gratuitement aux femmes
albuminuriques serve à faire la soupe de toute
la famille, et la principale intéressée n'en reti-
rera aucun profit. Je l'ai vu faire avec le lait
donné aux crèches pour les nourrissons; et des
médecins du bureau de bienfaisance m'ont

affirmé que, pour faire respecter la ration de leurs malades, ils étaient obligés de rendre le lait légèrement médicamenteux. Que l'on procure aux femmes de très bon lait, à prix réduit, c'est bien ; mais qu'il leur coûte quelque chose, et elles y prendront garde.

D'une manière générale, il vaut mieux que le secours porte sur les objets de première nécessité, mais fournis une fois pour toutes, ou du moins pour un long temps : les vêtements, la literie et surtout le loyer. Le terme... ! cet épouvantail des ménages pauvres auxquels l'épargne la plus modeste est presque impossible.. ; c'est de cette préoccupation obsédante qu'il faudrait débarrasser le chef de famille, aux moments trop durs de sa vie. Si on pouvait lui épargner cette grosse saignée trimestrielle, si son salaire était réservé aux dépenses de chaque jour, on le sauverait par là des emprunts, du crédit chez les fournisseurs, des dettes, c'est-à-dire de l'enlizement final.

Voici encore un point sur lequel l'assistance peut s'exercer sans aucun risque : les dettes, l' « arriéré, » pour employer un euphémisme commun aux gens du peuple. L'ouvrier que l'on délivre de ce boulet reprend du courage, de l'énergie, de la bonne humeur : c'est pour lui une résurrection. J'excepte pourtant de la mesure le compte des marchands de vin. Tant pis pour eux si on leur doit de l'argent ! ils

avaient qu'à ne point faire d'avances. Cette catégorie de créanciers n'offre aucun intérêt.
Qu'on obtienne de l'ouvrier la promesse qu'il
fuira désormais l'horrible comptoir de zinc, et
il s'acquittera de l' « arriéré » quand et comme
il pourra.

Il va sans dire qu'il doit y avoir des degrés
dans l'application du système, comme il y en a
dans la misère. Je parle ici de la classe la plus
nombreuse et la plus intéressante : celle où
l'on arrive « à joindre les deux bouts, » mais
difficilement, et à condition qu'il ne survienne
point la moindre anicroche.

Et les enfants, que deviennent-ils, au milieu
de ce désarroi, dans un logement exigu, souvent même composé d'une pièce unique? Né-
gligés, bousculés, parfois témoins de choses
qu'ils ne devraient même pas soupçonner et
auxquelles leur ignorance donne une interpré-
tation inexacte et dangereuse, ils doivent être
éloignés, ne fût-ce que pour assurer le repos
de la mère.

On cherchera s'il n'y a point quelque grand'-
maman, quelque parente, — autant que possible
à la campagne — qui veuille bien se charger
d'eux, moyennant une légère rétribution. Les
grands, ceux qui ne peuvent pas manquer
l'école, seront placés dans le voisinage, toujours en payant une petite pension. Il ne faut
pas que l'hospitalité leur pèse et leur soit un

sujet d'humiliation. D'autre part il est bon de se réserver le droit de contrôle sur la manière dont ils sont traités.

Jusqu'ici, le rôle de la « dame » s'est borné à des visites espacées et à une surveillance qui n'avait rien d'absorbant ; mais le grand moment venu, il lui faut vraiment entrer en lice. Vêtue de la blouse de toile, et munie du paquet réglementaire : ouate, gaze, antiseptiques, etc., elle doit être là pour seconder l'accoucheur et surtout pour donner à la patiente les encouragements dont toutes ont besoin dans cette dure épreuve.

Les jours suivants, il lui faudra encore faire acte de présence pour s'assurer qu'une garde maladroite ne vient point compromettre le bénéfice de sa tutelle. Enfin, elle ne « rendra son tablier » que lorsque la famille tout entière sera remise d'aplomb.

Et quand, au moment de prendre congé, la « dame » jettera un coup d'œil autour d'elle, dans cette chambre claire, propre, rangée, où elle aura su mettre un peu de coquetterie... ; quand elle verra le nouveau-né vigoureux, gigotant sur les genoux de sa mère..., le père, dont la reconnaissance émue se traduira par des larmes silencieuses — ces larmes d'hommes qui émeuvent si fort parce qu'elles coulent rarement — quand, dis-je, elle contemplera ce bien-être, cette joie qu'elle a créés..., si la visi-

teuse ne se sent pas payée et au delà de la
peine qu'elle a prise, c'est qu'elle est difficile à
satisfaire.

A la brèche donc, mes dames !... bravement,
de tout cœur et le sourire aux lèvres... Par
ce temps de revendications féminines, mon-
trez de quoi vous êtes capables... Faire du
bonheur autour de vous, voilà certes un droit
que personne ne s'avisera de vous dénier...

CONCLUSION

LA MAISON DE L'ENFANCE

De cet exposé des misères de l'enfance, est-il aisé, est-il même pratique de tirer des conclusions fermes ? Je ne le crois pas. Que chacun agisse comme il peut et comme il croit devoir le faire. Tout dépend de la manière dont il sera ému et des moyens dont il dispose. En matière de charité, aucun apport n'est négligeable, et il vaut mieux laisser le champ libre à l'initiative.

Ce qu'il y a de certain, c'est que tous, nous avons le devoir de remédier à ces misères ou mieux de les prévenir, et qu'avant de chercher à guérir le mal il faut d'abord le connaître à fond.

C'est en cela que serait précieuse cette MAISON DE L'ENFANCE que M. Paul Strauss réclame avec tant de zèle.

Que serait donc la *Maison de l'Enfance*... ?

un poste permanent de secours... une agence de renseignements ?... Pas tout à fait. Elle serait bien plutôt un centre d'études où tous les philanthropes qui s'inquiètent de la misère des petits, et ils sont légion parmi les plus considérables : MM. Bonjean, Guillot; Félix Voisin, Albanel, Louis Rivière, Paul Strauss, Brueyre, Crosselête-Thierry, Gaufrès, Marbeau, H. Rollet, les Drs Pinard, Budin, Thulié, Legras, Metton-Lepouzé, Léon Petit, Mmes Costa de Beauregard, Béquet de Vienne, Lucie Faure, etc., etc., et par-dessus tous Théophile Roussel — le grand ami de l'enfance pauvre — se réuniraient pour recueillir et grouper les observations qui leur seraient soumises. Ils écouteraient les doléances d'où qu'elles viennent, — leur expérience sachant faire la part de l'exagération, — rechercheraient les causes du mal, et trouveraient des remèdes s'appliquant, non aux cas isolés, mais à toute une catégorie.

Et l'on ne se contenterait pas d'attendre les clients; on irait au-devant de leurs besoins, en s'attachant tous ceux que leur profession met en contact avec l'enfant pauvre : médecins des bureaux de bienfaisance et des dispensaires, instituteurs et institutrices, directrices des écoles maternelles et des crèches, surveillantes d'hôpital, etc. Ce sont là des enquêteurs dont on ne saurait mettre en doute le désintéressement et la bonne foi.

De tous ces *savoirs* et de toutes ces générosités réunis sortirait peut-être une protection efficace de l'enfance, protection qui doit s'exercer non seulement dès sa naissance, mais encore avant sa naissance. C'est avec cette idée que nous nous sommes si longuement étendus dans le chapitre Maternité. En effet, si l'on veut que le nouveau-né soit robuste et sain en arrivant au monde, il faut donner à la mère tous les soins que nécessite son état, faire, en un mot, de la « puériculture intra-utérine. »

C'est là une simple mesure de prévoyance et de justice.

C'est une mesure de prévoyance, parce que tous ont intérêt à ce que le capital humain contienne le moins de déchet possible, que l'éducation est moins onéreuse que la répression, et l'hygiène, qu'un traitement médical. A ceux qui trouveront que ce régime préventif coûterait trop cher, je demanderai ce que coûtent un infirme à l'hôpital, un déséquilibré dans une École de réforme, un malfaiteur en prison.

C'est une mesure de justice, parce que la souffrance des petits est toujours imméritée ; et que si la société les abandonne dans leur faiblesse et leur ignorance, elle sera mal fondée plus tard à exiger d'eux leur travail, leurs services, et, au besoin, leur sang.

Quand nul donc parmi les petits déshérités n'échappera à la protection à laquelle il a droit, quand on l'aura suivi pas à pas jusqu'à son entier développement physique et moral — et pour les uns ce sera treize ans, pour les autres seulement leur majorité — alors..., mais seulement alors, on sera en droit de lui dire :

— Nous t'avons fait une conscience, une volonté, des muscles... ; maintenant, marche droit dans la vie, parce que nous avons tout autre chose à faire que de nous inquiéter des fainéants qui s'attardent et des maladroits qui trébuchent en chemin.

FIN

NOMS DES PERSONNES CITÉES

TABLE DES MATIÈRES

————————

DEUXIÈME PARTIE

L'ÉCOLIER

TROISIÈME PARTIE

MATERNITÉ

ÉMILE COLIN, IMPRIMERIE DE LAGNY (S.-ET-M.)

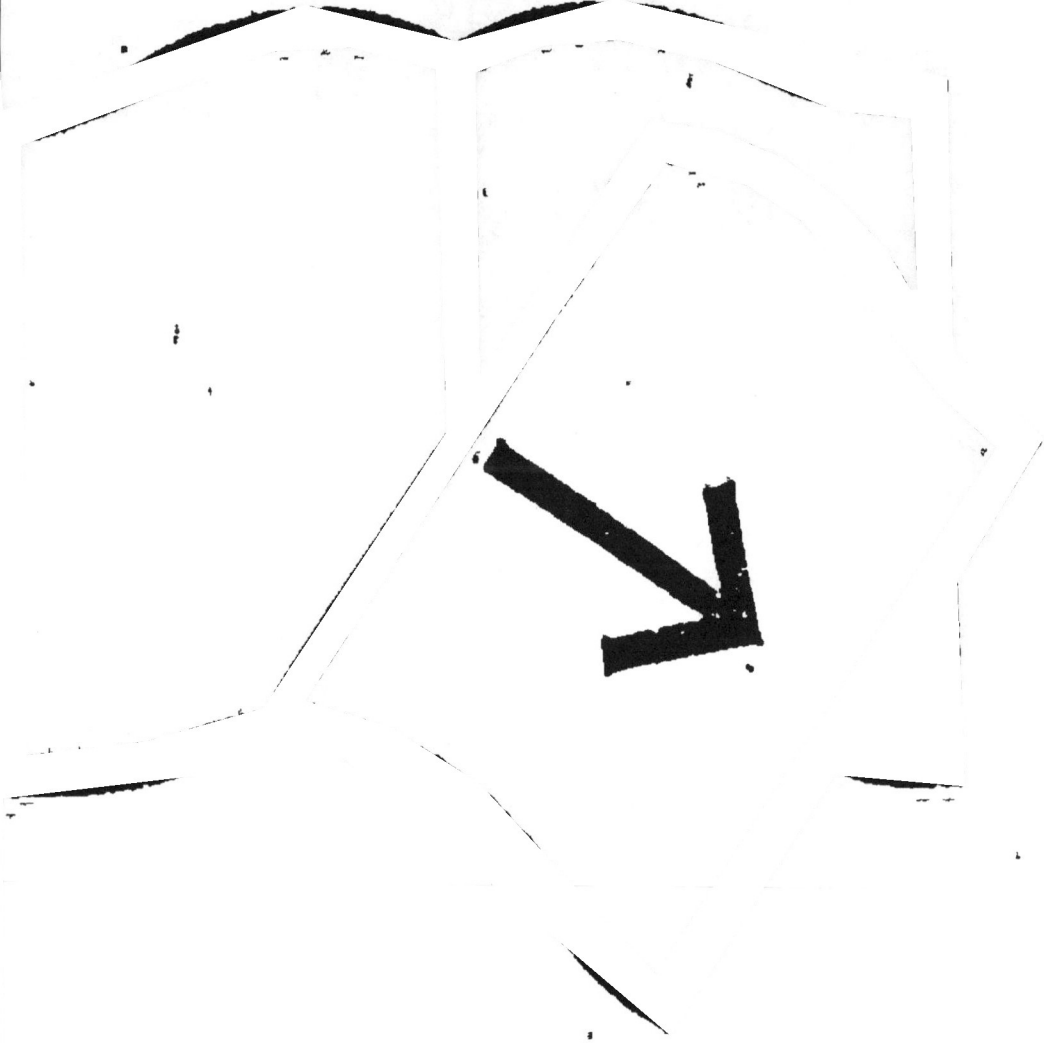

Documents manquants (pages, cahiers...)

NF Z 43-120-13

www.ingramcontent.com/pod-product-compliance
Lightning Source LLC
Chambersburg PA
CBHW071624270326
41928CB00010B/1775